FRED ABALY

Notes et Souvenirs d'un Ancien Marsouin

(Cochinchine - Cambodge)

AVEC CARTES ET GRAVURES

PARIS
A. LECLERC, ÉDITEUR
19, RUE MONSIEUR-LE-PRINCE, 19
1910

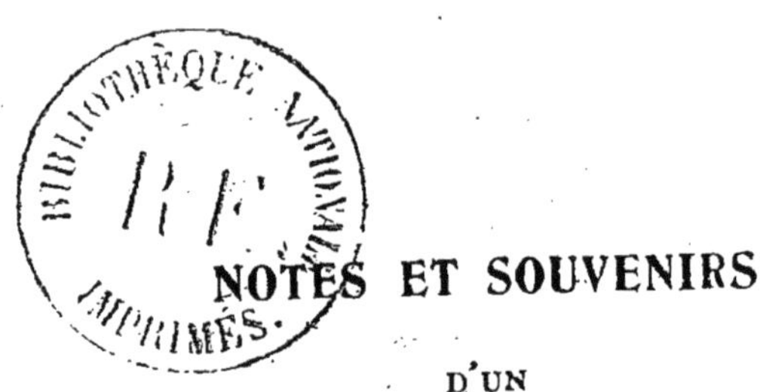

NOTES ET SOUVENIRS
D'UN
ANCIEN MARSOUIN

Il a été tiré de cet ouvrage

525 exemplaires, sur papier japon "Normandy Vellum" à la forme

dont

25 exemplaires non mis dans le commerce

marqués A à Z

et

500 exemplaires numérotés de 26 à 525 pour les Souscripteurs

EXEMPLAIRE N° 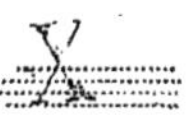

FRED ABALY

Notes et Souvenirs
d'un
Ancien Marsouin

(Cochinchine - Cambodge)

AVEC CARTES ET GRAVURES

PARIS
A. LECLERC, ÉDITEUR
19, RUE MONSIEUR-LE-PRINCE, 19
1910

A LA MÉMOIRE VÉNÉRÉE

DE

MON PÈRE ET DE MA MÈRE

NOTES & SOUVENIRS

D'UN

ANCIEN MARSOUIN

(Cochinchine et Cambodge)

1899-1901

PREMIÈRE PARTIE

DE TOULON A SAÏGON

1er septembre.

D'ordinaire, malgré tout l'intérêt que présente le port de Toulon, je ne prêtais qu'une attention médiocre à ce qui se passait en rade. Aujourd'hui, après l'attente fiévreuse du départ, c'est avec curiosité que je contemple, à l'ancre au milieu des navires de l'escadre, la masse sombre du « *Cholon*. »

C'est un grand et beau bateau, fièrement campé sur l'eau. Sa coque noire avec ses rangées de hublots, est surmontée des bastingages où des passagers accoudés jettent un dernier regard au rivage.

Surplombant le pont-arrière et le gaillard d'avant, s'élève la dunette, le « spardeck » où sont appendus les canots. Puis, émergeant du tout, la grande cheminée blanche, coupée d'une large bande bleue, à la moitié de sa hauteur.

S'élançant dans les airs, les mâts, chargés de cordages, de poulies, se dressent gracieusement et complètent le tableau par la note éclatante et gaie des petits pavillons qui s'agitent au faîte de la mâture.

Mais nous embarquons ; notre chaloupe amarrée, nous escaladons rapidement les degrés de l'échelle de coupée.

Nous voilà sur le pont où se trouvent déjà les passagers pris au départ de Marseille. Quelques formalités administratives et nous sommes en possession d'une cabine à plusieurs couchettes superposées, dont l'ameublement... sommaire se complète d'un lavabo pourtant confortable... pour une personne, mais insuffisant pour six passagers.

Certes, l'aménagement de cette cabine n'a rien de commun avec celui des transatlantiques ; tel qu'il est nous en sommes néanmoins très satisfaits. Remettant à plus tard l'installation définitive, me voici de nouveau sur le pont.

... Il est près de cinq heures, l'appareillage commence. Tout autour du navire une quantité d'embarcations de toutes sortes semblent vouloir nous livrer combat. Ce sont des parents, des amis venus là pour rester jusqu'au dernier moment avec ceux qui leur sont chers et qui partent pour des années. Que n'êtes-vous là, vous aussi, chers parents ? En ce moment je pense à vous...

L'impatience, la fièvre du départ ont disparu... je vous revois chères figures aimées qu'il ne me sera plus donné de contempler de longtemps. En cet instant je revis bien des années ; une foule de détails, de souvenirs heureux se présentent à mes yeux qui, malgré moi, se voilent légèrement.....

Les derniers passagers montent à bord..., les coups de sifflets de l'équipage deviennent plus fréquents..., un léger frémissement agite le bateau, nous partons. Il est six heures exactement. Les cuirassés de l'escadre nous saluent, au passage, des hourras des équipages. Pour eux nous sommes des camarades, mathurins et marsouins ont coutume de marcher de concert dans les lointaines expéditions. Ils sont frères d'armes à plus d'un titre.

Peu à peu le navire prend sa vitesse et là-bas, dans le lointain déjà, s'estompent les hauteurs du Faron et les toits de la grande ville militaire. Puis, après avoir doublé la Grosse Tour et laissé à tribord la presqu'île verdoyante de Saint-Mandrier, trop tôt, dans la nuit qui vient, s'effacent les derniers vestiges de la terre de France à laquelle j'adresse un suprême adieu qui va vers vous, êtres chéris. . . . .

. . . .

Nous sommes en mer, en pleine mer.

Longtemps, longtemps, je demeure accoudé aux bastingages. Bien qu'il soit déjà tard, je reste là... rêvant. A quoi?... Saurais-je le dire?... Mes idées..., mes rêves..., sont confondus dans un inextricable mélange. Enfin, je gagne ma cabine où plusieurs camarades dorment déjà.

Vite couché, la fatigue a raison de mes pensées, je m'endors...

2 septembre.

A l'aube, nous sommes en vue des côtes dentelées, hachées à plaisir et montagneuses de la Corse.

Vers dix heures nous saluons Bonifacio, toute blanche sur les falaises, et le sémaphore de l'entrée du détroit. La Sardaigne, à tribord, nous donne le spectacle de ses rochers arides et désolés, rouges ou grisâtres, dont la continuité est d'une désespérante monotonie. A babord, voici maintenant la pyramide élevée à la mémoire de l'équipage de la «*Sémillante*» qui, lors de la guerre de Crimée, sombra dans ces parages peu réjouissants dont le morne aspect forme un triste contraste avec l'azur de la mer et des cieux.........

A nouveau, la terre a disparu de l'horizon, l'immense cercle nous enferme maintenant de son infini toujours renouvelé.

Depuis notre départ de Toulon, c'est une merveilleuse glissade sur la soie bleue de la mer, à peine plissée de vaguelettes qui doucement, viennent se briser contre le navire dont le plan horizontal reste parfait. Cet état de la mer est si favorable aux passagers que chacun montre de la bonne humeur au premier déjeuner que nous prenons à bord et auquel personne ne manque. En général, on n'a qu'à se louer des menus qui sont servis sur les paquebots de la ligne d'Extrême-Orient, la cuisine est suffisamment soignée pour que les plus délicats en soient satisfaits.

Il est à regretter, qu'à bord de la plupart des navires de commerce, l'acajou domine pour les boiseries et les meubles des salles à manger, voire des cabines. Certains endroits demeurent très sombres grâce à l'emploi de la teinte acajou; des peintures claires, laquées, donneraient en même temps que plus de clarté de la gaieté et, partant, seraient préférables. A part ce léger inconvénient, tout est parfait.

Un marsouin sait s'accommoder de bien des choses, dira-t-on. J'aurais mauvaise grâce cependant à exprimer une critique à l'égard du bord très hospitalier que le « *Cholon* » fut pour moi en particulier. Le commissaire, qui voulut bien me confier quelques travaux de comptabilité, ne négligea aucune occasion de m'être agréable, je suis heureux de lui adresser, aujourd'hui que je rassemble mes notes de route, une pensée reconnaissante. Dispensé de tout service militaire, au cours de la traversée, je pus me croire pendant vingt-huit jours absolument maître de ma personne. Alors que mes camarades se trouvaient cantonnés à l'avant, sur le gaillard, je profitais largement du pont-promenade de l'arrière. Cette circonstance heureuse me permit de faire à loisir quelques observations sur les passagers en général et sur la vie à bord en particulier. Bien entendu, c'est plus souvent du côté passagers que mon existence s'écoula durant le voyage de Toulon à Saïgon.

Il ne faudrait pas supposer cependant que j'oubliais mes compagnons de route ; plusieurs fois par jour j'allais faire des visites sur le « gaillard », au milieu des marsouins dont j'étais chef de détachement.

L'élément militaire embarqué comprenait, en outre de nos trente-cinq marsouins du 8e et d'une vingtaine du 4e, environ cinquante hommes de l'artillerie de marine. Huit officiers assuraient le commandement supérieur de cette petite troupe.

Comparé au nombre d'hommes que l'on entasse ordinairement sur les affrétés (six cents et plus), notre contingent de relève était donc plutôt réduit. Aussi, l'encombrement n'existant pas, les soldats jouissaient-ils d'un certain confortable. Logés dans l'entrepont que l'on nomme « batterie » ils pouvaient choisir leurs couchettes. Ceci a de l'importance, pour une traversée d'un mois.

La « batterie » contient environ trois cents couchettes réparties en travées et superposées deux à deux. Une trentaine de hublots et un grand panneau central distribuent l'air et la lumière pendant le jour. La nuit, l'éclairage est assuré par des ampoules électriques, la ventilation s'effectue au moyen des « manches à air ».

Les repas de la troupe ont lieu sur le pont. Par groupes de huit à dix hommes, les soldats sont divisés en « plats » ayant chacun son « chef », sorte de caporal temporaire muni d'un numéro d'ordre. Le chef de plat assiste à la distribution du vin et du pain avec un homme de corvée du « plat ». C'est un personnage ! Lorsque parfois il y a sujet à réclamation, c'est lui qui devient le porte-parole de ses camarades.

Le règlement militaire ne perd pas ses droits à bord, aussi n'a-t-on pas cru devoir laisser les troupiers tranquilles pendant la traversée. Je comprends fort bien les revues d'appel (bien que la nécessité ne s'en fasse pas absolument sentir en pleine mer, cela peut avoir son utilité après les escales). Les revues de propreté corporelle et d'habillement, s'imposent également. Mais que l'on fasse des *théories* chaque jour, cela peut paraître exagéré. On objectera qu'il ne faut pas laisser des jeunes gens inactifs, l'oisiveté pouvant être pernicieuse. Cela est vrai ; mais alors, que les officiers fassent plutôt quelques conférences intéressantes, à la portée de toutes les intelligences ; les sujets ne sauraient manquer. Je suis persuadé que tous les soldats seraient heureux qu'on les instruise sur l'hygiène aux colonies, autrement que par des théories stupides, ânonnées par un caporal qui n'y comprend rien. Une causerie sur les pays que l'on côtoie, sur les terres qui sont en vue au cours de la traversée, sur ceux que nous allons habiter pendant trois ans, aurait, à n'en pas douter, un succès qui récompenserait largement le zèle de l'officier qui voudrait bien s'en charger. Certaines séances de gymnastique sans appareils seraient également les bienvenues, en même temps que très salutaires.

Loin de moi la pensée de plaindre les futurs coloniaux, qui ne sont vraiment pas malheureux. Toutefois, on voudra bien convenir avec nous qu'il est des tracasseries inutiles qui, avantageusement, pourraient se remplacer par des occupations intelligentes.

. . . .

. . . .

2 septembre, cinq heures soir.

Voici bientôt vingt-quatre heures que fut dit l'adieu à Toulon et nous avons salué ce matin, avec la Corse, la dernière terre française. L'après-midi s'achève lentement. La plupart des passagers sont assis ou allongés sur des chaises longues en rotin. Les livres sont bien ouverts, mais les yeux ne lisent pas, ils laissent errer le regard au loin, sur la nappe bleue immense.

On sent que chacun pense à l'heure semblable d'hier, à l'instant des derniers baisers et des adieux.

On vit encore avec ceux que l'on vient de quitter...

La mélancolie d'un beau soir d'automne descend sur le pont du « *Cholon* » et la cloche qui annonce le dîner, surprend tous les rêveurs... qui, lentement, se lèvent..., comme à regret.

Dans la salle à manger, toute proche, illuminée gaiement, déjà le bruit prosaïque des cuillers annonce que certains estomacs pressés, oublient volontiers ce qui est l'impalpable passé, pour le présent... plus substantiel.

3 septembre.

Hier soir, je n'ai pas suivi l'exemple des passagers qui restèrent, après le dîner, à contempler les étoiles. Lassitude ou paresse, je regagnai de suite ma cabine où, jusqu'au réveil sonné gaiement par le clairon, mon sommeil se poursuivit sans aucun songe.

Ce matin, je prends au sérieux mes fonctions de secrétaire du commissaire, et m'installe dans la cabine inoccupée du second médecin du bord qui, pour la circonstance, va me servir de bureau. Ladite cabine me plaît parce que l'entrée s'en trouve immédiatement sur le pont-promenade.

Le travail qui m'incombe aujourd'hui n'a rien à voir avec la comptabilité du commissaire : il s'agit de copier les feuilles de connaissement des marchandises embarquées dans les cales, pour le compte de diverses maisons de commerce.

Les premières marchandises ne seront débarquées qu'à Djibouti. Je ne suis donc pas très pressé pour terminer ce travail ; ne faut-il pas d'ailleurs que je *paraisse* occupé chaque jour, pour justifier la *nécessité* qu'il y avait à créer l'emploi dont je suis investi !!

Le temps est toujours superbe, la mer d'un bleu ravissant. La matinée se passe sans qu'aucune terre ne soit en vue. Vers trois heures, les silhouettes des Lipari (îles Eoliennes) s'estompent à l'horizon..., grossissent rapidement. A quatre heures nous passons à un kilomètre à peine du fameux Stromboli dont le sommet se couronne, de temps à autre, d'un léger panache de fumée.

Poulett-Scrope (1), dans son ouvrage sur les volcans, s'exprime ainsi, au sujet du Stromboli :

« Cette île remarquable est d'un plan elliptique et d'une figure conique s'élevant, sous un angle de 30 à 40 degrés, à une hauteur de près de 1.000 mètres.

« Elle possède un cratère à son sommet, ébréché vers le nord. Sur le même côté descend jusqu'à la mer un plan incliné uni d'environ 50 degrés, commençant immédiatement du fond du cratère. La roideur de ce talus empêche les

1. Poulett-Scrope. *Les Volcans*. Trad. Endymion Pieraggi, 1864, p. 32 et 33.

scories continuellement vomies par le cratère de séjourner sur cette pente. Celles donc qui tombent de ce côté roulent jusque dans la mer, où, après avoir été triturées par les flots, elles sont sans doute emportées au large par les courants.

« En arrivant au bord culminant du cratère, par un sentier qui commence dans la partie habitée de l'île, l'observateur peut regarder directement dans la bouche du volcan à une centaine de mètres au-dessous de lui... On distingue deux ouvertures grossières parmi les rochers noirs chaotiques de lave scoriforme qui forment le plancher du cratère.

« Une de ces ouvertures semble vide, mais cependant à de courts intervalles il en jaillit un jet de vapeur rugissante, comme d'une fournaise, lorsque la porte est ouverte, mais avec infiniment plus de bruit, et cela pendant environ une minute. Dans l'autre ouverture, qui a environ 20 pieds de diamètre, et est située à quelques pieds de distance, on aperçoit nettement une masse de matières fondues, brillant d'un vif éclat, même en plein jour, approchant de celui de la chaleur blanche, qui s'élève et retombe à des intervalles d'environ dix minutes. Chaque fois que cette masse, en s'élevant, atteint le bord du cratère, elle s'ouvre à son centre comme une grande ampoule qui crève et vomit, dans son explosion, un volume d'épaisse vapeur, accompagné d'un jet de fragments de lave incandescente et de scories informes, s'élevant à quelques centaines de mètres au-dessus des bords du cratère. Plusieurs des fragments n'atteignent pas cette hauteur. Une grande partie retombe dans le cratère pour en être rejetée de nouveau. Une quantité considérable cependant, tombant sur le talus roide dont j'ai parlé, roule jusque dans la mer, et il est clair, puisque le cratère conserve sa profondeur et sa forme, que, tôt ou tard, après des éjections répétées, presque toutes ces scories doivent prendre le même chemin pour se répandre dans le fond de la Méditerranée. »

A tribord nous laissons les autres Lipari, habitées pour la plupart (*Lipari*, *Volcano*, *Ustini*, *Felicudi*, *Alicudi*, *Salini*) bien qu'elles soient cependant, autant de volcans susceptibles de s'éveiller un jour.

De nouveau la terre se rapproche. Nous piquons droit sur l'Italie, dont la côte, encore lointaine, semble prolongée au sud de toute la terre de Sicile. Aucune solution de continuité ne paraît à l'œil nu, et l'on pourrait croire que le navire va, tout à l'heure, heurter de son étrave le flanc des montagnes calabraises qui, toutes couvertes de verdure, s'étagent devant nous, à quelques milles tout au plus. Mais voici notre marche modifiée. L'entrée du détroit—qui, jusqu'alors, se trouvait cachée par la pointe du Faro, où s'érige un phare superbe — apparaît en même temps que nos yeux découvrent la blanche Messine dont les maisons, les palais se devinent au milieu des jardins de citronniers et qui, jusqu'au port merveilleux, s'échelonnent au flanc de la montagne. Sans se soucier des rochers de Charybde ou Scylla le « *Cholon* » poursuit fièrement sa route au milieu des remous violents du détroit, remous qui devaient, à bon droit, effrayer les navigateurs des temps homériques.

Le panorama qui se déroule autour de nous est d'un effet grandiose et superbe. Blanc de ses neiges éternelles, se dorant des feux du soleil couchant, l'Etna gigantesque, empanaché de fumée transparente, domine de son cratère énorme tout ce paysage merveilleux, sauvage, et chaotique. Reggio défile maintenant devant nos yeux émerveillés de tant de joliesses, étonnés aussi du contraste saisissant de la puissante Nature en face de la puissance de l'Homme qui édifia ces villes, ces villages traversés là-bas par un train de chemin de fer. Pensent-ils au réveil du volcan, ceux qui habitent les coquettes villas de Messine et de Reggio ? Je crois plutôt qu'ils se contentent d'être heureux, sous un ciel toujours bleu, au pays des fruits d'or que regrettait Mignon... (1)

Le plus ravissant des couchers de soleil colore d'abord en

1. Au moment où nous corrigeons les épreuves de notre livre l'épouvantable cataclysme du mois de décembre 1908 a enseveli les deux villes aperçues. Le monde entier a frémi d'épouvante devant l'horreur d'une pareille catastrophe qui, en quelques minutes, a fait plus de 200.000 victimes.
En adressant un souvenir ému à Messine, à Reggio, nous nous faisons un scrupule de ne pas changer un iota à ce que nous écrivions lors de notre passage.

rose, puis en mauve et or la Calabre merveilleuse et la masse imposante des montagnes de Sicile.

Le violet de plus en plus sombre descend rapidement et couvre, trop tôt, de son voile, le décor de féerie qui, maintenant, s'illumine doucement des petites lumières pointant peu à peu dans la nuit, pour s'évanouir enfin dans le sillage du navire dont la marche ne s'est pas ralentie.

4 septembre.

Le merveilleux voyage! Encore ravis de ce qu'il nous fut donné d'admirer hier, c'est ce matin l'enchantement d'un radieux soleil qui nous accueille au réveil. Une brise légère souffle à peine et c'est sur un lac tranquille et bleu que nous poursuivons notre route au sud-est.

Nous ne verrons pas la terre aujourd'hui, aussi chacun prend-il ses dispositions pour occuper la journée. Les dames varient leurs distractions en alternant la lecture et les travaux de broderie.

Les messieurs fument d'innombrables cigarettes en regardant le ciel. La possession d'une chaise-longue en rotin est chose précieuse à bord. Tout passager s'embarquant pour l'Indo-Chine doit sacrifier de bon cœur 7 ou 8 francs pour se procurer, avant le départ de Marseille ou Toulon, cet objet de première nécessité. Ceux qui ont manqué à cette précaution le regrettent aujourd'hui ; on ne peut se promener du matin au soir sur le pont et rien n'est plus désagréable, par le beau temps, que d'être obligé, pour s'asseoir ou s'allonger, de s'enfermer au salon ou dans sa cabine.

Puisque nous sommes sur le chapitre des objets à emporter, je dirai de suite de quoi doit se composer le bagage du passager en route pour la Cochinchine ou le Cambodge.

En général, ceux qui entreprennent le voyage qui nous intéresse sont militaires, fonctionnaires coloniaux, commerçants ou colons ; les touristes sont plutôt rares. Quant aux explorateurs, nous ne voudrions pas nous permettre de leur donner des conseils, certain que nous sommes qu'ils se sont renseignés à des sources plus autorisées que la nôtre.

Donc, qu'on soit militaire, fonctionnaire colonial, commerçant ou colon voici ce que nous conseillons d'emporter pour l'usage strictement personnel.

Les bagages seront de deux sortes : bagages de cale ; bagages de cabine.

Les premiers comme les seconds devront être d'une étanchéité parfaite,car il ne faut pas oublier qu'en mer, il y a lieu de craindre l'humidité qui détériore facilement.

Bagages de cale. — Les malles *plates*, de dimensions moyennes, nous paraissent préférables à tous les points de vue ; elles sont d'un transport facile et peuvent se magasiner dans les cales beaucoup plus aisément que les malles dites *chapelières*, à couvercle bombé. Les bagages étant le plus souvent entassés les uns sur les autres il s'ensuit que les couvercles bombés ne résistent pas à la charge et que vous retrouvez en fin de voyage vos malles à l'état d'accordéons. C'est toujours désagréable ! On conviendra, d'autre part, qu'il serait malaisé d'arrimer convenablement des malles bombées entassées. Par gros temps, lesdits bagages rouleraient comme le navire, et Dieu sait dans quel état leur propriétaire pourrait les retrouver, après cette sarabande.

Le choix du contenant étant fait, occupons-nous du contenu, en disant tout d'abord qu'il ne faut laisser dans les bagages de cale, que les vêtements ou objets dont on n'aura pas besoin en cours de route. Généralement, on autorise bien les passagers à descendre puiser dans les malles une fois par semaine, mais, en vérité, rien n'est plus désagréable que de chercher dans l'obscurité ce qu'on a pu oublier de conserver avec soi. Mieux vaut donc prendre ses précautions avant le départ. Nous dirons tout à l'heure, à propos des bagages de cabine, ce dont il y a lieu de ne pas se séparer.

La chaussure de cuir doit préoccuper particulièrement le futur colonial et réclamer toute son attention. Celles fabriquées par les Chinois ne valent absolument rien. Garnissez donc le fond de votre première malle avec une ou deux paires de bottes solides, mais cependant légères, qui vous serviront aussi bien pour monter à cheval que pour chasser ou explorer la brousse. Deux paires de demi-bottes à lacets, en veau ou poulain, avec guêtres de cuir souple. Bottines à boutons, glacées (*pas vernies*). Escarpins de soirée. Brodequins et souliers de toile. Les dames pourront se guider sur cette nomenclature pour emporter ce qui leur sera nécessaire.

Ne craignez pas de vous munir de linge de corps et de toilette en trop grande quantité; une ample provision trouvera toujours son emploi. Les messieurs ne devront pas oublier, quelques chemises de flanelle de laine et, surtout, des ceintures en même étoffe, pour se garantir le ventre pendant la nuit.

Vous ferez bien, Mesdames, de vous munir également des ceintures de flanelle et de les revêtir à votre arrivée dans la colonie. Nous reviendrons, d'ailleurs, sur ce chapitre important.

Comme vêtements, Messieurs, emportez, si vous le voulez, un habit et un smoking, pas très utiles, cependant, puisqu'on va au théâtre, et même en soirée, en costume de toile ou de drap blancs. (Les uniformes réglementaires ne seront pas oubliés, naturellement, par les militaires ou les fonctionnaires.) Deux complets en flanelle. Six complets de toile blanche (vous pourrez compléter la douzaine chez un tailleur chinois de Saïgon). Faux-cols, manchettes, cravates *ad libitum*. Coiffure : feutres souples, chapeau dit « melon » et *surtout un casque de rechange*. Si vous y tenez absolument, un chapeau de soirée dont vous ne vous servirez pas trois fois. Nous croyons n'avoir rien oublié en ce qui concerne le vêtement des hommes.

Les dames empliront leurs malles de linge, comme les messieurs, et plus si elles le désirent. La question des chaussures ayant été signalée, nous n'y reviendrons pas, et nous passerons de suite à la question palpitante des toilettes. Et d'abord, si vous devez rester à Saïgon, ne vous préoccupez pas trop des robes, des corsages ou des chapeaux. Bien entendu vous aurez soin de plier, en bonne place, une ou deux toilettes de soirée ou de théâtre, mais pas plus. Le même nombre de chapeaux catapultueux, bien que ceux-ci ne soient plus guère de mode. Vous vous souviendrez que Saïgon est à peine en retard sur le chic de Paris, Vienne ou Londres et qu'il vous sera facile de trouver sur place la « petite couturière *pas cher* » prête à vous parer de chiffons jolis, et la modiste habile qui étalera devant vos yeux des *amours de chapeaux*. Si Béchoff, Ney Sœurs ou Lewis n'ont pas de succursales sous les tropiques, il ne s'ensuit pas que l'élégance soit bannie de nos colonies, au contraire. Ceci dit, et vous croyant rassurées sur un point important, passons, si vous le voulez bien, aux choses, non pas plus sérieuses, mais tout aussi utiles. La demi-douzaine de robes de toile aura sa place toute marquée dans vos malles, de même que deux costumes de drap ou de flanelle. Un chapeau de ville pour les promenades du soir et un chapeau de liège recouvert de toile pour la journée.

Rubans, voiles, dentelles, etc., etc. *ad libitum* et le coffret de parfumerie *idem*. Faites aussi une grande provision de papier à lettres, ayez également votre écritoire. Hommes ou femmes auront encore une petite pharmacie dont on demandera la composition à son docteur avant de lui dire adieu..., en lui réglant ses honoraires.

Ajoutez un appareil photographique de fabrication soignée. La photographie sous les tropiques vous réservera peut-être quelques déboires au début ; mais l'expérience venant vite, vous serez récompensés de vos efforts en enrichissant vos collections de jolis clichés qui formeront plus tard autant d'agréables et curieux souvenirs.

Voyons à présent les bagages de cabine.

Les petites malles appelées « cantines » seront choisies de préférence. Solides, tenant peu de place, pouvant contenir suffisamment de linge, les cantines sont très utiles et servent maintes fois, plus tard, lorsqu'on est appelé à se déplacer dans la brousse.

Une cantine et un bon sac de voyage, voilà donc ce qu'il faut dans la cabine de tout passager. Les passagères pourront avoir une malle très plate et un sac-valise. Conservez du linge pour trente jours, en tenant compte qu'on salit beaucoup à bord, qu'il vaut mieux ne pas essayer du blanchissage fait sur le pont par les soldats ou les matelots, et que le temps manque souvent aux escales pour se faire blanchir. Pour les vêtements, on se guidera sur les considérations suivantes : De Marseille à Port-Saïd la température permet de porter les mêmes vêtements qu'en France, on gardera même un pardessus ou un manteau. De Port-Saïd à Djibouti, vêtements de toile. Djibouti à Saïgon, suivant l'époque, vêtements de drap ou de toile. En principe, un complet de drap et quatre complets de toile suffiront, si on sait s'y prendre. Gardez, si vous voulez, le smoking, au lieu de l'enfouir dans les malles de la cale. Comme chaussures : une paire en cuir et une autre de toile, pourront suffire. Comme coiffure, une casquette et un casque. Les dames pourront, croyons-nous, se guider d'après les vêtements conservés par les messieurs. Ajoutez une trousse de toilette, cinq ou six bons livres, une petite provision de papier à lettres, une jumelle marine. Un parapluie, une ombrelle, une canne ; si vous êtes chasseur faites emballer, dans une petite caisse votre fusil, auquel vous pourrez joindre un bon revolver. Dernière précaution, mettez dans une boîte de fer une centaine de bons cigares, sans oublier des cigarettes et des allumettes.

Si, après cela, vous manquez de quelque menue chose, vous remédierez à l'oubli en faisant des emplettes à Port-Saïd. Encore quelques recommandations importantes. Les espèces, bijoux, objets précieux et valeurs doivent être déclarés, chargés et taxés comme valeurs. A défaut de déclaration, les compagnies de navigation n'en sont pas responsables. Les bagages devront être enregistrés ; le meilleur est encore de les assurer au moyen des polices flottantes que les compagnies mettent à la disposition des passagers.

Le nom des passagers et le port de destination doivent être peints en toutes lettres sur les bagages.

Nous pardonnera-t-on cette énumération un peu longue

dont nous nous excusons d'ailleurs ? C'est dans cet espoir que nous remettons à demain, la suite de ce journal.

5 septembre.

Tout tourne dans la cabine. C'est avec la plus grande difficulté que je parviens à me tenir en équilibre. Mes camarades dorment encore. Les hublots sont couverts par les lames qui viennent se briser contre les flancs du paquebot. J'ai dû être réveillé par le bruit des paquets de mer s'écrasant sur le pont. Je regagne ma couchette craignant de me heurter aux parois, au surplus je puis attendre la sonnerie du réveil. Une nouvelle surprise m'attend à peine dans la position horizontale, je me sens entraîné en avant. Je glisse et mes pieds s'arc-boutent solidement contre la cloison du bateau ; moins d'une minute après c'est ma tête qui s'appuie avec force contre la paroi opposée.

Décidément nous roulons, je crois même discerner un mouvement de tangage. Vais-je avoir le mal de mer ? *That is the question*. Un compagnon de cabine vient de s'asseoir sur sa couchette. Le brave garçon a l'air de se demander ce qui se passe et sa figure marque une certaine anxiété. Mais pourquoi n'entendons-nous pas le clairon ? Quelle heure est-il donc ? Sept heures ! Décidément il se passe quelque chose et j'éprouve le besoin de me rendre compte.

Un léger étourdissement me prend à peine debout, c'est la même sensation éprouvée à mon réveil.

Tant bien que mal, plutôt mal que bien, je fais ma toilette au risque d'être précipité dans la cuvette du lavabo. Le *marchi* n'a pas l'air dans son assiette, il me déclare d'un ton pitoyable en quittant sa couchette : — *Je suis malade*.

Bon cœur, j'essaie de le rassurer avant de quitter la cabine où l'air manque un peu : — *Cela ne sera rien, tu as le mal de mer, mon vieux*.

Mais devant la figure contractée de mon camarade, je crois prudent de battre en retraite.

Il était temps ! Le brillant sous-off, de ses deux mains crispées, s'accroche au lavabo auquel il confie le trop plein de son cœur...

Dans la coursive babord où je suis parvenu en titubant, l'air frais dissipe un peu la légère céphalalgie frontale et l'anxiété respiratoire que j'éprouvais dans la cabine mal aérée.

Le ciel est bas, d'un gris sale, la mer du même ton roule des flots qui se brisent sourdement contre le navire. Affalé sur le bastingage, j'hésite à affronter le gaillard d'avant. Le commissaire me surprend dans cette posture peu martiale, et me croyant souffrant, lance quelques plaisanteries sur les confidences que je parais faire à la maussade Amphitrite. Du nerf, sacrebleu ! J'affirme au « patron » que cela va très bien, au contraire, ce qui ne l'empêche pas de sourire avec malice et de me gratifier d'une tape familière sur l'épaule. L'excellent homme me signale alors, dans la brume, le rocher de Ghando et l'île de Crète aux falaises arides et blanches. En causant nous arrivons vers le parc aux bestiaux : les pauvres bêtes ne sont pas rassurées et paraissent souffrir autant que les bipèdes du mauvais état de la mer. Sur le « gaillard », presque désert, quelques hommes de mon détachement accroupis devant un plat de café noir s'efforcent d'en absorber le contenu. Vieux brisquards habitués aux traversées, ils profitent du malaise des camarades et les rations de café et de tafia, non consommées par les titulaires malades, trouvent en eux des amateurs ravis de l'aubaine, supputant déjà le « rabiot » qu'il y aura sur le vin des autres repas.

Dans la « batterie » le spectacle est lamentable. Je trouve là, l'explication au silence du clairon. L'*artiste* est pâle comme un suaire et le plastron de sa vareuse indique suffisamment qu'il est victime du roulis et du tangage.

Il me semble préférable de remonter au grand air, sentant vaguement que la vue des malades serait susceptible de me plonger dans le même état.

Le vapeur « *Armand-Béhic* » que nous croisons en ce

moment pique de l'avant d'une façon effroyable, on pourrait craindre qu'il va sombrer, mais il n'en est rien, heureusement. Bientôt, la distance nous empêche de voir autre chose que sa cheminée qui, à son tour, disparaît à l'horizon.

Bien que le temps soit moins gris et la mer un peu plus calme, à neuf heures, passagers et passagères tardent à se montrer sur le pont-promenade si animé d'ordinaire.

Vers dix heures cependant, l'intrépide petite Mme D... fait son apparition, accompagnée de son inséparable lieutenant qui s'empresse, et, confortablement, l'installe sur sa chaise-longue.

Peu à peu le pont s'anime; mais que de mines défaites, de traits tirés. Les passagères, encore si gracieuses hier, sont méconnaissables. A peine rassurées, beaucoup paraissent plus décidées à regagner leur cabine que d'affronter une station, fût-elle horizontale, devant la mer si méchante. Le médecin du bord s'inquiète de la santé des belles petites. — *Ah docteur ! que je souffre !* est la réponse qu'il reçoit.

Le brave Esculape ordonne gravement de sucer un morceau de glace, affirmant que le remède est souverain. Les mignonnes se laissent convaincre et leurs chevaliers servants, se précipitant vers le maître d'hôtel, reviennent une minute après avec un ice berg flottant dans un verre d'eau.

Anxieuses, leur regard cherchant celui de l'Hippocrate en vareuse, les pauvres chéries minaudent : — *Vraiment, docteur, vous croyez que... ?* Pontifiant, l'homme de l'art affirme à nouveau, qu'il n'a jamais vu le mal de mer résister à ce traitement.

Les mignonnes sucent dare-dare le glaçon. Le plus curieux est de constater que la thérapeutique du docteur est miraculeuse. L'angoisse disparaît des visages qui s'illuminent de sourires fugitifs, les boîtes à poudre s'ouvrent, le miroir minuscule accuse le ravage et les yeux s'effarent : *Dieu, que je suis laide !!* La guérison est désormais complète.

Le déjeuner, malgré tout, n'est pas très goûté ; beaucoup, craignant sans doute des... déboires, s'abstiennent de fréquenter la salle à manger.

La journée est d'une désespérante longueur, malgré la lecture. Ce vilain temps va-t-il durer?

. . . .

En faveur de l'intention, j'espère qu'on me pardonnera les quelques conseils qui vont suivre, concernant le mal de mer et les moyens à employer pour l'éviter, et au besoin le combattre avec efficacité. Ces conseils sont basés sur mes observations ou l'expérience personnelles. Tout d'abord, il ne faut pas avoir peur. La crainte du mal de mer est généralement pour beaucoup dans l'éclosion du malaise. C'est une erreur de croire que parce qu'on se trouve sur un paquebot et en mer, on doive fatalement être atteint de naupathie. *Quiconque n'éprouve pas la crainte, a beaucoup de chances de ne jamais souffrir du mal de mer.* J'ai raconté tout à l'heure comment le médecin du bord avait guéri les passagères, en leur affirmant qu'un morceau de glace dans la bouche était la panacée infaillible et de circonstance. Ce docteur était très habile; il savait pertinemment avoir affaire à des personnes auto-suggestionnées, autrement dit à des malades qui ne l'étaient que par crainte de l'être. Dans la naupathie vraie, somatique, la suggestion et le morceau de glace auraient produit l'effet d'un cautère sur une jambe de bois.

Maintenant, il se peut que, par suite de circonstances d'ordres très divers, on soit réellement malade du mal de mer. Des marins qui se croyaient immunisés pour toujours, ont pu être malades alors qu'ils s'y attendaient le moins.

Voici, je crois, les meilleurs moyens d'éviter les affres de ce mal singulier.

Comprimer l'abdomen au moyen d'une bande de flanelle ou de crêpe de 15 à 20 centimètres de large, sans craindre de trop serrer. Les dames feront bien de s'enrouler ainsi jusqu'au-dessous des seins. Si, malgré cette précaution, quelque malaise se faisait sentir (céphalalgie frontale, sensation de froid, anxiété respiratoire, vertiges de la vue, de l'odorat, etc.) on agira sagement en prenant la position horizontale et cela, de préférence dans la cabine aérée, si possible. Remédier par un *calage* du corps, aux mouvements imprimés par le navire. Et voilà tout. Rarement le mal persiste après cette méthode. Je ne pense pas qu'il soit bien utile d'absorber, comme certains médecins le conseillent, une dose de sulfate de quinine ou d'arséniate de strychnine.

Comme hygiène, on devra éviter à tout prix la constipation, s'abstenir de manger si le baromètre fait prévoir une mauvaise mer. Le cas ne se présentant pas ce soir, cette heureuse circonstance va nous permettre de réparer nos forces, au dîner que le maître d'hôtel fait annoncer, en ce moment, à coups de cloche retentissants.

6 septembre, 6 heures soir.

Journée superbe aujourd'hui, mais toujours pas trace de terre à l'horizon. Nous devons arriver demain à Port-Saïd. Tout le monde paraît désirer descendre, les soldats comme les autres. J'ai toutefois bien peur que ces derniers ne soient consignés à bord. Quelle désillusion, si cela arrive !

Pour le moment on fait des projets et le temps passe lentement, bien lentement.

Du côté passagers, quelques groupes se forment, on fait connaissance, le besoin de lier conversation se fait sentir. Les passagers de seconde classe ont été autorisés, sur leur demande, à profiter du pont-promenade, aussi le spectacle est-il assez curieux de voir les dames des « premières » examiner à la dérobée les nouvelles venues.

C'est le seul événement intéressant de cette journée qui semble interminable à tous.

7 septembre.

A cinq heures du matin nous étions sur le pont, regardant devant nous les feux des phares de Damiette et de Port-Saïd.

A cinq heures et demie, l'hélice cesse de tourner, nous stoppons en attendant le pilote. Le jour commence à poindre.

On distingue à peine la côte basse où nous allons atterrir bientôt. La mer, empruntant la teinte des eaux du Nil dont le delta estproche, nous apparaît limoneuse, d'un jaune sale.

Le pilote vient d'arriver en chaloupe à vapeur et, sous sa direction, le navire se remet en marche lentement, pendant que le jour se lève. La ligne imprécise de la terre d'Egypte, s'accuse peu à peu, et, toujours avec une sage lenteur, nous pénétrons dans le canal de Suez, nous sommes à Port-Saïd. L'ancre à peine jetée, les chalands chargés de charbon sont amarrés contre le navire et cinquante démons noirs, presque nus, s'engouffrent dans les soutes en courant, malgré la charge de combustible pesant sur leurs épaules. A cinquante mètres du « *Cholon* » le quai, déjà grouillant de gens et de voitures, aligne ses maisons aux enseignes bariolées, la plupart anglaises ou germaniques. A babord, et aussi en avant, une vingtaine de navires sont à l'ancre, renouvelant comme nous leurs provisions en eau potable, en charbon, en provisions de toutes sortes.

Les passagers civils, couverts de casques blancs, ont déjà quitté le bord, les voilà qui débarquent sur un petit appontement où se tient un Arabe recevant le prix du transbordement (*quarante centimes*).

La poussière de charbon et le soleil déjà brûlant, rendent le séjour sur le pont intolérable, aussi est-ce avec un regard d'envie que je contemple la terre où, jusqu'à présent, nous ne pouvons descendre, en vertu d'un ordre de nos officiers. Le commissaire, que ses fonctions appellent à terre, me demande ce que je fais là.

— *J'attends qu'on reparte, puisque nous ne pouvons pas descendre.*

— *Comment cela, mais je vous emmène ! j'ai besoin de mon secrétaire. Où est l'officier de jour? je vais lui parler.*

Le lieutenant se promène sur le pont d'un air maussade, je suis certain qu'il enrage d'être obligé par son service de rester là. La conversation s'engage avec le commissaire, ce dernier me désigne au lieutenant qui m'appelle. A la distance réglementaire je m'arrête et salue. Mon supérieur me donne l'ordre d'accompagner à terre M. le commissaire qui, lui, remercie le lieutenant, pendant que je me contente de saluer à nouveau et de faire demi-tour.

A la coupée, le sous-off de planton, un camarade de cabine, veut, selon la consigne, m'empêcher de passer, mais le commissaire intervient : *Ordre du lieutenant, affaire de service*. Et je passe, cependant que mon camarade, à qui je serre la main en souriant, me gratifie d'un « Veinard », qui en dit long.

Dans le canot qui nous porte au quai, je remercie chaleureusement M. R*** de son intervention en ma faveur, car je n'ignore pas que c'est pour m'être agréable qu'il s'embarrasse de ma personne. En définitive, mes *services* ne lui seront d'aucune utilité. L'excellent commissaire sourit et refuse mes remerciements. Aussitôt débarqués nous sommes assaillis par des mercantis de toutes nuances, de tous pays. Ces moricauds nous tiraillent de tous côtés en proposant leur pacotille, chaînes de montres, bracelets, éventails, nougat, cigarettes, etc., etc. Levant sa canne, le commissaire qui connaît les *usages*, disperse la horde d'Arabes dont les cris sont assourdissants et les attouchements peu agréables. Immédiatement d'autres individus viennent à la rescousse ; d'aucuns nous proposent une promenade à ânes et veulent nous faire enfourcher leur monture de force, en vantant les qualités de l'animal : *Toi voir Sidi, toi beaucoup content. Bonne boudi, li courir.*

Il faut jouer des coudes et lever le bâton, pour disperser tous ces braillards dont le jargon doit certainement renfermer des injures à l'adresse des *roumis* que nous sommes.

Port-Saïd est un vaste bazar cosmopolite. A vrai dire la ville est surtout intéressante en raison de la quantité de races mises en présence : Arabes de toutes nuances, Turcs, Persans, Indiens, Chinois, on rencontre de tout sur ce coin de terre égyptienne.

Le temps manque pour faire une visite à la ville arabe ; d'ailleurs, un policeman indigène nous conseille, par gestes suffisamment clairs, qu'il vaut mieux nous en abstenir, si nous ne voulons pas être dévalisés.

Port-Saïd ne possédant pas de monuments à visiter, au bout d'une demi-heure le promeneur a tout vu. On revient dans la rue principale où se trouvent surtout des magasins tenus par des Grecs, marchands de tabac, de pastilles du sérail, de tapis, de pacotille.

Des petites caravanes d'ânes minuscules passent de temps à autre faisant tintinnabuler leurs sonnettes. Des femmes arabes, au visage caché et enveloppées de longs voiles, marchent lentement, en rasant les maisons.

Le bruit d'un orchestre se fait entendre près du port : c'est l'Eldorado. Au premier étage d'une maison banale, une salle de café-concert où des tables de marbre s'alignent devant une petite scène dont le rideau est baissé, et au bas de laquelle un orchestre de femmes est installé. Musique banale, comme le cadre. Après chaque exécution, des jeunes filles de l'orchestre, qui m'ont semblé appartenir à la nation allemande, font la quête... et les yeux doux aux consommateurs. Pas farouches les « *gretchen* » !

La bière que l'on consomme dans cet établissement est assez bonne, mais ne fait pas oublier les bocks de nos brasseries parisiennes. Il faut regagner le bord, car l'heure du départ approche.

Sur le « *Cholon* » tout couvert de poussière de charbon, un véritable marché s'est installé sur le pont. Les marsouins font des emplettes aux nombreux indigènes accroupis devant des toiles où s'étalent les objets les plus disparates et les plus insignifiants, ayant tous un faux cachet d'exotisme, dissimulant mal la fabrication allemande. Les scènes de marchandage sont inénarrables, risibles au possible. Au moment même où j'arrive, un « ancien » discute le prix d'une jumelle : — *Combien ? — Dixxe franques. — Trop cher*, répond le marsouin. — *Toi, y en a combien ça donner, t'jouste prix ? — Quarante sous*, fait notre ancien en emportant l'objet, et en jetant sa pièce au pauvre diable qui gesticule et veut s'élancer à sa poursuite.

Des « copains » sautent aussitôt sur la camelote, et le marchand au désespoir, craignant un pillage complet, laisse disparaître le rusé troupier.

Mais le sifflet du maître d'équipage retentit, la sirène lance de plaintifs appels, les treuils grincent, nous repartons. C'est alors une véritable chasse à l'homme sur toute l'étendue du paquebot. Les indigènes, ramassant à la hâte leur étalage, enjambent les bastingages, poursuivis, bousculés par les matelots ; une paire de sandales, une boîte de cigares s'échappent des ballots mal ficelés. Bonne aubaine pour les soldats qui se précipitent et s'emparent du butin. Ce spectacle est certainement risible, mais aussi pitoyable et bien peu à la louange des Européens.

Sur l'eau, entassés dans des barques, des orchestres nous suivent raclant l'air de *Funiculi-Funicula*, repris en chœur par une troupe de chanteurs grattant des mandolines...

Nous dépassons le palais de la Compagnie du Canal de Suez et la navigation fastidieuse commence à travers le désert de sable.

. . . .

J'avoue que je m'étais fait une toute autre idée du fameux canal. L'œuvre tant vantée apparaissait dans mon cerveau, colossale, grandiose. Maintenant qu'il m'était donné d'apprécier, je demeurais désillusionné, regardant ce mince ruban d'eau couler entre deux rives de sables mouvants.

Cependant, cette impression, plutôt fâcheuse, se dissipa lorsque, au cours de cette interminable traversée du canal, je me rendis un compte plus exact des difficultés qu'on avait dû surmonter pour faire communiquer ainsi la Méditerranée avec la mer Rouge, route des Indes et de l'Extrême-Orient. La longueur du canal est d'environ 160 kilomètres, sa largeur ne dépasse pas 75 mètres. De puissantes dragues travaillent sans cesse sur le parcours, pour rejeter au loin, dans le désert, les sables que le vent apporte, et qui finiraient par empêcher toute navigation si l'on n'y mettait bon ordre. Pour franchir la distance de Port-Saïd à Suez, il faut environ quinze heures au « *Cholon* ». Un homme, au pas gymnastique, pourrait donc suivre aisément le paquebot. Nous devons en cours de route nous garer à une station, pour laisser le passage à « *L'Equateur* » et, un peu plus tard, à « *L'Iraouaddy* » qui revient de Madagascar. Les marsouins de ce dernier navire nous souhaitent bon voyage et nous leur adressons les mêmes vœux pour leur retour en France.

Par moments, la marche ondoyante des petites caravanes de chameaux, montés par des Arabes en burnous, attire les regards. On songe alors, malgré soi, aux époques lointaines où les descendants d'Abraham traversant le désert, portaient leurs riches présents sur la terre d'Egypte.

Aucune végétation digne de ce nom ne vient égayer le paysage qui ne reçoit d'autre ombrage que celui des poteaux télégraphiques dont la ligne court jusqu'à Suez.

A Ismaïlia cependant, quelque verdure et des palmiers donnent l'illusion d'une oasis ; mais aussitôt après la traversée des lacs, c'est encore et toujours le désert, que les puissants projecteurs électriques placés à l'avant du navire éclairent d'une vive lumière.

Arrivés à Suez à trois heures du matin, nous en repartons à cinq heures. Pendant l'escale, le bord s'est approvisionné en légumes frais et en fruits.

8 septembre.

Le soleil se lève sur l'aride décor du désert dominé au loin par de hautes montagnes pelées. A babord ou tribord le spectacle est tout à fait semblable.

Sur la côte arabique, le Sinaï se détache de la chaîne montagneuse, en formant de ses deux pointes un vaste entonnoir. L'accablante chaleur anéantit toutes les énergies. A l'avant, comme à l'arrière du navire, tout le monde est allongé sur le pont ; les soldats à même le plancher, les passagers sur leurs chaises-longues de rotin, si confortables. Malgré les tentes arrosées, on supporte mal cette température étouffante qu'aucun souffle d'air frais ne vient rafraîchir.

A l'avant, c'est encore plus insupportable ; l'odeur qui se dégage des parcs à bestiaux et des cages à volailles rend le séjour presque impossible dans cette partie du navire. Les pauvres marsouins tirent la langue, tout comme des chiens après une longue journée de chasse. Un planton placé au « charnier » (réservoir d'eau potable) empêche de puiser du liquide autrement qu'avec le « quart » et l'on doit consommer cette eau sur place afin d'empêcher le gaspillage.

Aussitôt après le déjeuner, je m'enferme dans ma cabine-bureau. Etendu sur la couchette, j'installe, à proximité, le ventilateur électrique : je renais à la vie ! Quelle belle invention, ce petit « vent du nord » marchant automatiquement !...

Doucement éventé, j'ai pu dormir jusqu'à deux heures. Il ne faut pas abuser des meilleures choses. Remettant un peu d'ordre dans ma toilette, je retourne sur le pont. Le même anéantissement se décèle toujours chez les passagers qui n'ont même pas le courage de lire.

Décidément, c'est une fournaise que cette mer Rouge ; de plus, la traversée commence à peser sur tout le monde, on s'ennuie ferme.

Quelques civils viennent vers le groupe que nous formons entre sous-officiers et s'inquiètent si nous ne pourrions pas organiser une représentation, avec le concours des soldats de nos détachements.

L'idée ne nous était pas venue de recourir à cette distraction, mais faudrait-il encore, pour la mettre en pratique, que nous fussions autorisés par le commandement supérieur ! Les « civils » s'engagent à faire le nécessaire. En effet, vers six heures, on nous permet de préparer et de soumettre à l'appréciation du commandant d'armes un programme de soirée.

Le comité d'organisation se forme immédiatement. Du côté civil, cinq fonctionnaires coloniaux offrent leur appui matériel. Le lieutenant V*** trouve, parmi les sous-officiers, trois bonnes volontés dont je fais partie.

Mes deux camarades sont chargés de découvrir des artistes parmi les soldats ; je m'occuperai des auditions, du programme, des répétitions, enfin de la mise en scène, sous la direction générale du lieutenant V***. On va donc pouvoir se distraire un peu. La nouvelle répandue sur le paquebot, produit la meilleure impression et les offres — pour les différents bibelots qui pourraient nous être utiles en vue de la représentation — commencent à affluer de toutes parts. C'est un succès.

9 septembre.

En hâte, j'achève de copier les connaissements des marchandises que nous devons débarquer à Djibouti, car mes fonctions de régisseur de la soirée projetée vont vraisemblablement occuper largement mes loisirs désormais. La chaleur est tout aussi forte qu'hier, nous naviguons toujours dans une atmosphère de feu, entre les deux rives désertiques de l'Egypte et de l'Arabie Pétrée.

C'est d'ailleurs dans la journée que nous traverserons la ligne tropicale, et dame, je vous prie de croire qu'on s'en aperçoit : si cela continue, nous allons griller comme des andouilles.

En dépit des fréquents arrosages des toiles de tente qui abritent le pont du « *Cholon* », on n'éprouve aucune sensation de fraîcheur.

Dans ces conditions, il est assez difficile de décider les marsouins à donner leur concours pour l'organisation de la petite fête. Nous récoltons plus de récriminations sur la vie à bord que d'adhésions pour le concert.

Trois musiciens du 4e (une clarinette, une petite flûte et un piston) se décident cependant et un amateur mandoliniste suit leur exemple. Avec le violon du lieutenant V*** et le mien, cela fait déjà un orchestre baroque, mais acceptable en définitive. A la mer comme à la mer.

Le plus difficile reste à faire, car si nous avons les éléments d'un orchestre *symphonique*, le répertoire manque absolument. Chaque artiste ne possède, en fait de musique, que des parties isolées de valses ou de chansonnettes.

C'est le lieutenant qui, étant notre chef d'orchestre, tourne la difficulté en orchestrant, tant bien que mal, quelques morceaux qu'il me charge de faire répéter. Les « civils », enchantés de ce premier résultat, font servir des rafraîchissements aux futurs interprètes. Ce mouvement de générosité en provoque un autre du côté militaire que la vue des boissons fraîches ragaillardit. Des *talents* se font connaître. Bientôt nous sommes obligés de sélectionner, tant le nombre des *artistes* menace de devenir considérable. Après audition, la troupe *artistique* se trouve réduite à de justes proportions. Pour faciliter le travail des répétitions, trois groupes sont formés, ayant chacun un sous-off comme chef :

1° Un groupe de chanteurs ;

2° Un groupe de diseurs et artistes mimes ;

3° L'orchestre.

Le répertoire des deux premiers groupes passe à la censure du lieutenant avant de pouvoir établir son programme et de commencer à répéter.

L'orchestre travaille déjà, chaque instrumentiste isolément, en attendant la première répétition d'ensemble qui aura lieu à six heures.

Nous n'avons pas de temps à perdre, la représentation devant être donnée après demain soir, 11 septembre.

Le commandant du « *Cholon* » a décidé qu'une quête serait faite au cours de la représentation au profit de la caisse de secours aux familles des marins naufragés français. La petite fête aura donc un caractère de bienfaisance, et c'est un stimulant de plus de songer que de nos plaisirs, sortiront quelques pièces blanches destinées à soulager des infortunes.

. . . .

Décidément je ne suis plus chez moi dans la cabine affectée à mon bureau. Le lieutenant V*** trouve utile de répéter avec moi la *Sérénade* de Braga pour deux violons et aussi le *Simple Aveu* de Thomé. Un concerto de Vieuxtemps et la *Polonaise* de Wieniawski. Nous sommes bientôt dérangés par les « civils » qui nous apportent des boîtes de papier à lettres parfumé et aussi des rubans provenant des malles de nos jolies passagères. Ces provisions sont destinées à la confection d'un programme élégant, lequel sera vendu au profit de l'œuvre dont il a été parlé tout à l'heure. On décide encore qu'une tombola sera tirée au cours de la soirée.

Dans la « batterie » les instrumentistes font un vacarme assourdissant ; vers le réduit qui sert de pharmacie, les chanteurs, rassemblés par un second maître de la flotte, exécutent à tour de rôle un numéro de leur répertoire. Tout au fond, un groupe de mimes règle le scénario d'une pantomime burlesque, cependant que les diseurs déclament des monologues. Mais c'est l'heure de la répétition d'orchestre.

La *Marseillaise* est le morceau d'ouverture, bien entendu. Attention !! On s'accorde... La.., laa, laaa-a...

L'archet levé j'attends ; enfin on est prêt... Une mesure, j'attaque et... arrête presque aussitôt : c'est tout simplement horrible. Personne ne reconnaîtrait notre hymne national dans cette cacophonie. Pendant une heure, en les prenant un par un, je répète à satiété avec mes musiciens de fortune, ré, ré, ré, sol... etc. A sept heures, enfin, j'obtiens une exécution d'ensemble presque acceptable, mais Dieu que j'ai chaud ! A demain la suite des travaux. Une semblable musique, loin d'adoucir les mœurs, finirait par me rendre enragé.

10 septembre.

Malgré la chaleur torride, on a travaillé toute la journée en vue du concert de demain. Les détails, définitivement acceptés par le commandant d'armes, un dessinateur a illustré joliment le programme sur le velin fourni par les gracieuses passagères. Une demoiselle a bien voulu nouer les rubans aux angles des feuillets, et c'est tout à fait charmant ces papiers aux attaches de soie rose, bleue ou blanche. Les répétitions, dans les trois groupes, ont relativement bien marché, interrompues seulement pendant une heure, l'après-midi, pour permettre aux soldats de prendre leur douche.

L'hydrothérapie à l'usage de la troupe, est singulièrement comprise à bord des affrétés de l'Etat. Le gaillard d'avant, isolé des autres parties du navire par une simple bâche de toile, sert de salle de douches. Les militaires sont rassemblés à l'extrémité du « gaillard », en simple appareil, et un matelot — armé de la manche à eau servant au nettoyage du pont — arrose, en bloc, une douzaine de troupiers que d'autres remplacent immédiatement. Tout le monde y passe.

Ne pourrait-on pas trouver un moyen moins primitif et installer dans une partie du navire quelques appareils doucheurs où les soldats auraient la faculté, à certaines heures, et sous la surveillance des gradés, de venir procéder à leurs ablutions de propreté et d'hygiène ?

Croit-on sérieusement que l'eau distribuée chaque matin, à raison d'un litre par homme, peut suffire à une toilette même sommaire ?

J'ai assisté souvent, au cours de la traversée, au nettoyage corporel de la troupe embarquée ; c'est tout simplement pitoyable.

Afin d'économiser l'eau distribuée chichement à chaque « plat », les marsouins emplissent d'abord trois ou quatre bidons d'un litre. L'eau restant dans le récipient de distribution est partagée ensuite en deux portions : la première sert au lavage des mains, la seconde, servira tout à l'heure à débarrasser les visages du savon qu'on aura fait mousser en se faisant verser, par un camarade, l'eau recueillie précieusement dans les petits bidons. Et, pour que le liquide coule moins rapidement, les hommes se servent de la plus petite des ouvertures qui surmonte chaque bidon individuel.

Certes, personne n'ignore qu'il est assez difficile à un paquebot de s'approvisionner fréquemment en eau potable, et, surtout, en quantité suffisante pour le nombre de ses passagers. Il ne viendra pas non plus à l'idée de critiquer les mesures prises par le bord, pour éviter le gaspillage d'eau. Néanmoins, on voudra convenir avec nous, qu'il est inadmissible de prêcher l'hygiène à des militaires, alors qu'on ne leur donne même pas l'indispensable pour mettre en pratique toutes les belles théories dont on sature leurs oreilles.

Nous ne voulons pas examiner, au cours de ces notes, si l'installation d'un lavabo serait chose impossible. Nous croyons cependant que puisque le confortable relatif peut être octroyé aux passagers de première classe, il ne serait sans doute pas exagéré de souhaiter qu'un jour on voulût bien songer au bien-être de ceux qui vont faire respecter, et au besoin défendre, le drapeau français dans nos lointaines colonies.

11 septembre.

Hier soir, vers dix heures, nous avons eu le curieux spectacle de la mer phosphorescente. Le sillage du navire se trouvait étrangement illuminé par la présence d'un banc de *noctiluques*. Pendant vingt minutes environ, l'étrave du « *Cholon* » remua des ondes lumineuses. Ce phénomène, observé parfois jusque sur les côtes de France, est très fréquent dans la mer Rouge. Les *noctiluques* qui rendent ainsi la mer phosphorescente, ne sont pas autre chose qu'une variété d'infusoires dont les petites gouttelettes graisseuses, renfermant le protoplasme, produisent la lumière. Ces infusoires ne dépassent guère un millimètre et portent un long flagellum.

Mon sommeil fut, cette nuit, très troublé par des démangeaisons intolérables, m'empêchant même de rester dans le décubitus dorsal. Ce matin, je m'aperçois avec stupeur que mon dos est envahi par une éruption boutonneuse qui, sans m'effrayer, m'inquiète assez pour que je juge à propos de demander un conseil au médecin du bord. A l'heure de la visite médicale j'expose mon cas au docteur, lequel se contente de sourire et d'affirmer que ce n'est rien du tout ; une simple *bourbouille* (1). Comme traitement, il suffit, paraît-il,

1. Eruption de peau éphémère mais très désagréable, causée par la chaleur et la transpiration abondante qui s'ensuit. Les vieux coloniaux ne souffrent pas de cette affection qui atteint seulement les individus non préparés aux températures tropicales.
Les bains et les douches d'eau douce, en abaissant la température du

d'attendre... que cela se passe ! Charmant ! Et il fait toujours aussi chaud. Cette mer Rouge est donc interminable ?

*
* *

Dans l'après-midi d'hier on pouvait distinguer à la lorgnette les blanches maisons et les minarets de Djedda, port de La Mecque.

Aujourd'hui, à droite ou à gauche, c'est toujours les mêmes rives désertiques, imprécises dans le lointain. Rien de particulier à signaler au sujet de notre voyage qui se poursuit d'une façon normale. Sauf complications imprévues nous devons faire escale demain à Périm et après-demain à Djibouti, aussi je songe à faire mon courrier. A tous ceux que j'ai quittés, à tous ceux qui me sont chers je veux écrire mes impressions de route et donner l'assurance que ma santé ne se ressent pas trop du voyage. Mes lettres achevées, et la comptabilité du bord en ordre, je reprends mes fonctions de régisseur ; c'est ce soir, en effet, que la *grande* représentation doit avoir lieu.

A deux heures, le lieutenant assiste à la répétition générale, et à quatre heures on s'occupe de la mise en scène sur un panneau du pont-promenade de l'arrière. Tout est prêt. Les électriciens ont disposé, au-dessus de la scène improvisée, un énorme réflecteur où vingt lampes électriques s'allumeront ce soir.

Pendant que s'achèvent ces derniers préparatifs, les passagères poursuivent toute la population flottante du navire, pour placer les derniers billets de la tombola dont le tirage servira d'intermède à la représentation.

Huit heures du soir. Les chaises-longues ont disparu du

---

corps, sont encore le meilleur traitement des *bourbouilles*. Eviter l'eau salée. On éprouvera un grand soulagement, au sortir du bain, en saupoudrant les parties malades avec de la poudre d'amidon ou de talc.

Le séjour dans un endroit frais est à recommander, mais il est malheureusement difficile de mettre ce conseil en pratique, à bord des navires. L'absorption des liquides amenant la transpiration, cause du mal, on évitera de trop boire.

pont et sont remplacées par des chaises où déjà les « madames », en toilette de soirée, s'il vous plaît, se prélassent en s'éventant et en jouant du face-à-main, tout comme à l'Opéra. Dans les *coulisses*, nous ne sommes pas trop de trois sous-offs, pour obtenir un peu d'ordre et du silence de nos artistes. Le lieutenant vient donner l'ordre de commencer et s'installe à l'orchestre avec moi. Cette pauvre *Marseillaise!* fût-elle assez estropiée ce soir ! Pardonne, ô Rouget-de-Lisle.

On daigne cependant applaudir. Le reste de la représentation va très bien. Nos marsouins obtiennent le plus grand succès dans une pantomime où Pierrot et Colombine (ce dernier rôle rempli à merveille par un jeune engagé imberbe) amusèrent franchement les spectateurs.

Le lieutenant V*** charme ensuite tout le monde avec son violon d'une belle sonorité. Sa *Polonaise* est particulièrement brillante, aussi les bravos sont-ils très nourris. L'exécution de la *Sérénade* de Braga, grâce à moi, est loin d'être aussi goûtée. Malgré tout, le gracieux public qui nous prête son attention, est si indulgent qu'il veut bien, cette fois encore, accorder ses applaudissements. A l'entr'acte, j'ai l'insigne honneur d'être désigné pour accompagner Mlle S***, qui doit quêter. Je trouve un peu singulier d'avoir été choisi, alors que d'élégants jeunes hommes en smoking se trouvaient là, plus qualifiés que moi, humble sous-off, pour remplir cet office. Mais c'est un ordre du lieutenant, il faut exécuter, n'est-ce pas. Je me dévoue d'autant plus volontiers, que ma quêteuse est en tous points charmante.

L'aumônière bientôt trop petite pour contenir les pièces et les gros sous, nous devons, avant de poursuivre la quête, remettre au salon des premières le produit recueilli. La vente des programmes dont s'était chargée Mme D***, la sémillante beauté du bord, donne un résultat merveilleux qui, ajouté aux quêtes et à la vente des billets de loterie, donne un total de trois cent dix-sept francs et quinze centimes.

La tombola dont le tirage se poursuit, est un gros succès de gaieté, en raison de l'originalité de certains lots-surprises.

Le commandant du bord gagne... un sourire du commissaire, et ce dernier... une consultation du médecin.

Une dame se voit octroyer une superbe pipe en terre, valant au moins dix centimes. Un matelot, ravi d'entendre son numéro sortir, se précipite pour recevoir les *Œuvres de Racine* enfermées dans une boîte élégante, et n'est pas à moitié surpris de découvrir, à la place des in-18 attendus, une superbe collection de carottes, de navets et de salsifis. Un lot à sensation est réservé au gagnant du tableau *La prise de Rome par un marsouin*. L'heureux titulaire du billet, escomptant déjà l'effet décoratif de la peinture annoncée, se trouve médusé en voyant se dresser devant lui un grand gaillard de l'infanterie de marine qui, d'un seul trait, absorbe le verre de « rhum » que le maître d'hôtel vient verser. Horrible jeu de mots, qui amuse cependant.

Les plateaux de boissons glacées et de coupes de champagne circulent maintenant. Décidément on fait bien les choses et les artistes amateurs eux-mêmes ne sont pas oubliés. Toutefois, de ce côté, le champagne est largement additionné de vin blanc et d'eau, mais la bière est distribuée peut-être avec trop de profusion. Il faut intervenir pour que la seconde partie du programme puisse être exécutée. A onze heures le concert est terminé et le piano apporté sur le pont. Un bal très animé se poursuit jusqu'à minuit. Après un léger souper servi aux différentes classes de passagers, chacun regagne sa couchette en emportant le meilleur souvenir de la soirée.

12 septembre.

Ce matin, grand émoi sur le pont. Le capitaine L*** qui commande le « *Cholon* » n'est pas satisfait. Les passagers en prennent vraiment trop à leur aise. Sous le prétexte qu'il fait très chaud ces messieurs et dames ont pour vêtements les uns des pyjamas ou des costumes extra-légers, les autres des robes flottantes qu'on appelle plus généralement peignoirs. Le commandant du bord a décidé de mettre un terme à ce laisser-aller. Toutes les personnes qu'il rencontre en pareille tenue sont priées d'aller procéder immédiatement à une toilette plus convenable. Dans la journée, un ordre est affiché, défendant, d'une manière générale, de se promener sur le pont en mauresque, après huit heures du matin. Cette décision est naturellement très commentée, mais il faut s'y soumettre.

Peu avant trois heures, nous sommes à Périm, île anglaise, où nous devons faire le charbon nécessaire à la fin de notre voyage. Périm, qui commande l'entrée de l'étroit goulet du détroit de Bab-el-Mandeb, est un rocher calciné où, sauf trois palmiers rabougris, nous n'apercevons aucune végétation.

Le séjour sur cette terre grillée doit être un véritable enfer. On se demande avec angoisse, quel genre d'existence peuvent avoir les quelques fonctionnaires et la petite garnison anglaise détachés sur cet îlot inhospitalier où le soleil darde ses plus brûlants rayons !...

Ressemblant à des démons, vingt nègres chargent sans relâche, le charbon qui s'engouffre dans les soutes du paquebot. Quel labeur sous pareille latitude ! Je ressens vraiment une pitié profonde pour les misérables êtres humains condamnés à ces travaux de bagnards.

Un cas d'insolation vient de se produire dans la chaufferie du navire. Un pauvre diable de mécanicien est remonté sur le « gaillard d'avant », inerte. Les compresses de glace et une ventilation énergique, les tractions rythmées de la langue, toute la thérapeutique en usage dans pareil cas semble n'avoir que peu d'influence sur l'état du malheureux qui demeure sans connaissance, étendu sur le pont, pendant plus d'un quart d'heure.

Mais aussi, nous sommes dans une véritable fournaise. L'immobilité du navire fait que nous ne respirons plus qu'avec difficulté. La poussière de charbon tombe partout, macule les vêtements, salit les visages ruisselants de sueur. A six heures seulement, nous quittons le rocher de Périm avec l'unique regret d'avoir été contraints d'y faire escale pendant trois heures qui nous parurent un siècle.

13 septembre.

Toute la nuit nous avons navigué sous faible pression, de manière à n'arriver à Djibouti qu'au lever du soleil.

Devant l'impossibilité où j'étais de dormir dans la cabine transformée en véritable étuve, j'ai dû passer la nuit sur le pont, étendu sur ma chaise-longue. Au reste, je suivis en cela l'exemple de la plupart des passagers.

A l'avant, tous les troupiers avaient déserté la « batterie » pour le pont et leur réveil, ce matin, fut quelque peu mouvementé, à l'heure où les matelots commencent le lavage du paquebot.

J'ai passé là un bon moment, tant le spectacle était drôle de voir les marsouins se dresser sous le jet de la lance maniée par un mathurin farceur qui avait le soin de prévenir d'un « Attention les militaires », à l'instant même où ceux-ci recevaient la trombe d'eau sur le corps. Le mieux, c'est que personne ne voulut se fâcher, cette douche matinale eut plutôt le don d'égayer les soldats, en même temps qu'elle leur rafraîchissait les idées.

Un peu avant d'arriver à Djibouti où nous jetons l'ancre à sept heures du matin, l'étrave du « *Cholon* » passe au milieu d'un énorme banc de poissons sautant à la surface des flots.

Une vingtaine de cétacés (*marsouins*) énormes prennent leurs ébats et très probablement... leur déjeuner matinal, au détriment de cette population aquatique dont les écailles scintillent sous les feux du soleil.

*
* *

Djibouti. — La ville, de formation récente (1897), offre bien peu d'intérêt au moment de notre passage. Située dans la baie de Tadjourah, non loin d'Obok, Djibouti semble appelée cependant à un avenir meilleur que notre premier point d'occupation. Obok, en effet, manque d'éléments pour prendre une extension sérieuse. A Djibouti, au contraire, la route du Harrar et des hautes terres d'Abyssinie est un débouché suffisant pour que l'on puisse fonder des espérances sur son développement. Le chemin de fer, en construction, qui doit relier les États du négus Ménélick à Djibouti, aura pour premier résultat d'étendre considérablement la puissance commerciale de notre établissement de la côte des Somalis.

L'hôtel du Gouverneur, peu décoratif, un bureau de poste, une auberge et quelques magasins grecs ou italiens forment, avec une centaine de cases, l'ensemble de la ville construite sur un sol aride, noir et pierreux.

La vue s'étend sur un désert de cailloux — où poussent péniblement quelques touffes de mimosas — jusqu'à l'amphithéâtre des montagnes du Harrar et des hautes vallées d'Abyssinie, se surplombant les unes les autres.

En même temps que plusieurs passagers, nous débarquons ici une quantité considérable de marchandises. Le « *Cholon* » s'approvisionne de bétail et de poisson frais ; nous embarquons même une petite gazelle.

Tout autour du navire une nuée de négrillons s'agite dans l'eau ou sur des pirogues.

Ces affreux gamins plongent d'une façon remarquable, pour aller chercher dans l'onde amère les sous que nous leur jetons du haut des bastingages. Leurs cris sont comiques autant que leur physionomie. On s'empêche difficilement de sourire en les entendant crier :

— A la mer, à la mer, jette, jette, ho ho, jette, jette montre en or, bicyclette, à la mer ho, ho, à la mer ! Quelques-uns plongent et passent sous la quille du navire. Nous assistons à des scènes de bousculades inénarrables, pour la conquête des sous que les vainqueurs enfouissent orgueilleusement dans leur bouche en roulant des yeux extraordinaires.

Nous quittons la rade de Djibouti à une heure de l'après-midi.

Maintenant, c'est d'une seule traite que nous allons gagner Singapore dont 3.787 milles marins nous séparent encore (1).

1. Un peu plus de 7.000 kilomètres.

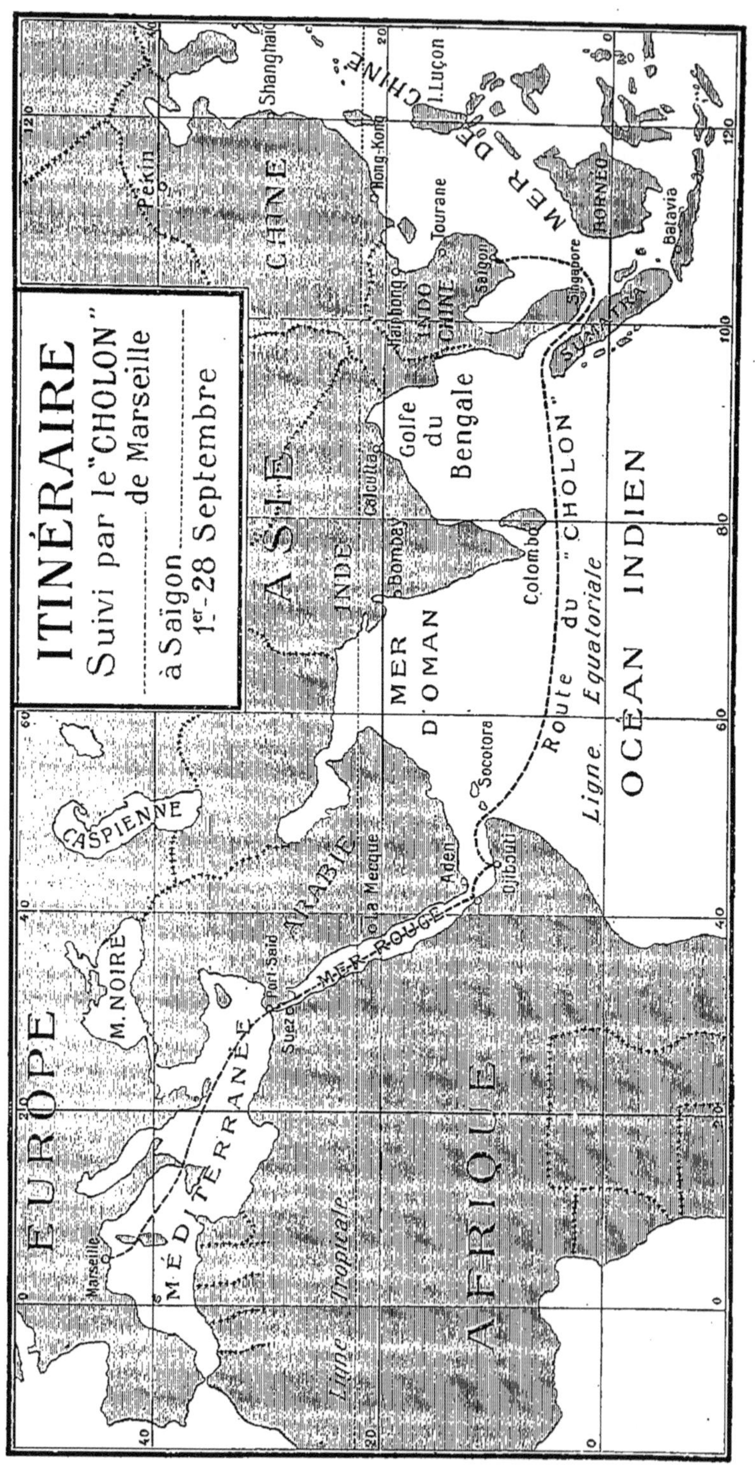
ITINÉRAIRE
Suivi par le "CHOLON"
de Marseille
à Saïgon
1er-28 Septembre
EUROPE
M. NOIRE
CASPIENNE
MÉDITERRANÉE
Marseille
Suez
Port-Saïd
MER ROUGE
ARABIE
la Mecque
Aden
Djibouti
Socotora
AFRIQUE
Ligne Tropicale
ASIE
INDE
Bombay
Calcutta
Colombo
MER D'OMAN
Golfe du Bengale
CHINE
Pékin
Shanghaï
Hong-Kong
Haïphong
INDO CHINE
Saïgon
Tourane
I. Luçon
MER DE CHINE
Singapore
SUMATRA
BORNÉO
Batavia
Route du "CHOLON"
Ligne Equatoriale
OCÉAN INDIEN

Voici d'ailleurs, à titre de document, le tableau des distances de Marseille à Saïgon en milles de 1.852 mètres (1).

MARSEILLE

A SAIGON

13.550 kilomètres

Marseille	Port-Saïd	Suez	Djibouti	Colombo	Singapore	Saïgon
1.510						
1.597	87					
2.881	1.371	1.284				
5.098	3.588	3.501	2.217			
6.688	5.158	5.071	3.787	1.570		
7.316	5.806	5.719	4.436	2.218	648	

Le « *Cholon* » couvrant environ 280 milles par jour, c'est donc deux semaines de traversée sans escale, si rien ne vient entraver la marche normale du navire. Actuellement nous avons parcouru, depuis Toulon, 2.880 milles environ.

15 septembre.

Hier, pas d'autre incident que la rencontre du « *Natal* » faisant route pour la France et auquel nous adressons les saluts d'usage, au moyen des pavillons. C'est le « *Natal* » qui va, sans doute, emporter vers nos familles le courrier laissé à Djibouti à leur intention. Quand recevrons-nous la réponse à ces lettres ?

Nous abandonnons aujourd'hui le Golfe d'Aden, et c'est une mer absolument démontée qui nous accueille aussitôt doublé le cap Gardafui, aux parages si dangereux pour les navires revenant en Europe. Aucun phare ne signale la présence de la terre. Par les nuits sombres, il faut naviguer avec les plus grandes précautions, la moindre erreur pouvant entraîner un naufrage qui, dans ces régions peuplées de sauvages, n'aurait rien de bien réjouissant. Souvent, même le jour, il faut redouter ce passage à cause des brouillards fréquents.

1. Nous empruntons ce tableau au *Guide du Passager* publié par les Messageries Maritimes.

La mousson (1) du sud-ouest nous fait rouler et tanguer d'une façon effroyable. Lorsque nous passons au large de l'île Socotora, le pont est déserté par la plupart des passagers.

Malgré tout le désir que j'ai d'assister au spectacle de l'Océan en fureur, je dois fuir le spardeck constamment balayé par les lames monstrueuses qui s'abattent avec fracas sur le pont.

16 septembre.
(par 13°02' latitude nord et 54°36' longitude est.)

C'est fourbu, éreinté, vanné que j'abandonne ma couchette ce matin. Affreusement ballotté toute la nuit, cette gymnastique forcée a endolori tous mes membres. A tout prendre je préfère encore le jour à la nuit, malgré le tangage et le roulis persistants.

Sur le pont, presque désert, j'essaie de m'immobiliser sur une chaise-longue, sans y parvenir.

Grandiose est le spectacle auquel on assiste. Par moments, on croirait que le bateau va sombrer, tant il fonce de l'avant. Les lames arrivent monstrueuses à l'assaut du navire sur les flancs duquel elles se brisent, submergeant le pont pendant quelques instants. Sur toute la surface liquide se creusent des abîmes, s'élèvent des montagnes qui brusquement s'effondrent.

Des vols de poissons ailés nous font recueillir quelques échantillons curieux qui, malheureusement, meurent presque aussitôt.

Peu de monde au déjeuner. La salle à manger a reçu une décoration originale, mais de circonstance; il s'agit des « *violons* » appareils que l'on fixe sur toute la longueur des tables. Les « violons » se composent de chevalets percés de quatre trous où passent des cordes servant à amarrer verres et assiettes devant chaque passager. Sans cette précaution, toute la vaisselle serait brisée par les mouvements désordonnés du paquebot.

1. La mousson sud-ouest souffle de mai à octobre.

19 septembre.

Depuis trois jours que nous naviguons dans l'Océan Indien aucune accalmie ne s'est produite. Roulis, tangage toujours, et encore.

Plusieurs passagers sont alités et souffrent horriblement du mal de mer. Il faut croire que l'habitude ne sert pas beaucoup dans ces cas rebelles. Du côté militaire, beaucoup de déprimés et aussi quelques malades. Seuls, les vieux marsouins tiennent bon et font des repas copieux avec les rations des débiles.

Combien de temps allons-nous danser ainsi? Le commissaire me presse de terminer sa comptabilité et celle du second, mais allez donc écrire par un temps pareil!

20 septembre.

Le calme enfin. L'Océan est presque tranquille et l'on commence à respirer. Bien que le mal de mer n'ait eu, jusqu'à présent, aucune prise sur moi, je souffrais néanmoins du gros temps, comme tout le monde. Impossible de garder son équilibre et de marcher d'une façon normale, lorsque le navire roule et tangue comme ces jours derniers. Et puis la vie est suspendue à bord; jusqu'à la cuisine qui s'en ressent; le maître-coq ne pouvant gouverner ses fourneaux, ou craignant d'être précipité dans ses marmites, remplace la plupart des plats chauds par des froids.

Encore peu de monde sur le spardeck et surtout pas de femmes, pas de femmes (comme dans le *Petit Duc*).

D'ailleurs, pour contempler ce que nous voyons, point n'est besoin de quitter sa cabine. Le ciel et l'eau invariablement. L'Infini abrutissant et stupide, toujours semblable.

Dans la soirée, cependant, nous traversons les groupes d'îles Laquedives et Maldives qui se perdent peu à peu dans la brume du soir, et c'est, de nouveau, l'immense cercle qui nous environne. La pluie vient attrister la fin de cette journée maussade et, dans le lointain, l'Océan s'assombrit au point de faire craindre un orage.

21 septembre.

De très loin, à la lorgnette, on distingue faiblement la pointe de Galles, extrême cap de Ceylan que nous laissons à babord. Vision fugitive de l'Inde que je voudrais tant connaître.

Notre groupe de sous-off's s'intéresse vivement cet après-midi à un petit manège qui nous intrigue depuis une heure et dont nous venons seulement de percer le mystère.

Les passagers de seconde classe, moins favorisés que ceux de 1re, doivent occuper, comme nous, des cabines à plusieurs couchettes (six, huit ou douze). Ce mode de logement oblige à séparer l'élément masculin du sexe faible mais charmant. Côté des dames, côté des messieurs. Par état, les célibataires s'accommodent forcément de ce *modus vivendi*, mais il n'en est pas de même pour les gens mariés. Ces derniers sont navrés de la séparation qui dure déjà depuis plus de vingt jours !! Après des conciliabules qui ne durent pas manquer de piquant, une entente est intervenue entre les hommes d'une même cabine, pour que celle-ci soit à la disposition d'un seul à une heure déterminée. Les maris ont donc la joie de pouvoir, enfin !... causer plus intimement avec leurs épouses non moins ravies. Voilà toute l'explication des absences à deux et des mines rougissantes des petites femmes au retour de ces... promenades au pays du Tendre. Ah ! Amour, amour, quand tu nous tiens... !

22 septembre.

A quand la fin de cet interminable voyage ? Quelqu'un parle d'organiser une nouvelle soirée pour apporter un peu de distraction, mais l'entrain manque. L'idée ne trouve pas de protagonistes et l'ennui continue à peser sur tous les passagers qui ne demandent qu'une chose : Arriver à Saïgon.

Un peu de mélancolie me vient en songeant que ce jour qui s'achève tristement est la date anniversaire de ma naissance.

26 septembre.

Quatre jours viennent de s'écouler sans autre incident qu'une avarie de machine nous forçant à stopper pendant quelques heures, au milieu de l'Océan.

Aujourd'hui, c'est, devant nos yeux ravis, une débauche de verdure fusant en bouquets touffus, du sein des eaux. Les nombreux îlots (Nicobar) que nous côtoyons semblent, en effet, d'énormes gerbes de feuillages n'ayant d'autre point d'appui que les flots de l'Océan. C'est tout simplement ravissant. La nature nous gratifie encore, ce soir, d'un des plus jolis couchers de soleil qu'il soit possible de contempler. Malheureusement ce spectacle féerique est de courte durée, la nuit succédant au jour, presque sans transition de crépuscule.

Pendant que nous nous engageons dans le détroit de Malacca, le phare de la Tête d'Achem s'allume à tribord, nous indiquant de ses puissants rayons la grande île de Sumatra. A babord, la presqu'île malaise se fond dans la nuit qui, maintenant, dérobe à nos yeux les richesses de la flore équatoriale. Un épais brouillard nous oblige à entendre la sirène du « *Cholon* » une partie de la nuit; lugubres sont ces gémissements qui ressemblent aux appels de détresse d'un navire en perdition.

27 septembre.

Singapore, 2 heures du matin. — Une foule d'embarcations entoure le « *Cholon* » bien avant que nous ayons jeté l'ancre. Du reste, nous ne devons faire ici qu'une escale de peu de durée. Nous n'accostons même pas aux appontements dont les grosses lampes électriques nous font distinguer, là-bas, l'animation extraordinaire à pareille heure. Des navires font charbon ou s'approvisionnent de denrées de toutes sortes.

Nous débarquons une centaine de caisses de marchandises qui sont immédiatement chargées sur des jonques. Nous déposons également le courrier pour la France. A quatre heures du matin nous repartons. Cette fois, c'est la dernière étape.

Au lever du soleil la terre a disparu de l'horizon. A la nuit tombante le phare de Poulo-Condore nous annonce une terre française à babord. Poulo-Condore est une île servant de bagne pour les indigènes de Cochinchine, c'est également la sentinelle avancée de notre grande colonie indo-chinoise.

La journée a été si chaude, si accablante que presque tous les passagers s'installent sur le pont pour y passer la nuit qui s'annonce superbe. Dans le ciel s'allument des myriades d'étoiles invisibles en Europe et, pour la première fois, je regarde la Croix du Sud qui scintille au firmament de saphir sombre.

Vers dix heures un scandale éclate dans la salle à manger des secondes classes. Voilà ce qui s'était passé : Une dizaine de passagers, cherchant à se distraire, avaient imaginé de faire une procession sur le pont, lorsque l'électricité serait éteinte. Pour cela, une chaise-longue de rotin avait été recouverte de draps blancs sur lesquels un mannequin, également drapé et surmonté d'un crâne de Somalis, donnait l'illusion absolue d'un squelette dans son linceul.

Travestis en fantômes, la figure recouverte par un pan du drap formant une sorte de cagoule d'aspect sinistre, les dix passagers devaient marcher processionnellement dans l'ordre suivant : En avant, deux fantômes psalmodiant des prières précédaient le catafalque (chaise longue) porté par quatre spectres, suivis des quatre derniers officiants en cagoules. Cette plaisanterie d'un goût plus que douteux, était surtout macabre et susceptible de causer une grande frayeur aux dames passant la nuit sur le pont. Le maître d'hôtel des « secondes » n'avait pas voulu assumer la responsabilité de laisser partir cette funèbre procession et avait prévenu le commandant du navire.

Ce fut un sauve-qui-peut général lorsque le capitaine L*** fit son apparition sur le seuil de la salle à manger. Les fantômes s'enfuirent à toutes jambes dans les cabines, l'un d'eux fut cependant happé au passage. Reconnu, il ne voulut pas dénoncer ses camarades disparus. Après une sévère admonestation du commandant, le coupable fut mis aux fers dans une cabine spéciale, en attendant que le capitaine L*** ait décidé sur son sort.

Après le départ du commandant chacun regagna précipitamment sa cabine en réfléchissant, un peu tard, que tout n'est pas permis à bord et que sur mer, il y a un maître souverain répondant du navire : le capitaine.

28 septembre.

Salut, terre d'Indo-Chine !

Encore enveloppées dans la brume matinale, les montagnes du cap Saint-Jacques se dressent à quelques milles en avant. Nous touchons au terme de notre voyage et coucherons ce soir à Saïgon.

A babord, les terres basses de la presqu'île cochinchinoise, se confondant avec l'eau limoneuse de l'immense delta du Mékong, se laissent à peine deviner.

Lentement le « *Cholon* » s'avance, pour stopper, enfin, dans la riante baie des Cocotiers. Cependant, les pavillons hissés au-dessus de la passerelle ont déjà fait connaître au sémaphore l'état du bord, le nombre des passagers, etc. A l'instant où le pilote monte à bord nous sommes signalés à Saïgon par le télégraphe du cap Saint-Jacques. Nous aurons l'occasion de reparler du cap un peu plus tard, pour aujourd'hui nous dirons seulement que c'est là que les coloniaux fatigués viennent se reposer au sanatorium.

Les moyens de défense installés au cap Saint-Jacques étaient, au moment de notre arrivée, plus qu'insuffisants ; mais nous reviendrons sur ce point important, lorsque nous aurons fait plus ample connaissance avec la Cochinchine.

. . . .

Saïgon encore distante de 40 milles dans l'intérieur, il nous faut maintenant remonter le cours du Donnaï pendant près de cinq heures, pour arriver à destination. Le fleuve, charriant des eaux sales, jaunâtres, coule entre des rives extrêmement basses qu'il inonde parfois. Une végétation luxuriante, minuscule cependant, s'épanouit sur ces terres encore en formation, à peine solidifiées par les apports de limon du fleuve.

La navigation est particulièrement fastidieuse durant le trajet du Cap à Saïgon.

Les palétuviers rabougris cèdent maintenant la place aux rizières que d'innombrables arroyos traversent en tous sens. Les berges s'élèvent et à un des tournants du Donnaï, on découvre enfin les tours de la cathédrale de la capitale cochinchinoise. Au bout d'un instant on demeure surpris de ne plus trouver la cathédrale devant soi, mais derrière, puis à droite et ensuite à gauche. De prime abord ces différentes positions de l'édifice intriguent, mais on s'aperçoit bien vite que la cause en est très simple.

Le Donnaï forme d'énormes et nombreux lacets dans la partie comprise entre le cap Saint-Jacques et Saïgon, de là l'explication des différentes orientations du navire par rapport à la ville.

Les jonques chinoises deviennent plus nombreuses, au fur et à mesure que nous approchons. Les rives se garnissent de cases indigènes, de *paillottes*, selon l'expression employée en Cochinchine.

A deux heures enfin, nous accostons à l'appontement, en face du boulevard Charner.

Depuis longtemps les passagers sont sur le pont, attendant fiévreusement le moment de mettre pied à terre. Les militaires ne sont pas les moins impatients.

Saïgon ! C'est la liberté en perspective, une autre vie que celle du bord ; c'est aussi tous les plaisirs dont les « anciens » ont vanté les charmes à ceux qui viennent pour la première fois dans la colonie. Saïgon, enfin, terme de ce long voyage dont nous ressentons tous la fatigue.

A peine amarré, des petits hommes jaunes ont relié le « *Cholon* » avec l'appontement par un plan incliné ; déjà les passagers civils quittent le bord en toute hâte. L'ordre de la Place qu'un fourrier vient d'apporter, consigne les militaires à bord jusqu'à cinq heures. Quelle attente !

Armons-nous de patience puisqu'il n'y a rien d'autre à faire. Je prends congé du commissaire qui doit descendre à terre et lui exprime toute ma reconnaissance pour les attentions charmantes qu'il eut pour moi au cours de cette longue traversée.

Nous reverrons-nous jamais? Peut-être, mais l' « au revoir » les vigoureux *shake hand* que nous échangeons, ressemblent plutôt à un adieu.

Les Annamites, les Chinois courent maintenant sur le pont ; chargés des menus colis des passagers, ces diables d'hommes courent toujours comme si le feu était à leurs trousses.

Des Malabares au teint bronzé font le change, j'en profite pour me munir de la monnaie du pays.

Contre un beau billet de 100 francs je reçois une quarantaine de piastres en billets et en métal.

Le taux de la piastre est actuellement de 2 fr. 40, un peu au-dessous du taux moyen qui est de 2 fr. 50.

Encore novice, je remets à plus tard l'explication du système monétaire, que je cherche à comprendre, mais qui, nouveau pour moi, m'embarrasse un peu malgré sa simplicité.

Un autre point sollicite davantage ma curiosité. Parmi ces indigènes annamites qui encombrent le pont, où sont les hommes, où sont les femmes ? Question troublante, on en conviendra. J'ai beau examiner, je n'arrive pas à découvrir le sexe enchanteur dans ces petits êtres « pain d'épices » qui nous regardent avec leurs yeux bridés remplis de malice.

Un appel de clairon m'empêche de poursuivre mes investigations pour le moment. Rassemblement !!

Les marsouins ne se laissent pas répéter l'ordre deux fois. Nous quittons enfin le bord.

Sur le quai, les clairons du 11e nous attendent, mais pas un officier pour donner le départ. Etant le plus ancien sous-off je prends le commandement et... En avant !... Marche.

A belle allure nous suivons la cadence des clairons éclatants qui, par de larges avenues, nous guident vers les casernes où nous arrivons un quart d'heure après, couverts de sueur.

Je passe sous silence les formalités d'affectation à telle ou telle compagnie, pour m'extasier de suite sur la bonne impression produite par l'aspect extérieur des casernes de l'infanterie de marine.

Au milieu d'un parc, trois élégants pavillons à vérandas spacieuses s'érigent, ayant chacun trois étages servant au logement de la troupe.

D'autres pavillons de moindre importance abritent les bureaux du colonel, du major, du trésorier, etc., les cuisines, les cantines, le mess des sous-off's, les salles de douches; enfin, un peu à l'écart, l'infirmerie.

Tout est merveilleusement compris; les casernes de Saïgon ne sont pas seulement agréables à l'œil : elles sont aussi confortables. Chaque compagnie disposant d'un étage, tous les services se trouvent groupés de la façon la plus heureuse. Les chambres de troupe suffisamment vastes et convenablement ventilées, peuvent contenir seize lits. Les escouades possèdent ainsi leur logement particulier et l'on n'a pas ici de ces immenses chambrées comme en France, où, parfois, toute une compagnie vit dans un local dont le cubage d'air est notoirement insuffisant.

Les chambres affectées aux sous-officiers sont suffisamment confortables, mais puisqu'on disposait de beaucoup de place, n'aurait-on pas aussi bien fait de réserver une chambre à chacun des sergents. Ne chicanons pas cependant sur un point qui, en définitive, n'a d'autre importance que de contraindre à des promiscuités parfois gênantes.

Avec deux camarades, j'occupe une chambre au troisième étage du pavillon de droite. De la véranda, le regard s'arrête sur les grands arbres du jardin botanique tout proche...

Et maintenant la vie coloniale va commencer. Que sera-t-elle? *Chi lo sa.* En attendant, je remets ces notes à plus tard; trop heureux, ce soir, de coucher enfin dans un lit.

DEUXIÈME PARTIE

EN COCHINCHINE

28 novembre.

J'apprends avec joie que la compagnie doit fournir le détachement du Cambodge et quitter Saïgon dans les premiers jours de décembre.

Reprenons notre journal, car depuis deux mois que nous sommes débarqués, je n'ai pas eu le courage de poursuivre la mise en ordre de mes notes quotidiennes. Mon existence est bouleversée par les habitudes coloniales auxquelles j'ai dû me plier. Quelques-unes paraissent tout au moins bizarres au nouvel arrivant. La sieste, entre autres, me semblait au début inutile. Dormir de midi à deux heures me donnait l'impression du comble de la paresse. Pendant la première semaine je profitai du repos obligatoire de deux heures pour lire quelques ouvrages sur l'Indo-Chine. Malheureusement, ces livres étaient bien anciens pour donner une idée exacte de notre colonie telle que nous devions la voir au cours de notre séjour de deux années. Au point de vue rétrospectif c'était au moins intéressant. Bientôt, cependant, le silence et surtout l'ambiance du milieu agissant, je fis comme les autres; les lectures furent délaissées pour la sieste quotidienne.

Je viens d'écrire que le silence et l'ambiance du milieu incitaient à la sieste; il n'est pas inutile d'ajouter à ces causes l'influence de la température accablante de la Basse-Cochinchine qui annihile et déprime l'Européen le plus robuste.

Beaucoup de personnes s'étonneront que l'on puisse si mal

supporter les 30 ou 35 degrés enregistrés par le thermomètre à Saïgon, alors qu'en France on subit parfois, au cœur de l'été, des températures de 40 degrés. Il n'y a cependant aucune comparaison à établir, entre le climat de France et celui de la Cochinchine.

Ici, à la chaleur marquée au thermomètre, il y a lieu de faire entrer en ligne de compte l'état hygrométrique de l'air et aussi l'électricité presque constante dont l'atmosphère est surchargée.

Qu'on s'imagine un temps lourd d'orage permanent et l'on aura une faible idée de la température de la Cochinchine en général. En résumé, le climat de la presqu'île cochinchinoise est autant tributaire de sa latitude que de l'état du sol et de sa configuration géographique.

Nous ne voudrions pas entrer dans une description trop détaillée du pays, description que l'on peut trouver dans bien des traités ; néanmoins, nous croyons nécessaire de rappeler les points essentiels de la géographie physique de la Cochinchine, afin d'en tirer, si possible, des déductions au point de vue climatérique.

S'étendant entre les 8°30' et 11°30' de latitude Nord et les 102° et 105° de longitude Est, la Cochinchine se trouve enserrée au nord-est par les derniers contreforts de la chaîne annamitique qui, descendant du Yunnan, contourne le Tonkin et l'Annam. Ce dernier pays limite notre possession à l'est, alors que la mer de Chine l'entoure au sud et le Cambodge au nord-ouest.

A l'exception de la région du nord-est qui s'appuie au Laos et à l'Annam pour finir vers Saïgon, le reste du sol de la Cochinchine, soit plus de la moitié de son étendue, est encore en formation et se trouve à peine solidifié par les apports de la grande artère fluviale dont le delta commence à Pnom-Penh et couvre, avec une partie du Cambodge, la presque totalité de la Basse-Cochinchine.

S'échappant — parmi tant d'autres grands fleuves de la péninsule indo-chinoise — des monts du Yunnan détachés, eux, des énormes masses thibétaines, le Lantzan-Kiang appelé plus loin Kambodge ou Mékong, — et qui, avant de se mélanger à la mer de Chine, coule sur un parcours de 3.500 kilomètres environ — apporte sans cesse à la Cochinchine le limon bienfaisant qu'il dépose à chaque inondation. Terre d'alluvions, on peut dire que la Cochinchine doit tout au Mékong qui l'a formée et qui, chaque année, lui fait gagner sur la mer 200 à 300 mètres de terres nouvelles.

On conçoit aisément l'effet que peut produire l'action du soleil sur un sol aussi peu consistant, souvent inondé ou bien couvert de vase à peine desséchée.

Sillonnée d'une infinité de fleuves, d'arroyos, de canaux qui en font une véritable mosaïque, l'immense plaine bénéficie des mouvements de marées qui du Cap se font sentir jusqu'à Saïgon.

La richesse de la Cochinchine est dans la composition de son sol, mais cette terre est suffisamment malsaine pour que l'Européen appelé à y séjourner prenne les plus grandes précautions afin d'éviter, autant que possible, les dangers de maladie.

La sieste, que nous condamnions à notre arrivée, est indispensable ; elle fait partie de l'hygiène coloniale dont on ne saurait méconnaître les principes sans préjudice pour la santé. Il ne s'ensuit pas qu'on doive, par excès de précaution, prolonger le repos au delà des limites raisonnables ; il ne faut pas oublier, en effet, que l'activité physique ou morale est, plus que partout ailleurs, absolument nécessaire pour se bien porter dans les colonies.

A l'époque où nous débarquions à Saïgon (fin septembre), la saison des pluies était sur le point de finir. Il faut dire que, comme la plupart des régions intertropicales, la Cochinchine n'a que deux saisons : la saison sèche, commençant avec la mousson du Nord-est le 15 octobre pour finir au 15 avril, et la saison des pluies avec la mousson du Sud-est qui dure du 15 avril au 15 octobre. La saison sèche se distingue par un beau temps continuel, exempt de toute pluie : c'est l'été de la Cochinchine. La saison des pluies, par contre, est fort désagréable, non seulement en raison des trombes d'eau qu'elle déverse sur le pays, mais encore parce que la température ne se trouve pas suffisamment rafraîchie. Plus d'humidité et autant de chaleur que pendant la belle saison, voilà le vilain tableau de la saison des pluies qui est en même temps fort malsaine.

L'acclimatement des Européens s'opère, en conséquence, beaucoup mieux d'octobre à mars que pendant tout le reste de l'année.

En définitive, nous étions donc privilégiés d'arriver ainsi, juste au moment où la Nature tropicale se montre sous ses plus beaux aspects. La première quinzaine d'octobre fut bien encore un peu pluvieuse mais, à part quelques douches que nous reçûmes à l'improviste, nous n'avons pas gardé mauvais souvenir de nos débuts dans la colonie.

Je dirai de suite ce qu'est la vie militaire à Saïgon, aussi bien je ne m'étendrai pas sur ce point car cette existence offre, au point de vue du service proprement dit, de grandes analogies avec la vie militaire de France.

Exercices, tirs, marches militaires, revues, service de Place, tout cela ressemble à ce que nous avions pour habitude de faire à Toulon. Pour quiconque rêve la vie militaire en campagne c'est plutôt une désillusion. Mais aussi la Cochinchine est si tranquille à notre arrivée qu'il serait puéril de songer aux aventures et aux combats.

Les heures d'exercices diffèrent cependant de celles de France. Le réveil a lieu d'ordinaire à cinq heures et les troupes sont de retour aux casernes au plus tard vers huit heures. Le soleil, déjà très vif à cette heure, ne permet pas de manœuvrer plus longtemps.

Les corvées de quartier, d'ordinaire, etc., etc., occupent les hommes jusqu'à neuf heures. De neuf heures à dix heures, le temps est consacré aux distributions de pain et de vin aux escouades, pendant qu'à la salle des rapports s'élabore la décision journalière.

Comme en France, encore, le repas du matin, le déjeuner,

SAIGON. Un pavillon des casernes de l'Infanterie de Marine.

sonne à dix heures pour la troupe, celui des sous-off's à onze heures.

Un mot en passant sur les repas de la troupe.

« L'ordinaire » est, à Saïgon, plus qu'acceptable. Caporaux et soldats auraient vraiment tort de se plaindre des menus qui leur sont servis.

A titre de renseignement voici, pris au hasard, un des menus du déjeuner :

Soupe à l'oignon
Poisson bouilli
Bœuf rôti
Haricots verts
Fromage. Bananes

Le tout arrosé de 23 centilitres de vin.

D'autre part, les repas sont « servis » par des boys annamites, payés sur l'ordinaire. Bien souvent, ces mêmes boys reçoivent des militaires une gratification pour s'occuper non seulement de laver la vaisselle de chaque homme, mais encore procéder au nettoyage des vérandas qui servent de réfectoires.

La cuisine servie aux sous-off's par la cantine est loin de valoir celle des simples troupiers ; c'est le plus souvent une infecte gargotte et l'on comprend mal pourquoi le commandement supérieur n'intervient pas à ce propos. Qu'un cantinier s'enrichisse, d'accord, mais faudrait-il encore qu'il ait la pudeur de ne pas le faire trop aux dépens de ceux qu'il est chargé de nourrir proprement.

Et d'ailleurs, pourquoi ne pas installer un mess de sous-officiers? Cela ne saurait être impossible. Nous sommes persuadé que les gradés pourraient alors jouir d'un confortable auquel les versements en nature et en espèces retenues sur la solde leur donnent droit.

La demi-douzaine de fourriers que nous sommes à Saïgon, ne se fait pas faute de traduire devant son tribunal le gargotier qui, toujours, trouve de mauvaises raisons, pour excuser ses ratas innommables. Sous nos menaces de plaintes au colonel, le pourvoyeur de nos estomacs mécontents nous fait de belles promesses.

En général, nous décidons la mise à l'amende du marchand de soupe qui doit s'exécuter et nous faire servir le café *gratis pro deo*.

Malgré la mauvaise chère, les repas du matin sont toujours gais et animés, aussi est-il rare que les fourriers quittent la table avant midi et demi. Les sergents sont plus pressés que nous ; la sieste les attire, aussitôt avalée la dernière bouchée. La « retraite » sonnant à midi, lorsque nous quittons la cantine les casernes sont déjà profondément endormies.

A l'abri des grands arbres touffus, nous regagnons nos chambres, en évitant le soleil de plomb dardant tous ses rayons sur la nature silencieuse.

Le réveil sonné à deux heures par le clairon de garde redonne une certaine animation au quartier. La lecture de la décision qui suit immédiatement la sieste ne permet pas de faire de grands frais de toilette; cependant, combien les ablutions d'eau froide seraient les bienvenues pour secouer la torpeur qui subsiste après ce trop court sommeil.

L'après-midi est particulièrement pénible ; je regrette souvent que mes fonctions de comptable m'obligent à des travaux ayant des propriétés soporifiques incontestables. Tous les fourriers me comprendront.

Oh ! les affres de la comptabilité trimestrielle sous le ciel cochinchinois !

A quatre heures, le cours de préparation à l'Ecole militaire de Saint-Maixent apporte un peu de diversion. A la même heure les troupes se rassemblent pour une séance de gymnastique sous les ombrages de la cour, ou plutôt du beau parc qui entoure les casernements, cependant que quelques gradés sont exercés à la manœuvre du petit canon de campagne.

Cinq heures enfin ! C'est la liberté. L'heure attendue entre toutes. Je me précipite chaque soir à la salle de douches avec le même bonheur, pour en ressortir vingt minutes après absolument dispos. Le complet de toile blanche, d'une blancheur immaculée, précieusement étendu sur une chaise de ma chambre par un brosseur attentif, attend le moment d'être revêtu pour la sortie du soir. A Saïgon, le costume blanc se porte aussi bien le soir que dans la journée.

Civils et militaires ont le même uniforme et il ne faudrait pas croire qu'il manque d'élégance.

On blanchit merveilleusement sous les tropiques, le Chinois excelle dans l'art de livrer des pantalons et des dolmans impeccables de blancheur et d'apprêt. Faisons également remarquer en passant qu'on ne remet jamais deux fois le même costume sans qu'il soit à nouveau blanchi. C'est un luxe qui serait ruineux en France, mais, ici, moyennant 5 piastres (12 fr. 50) par mois, le Chinois vous blanchit autant de linge que vous voulez.

Les blanchisseurs chinois de la rue Catinat ont une si singulière façon de repasser le linge que je ne crois pas devoir la passer sous silence :

S'emplissant la bouche d'eau amidonnée, l'ouvrier blanchisseur, au travers de ses lèvres serrées remplissant l'office de pulvérisateur, expulse ce liquide en fine buée sur le linge.

Sur la partie aspergée, le Chinois fait passer un gros fer de tailleur rempli de charbons allumés ou bien encore une casserole également remplie de combustible.

Le dîner des sous-off's sonne à six heures, il est vite expédié. Souvent même, la plupart d'entre nous préfèrent dîner en ville et cela se conçoit : outre que la nourriture est plus recherchée, le cadre est aussi de beaucoup plus agréable.

Je ne fis connaissance avec Saïgon que le second soir de mon arrivée. Accompagné des sous-off's de la compagnie, je devais aux usages de payer la bienvenue à mes nouveaux collègues. Nous quittâmes donc le quartier vers cinq heures et demie et, de suite, prîmes place dans une demi-douzaine de pousse pousse stationnant devant les grilles. Rapides, les petits hommes jaunes aux jambes nues, détalèrent tout le long du large boulevard Norodom, pour s'engager ensuite dans la rue Catinat. Je reviendrais plus tard sur la description de Saïgon. Cette première sortie fut surtout une visite de reconnaissance de la majorité des cafés de la capitale cochinchinoise, et j'avoue qu'après les libations trop copieuses, mon cerveau se refusait à tout travail d'observation ou d'analyse. D'ailleurs il faisait nuit, et la nuit...

Le lendemain de cette soirée mémorable mais aux souvenirs confus, était un dimanche. L'occasion était propice pour faire enfin une promenade en ville autrement qu'à la lueur des lampes électriques ou des quinquets fumeux.

Pour un Parisien, Saïgon (1) « Paris de l'Extrême-Orient » ressemble assez comme aspect général au beau parc de Neuilly ou, encore, aux avenues, bordées de villas, du Ranelagh à Passy.

La coquette ville qui recouvre aujourd'hui les arroyos et les vieux marais de Giadinh, se présente bien comme un jardin magnifique aux allées droites, tracées au cordeau, où, de chaque côté, s'alignent les palais et les petits pavillons enfouis dans la verdure de la flore luxuriante des tropiques.

C'est, tout d'abord, en quittant les casernes de l'infanterie de marine, le superbe boulevard Norodom, ombragé de beaux arbres. Cette voie merveilleuse qui traverse la ville haute du nord au sud, est, sans conteste, la plus jolie de Saïgon. Sur son parcours d'un kilomètre à peine les monuments sont nombreux. En dehors des casernes dont nous avons causé, l'Hôtel du Général, le Cercle des officiers, élèvent leurs façades. Puis l'abside de la cathédrale, ayant en face d'elle le château d'eau qui distribue dans la ville l'eau potable d'un lac souterrain jamais tari. La statue en bronze du grand tribun Gambetta s'érige sur ce même boulevard que barre, un peu plus loin, le palais du Gouverneur général. Ce dernier monument dont la façade est trouée de larges baies a dû coûter plusieurs millions. On a voulu faire grand et montrer, par là, la puissance de la France.

1. Saïgon, d'après Pétrus-Ky cité par le comte Barthélemy, devrait son nom au mélange des deux mots chinois et annamites : **Saï** (*chinois*) qui veut dire *Bois*, et **Gôn** (*annamite*) qui est le nom de la ouate ou du ouatier. Le nom de la ville viendrait donc de la quantité des cotonniers que les Cambodgiens plantaient tout autour de leurs anciennes fortifications en terre et dont les traces restent encore près de la pagode de Caï May. (Barthélemy. *En Indo-Chine*. Paris, 1899.)

Le résultat est obtenu : l'aspect de la résidence du Gouverneur a tout à fait grand air.

Plus au centre de la ville, nous remarquons l'architecture grecque du Palais du Lieutenant-Gouverneur et aussi les

SAIGON

Un coin du MARCHÉ (1)

sévères bâtiments du Palais de Justice. Descendant le boulevard Charner, sur l'emplacement de l'ancienne église — à droite de cette vaste artère bordée de cafés européens — se

1. Ce cliché dû à l'obligeance de MM. Vuibert et Nony, éditeurs à Paris, est extrait du très intéressant ouvrage de M. P. Doumer. *L'Indo-Chine française*. Paris, 1905.

trouve la Justice de Paix. Avant d'arriver au port de commerce qui limite le boulevard, nous rencontrons, toujours sur la droite, le marché indigène très animé et fort curieux au point de vue des études ethnologiques qu'on peut y faire. On y rencontre surtout l'Annamite et le Chinois, un certain nombre de Malais, d'Indiens et de Birmans.

La proximité du quartier chinois donne à cette partie de Saïgon un caractère exotique qui lui manque dans beaucoup d'autres endroits.

Nous reviendrons un peu plus tard dans cet intéressant quartier, pour étudier plus particulièrement les types et caractères des différentes races s'y trouvant rassemblées.

Pour aujourd'hui, laissant encore sur la droite les Douanes et Régies, nous nous contenterons de poursuivre notre rapide promenade de reconnaissance dans la ville, en suivant le quai Francis-Garnier jusqu'à la place Rigault-de-Genouilly où s'élève la statue du vainqueur de Saïgon en 1859. Dans l'éventail de cette place qui s'ouvre sur la rade, on remarque aussi la Chambre de commerce et, sur la droite, le monument Doudart de Lagrée. Le quai Préminguet nous conduit ensuite jusqu'au boulevard de la Citadelle.

C'est le quartier militaire qui commence. A gauche, l'Artillerie; en face, l'Arsenal s'adossant à l'arroyo de l'Avalanche, possède un bassin de radoub rendant des services appréciables qui seraient malheureusement insuffisants en temps de guerre. Réservant, sur notre droite, le Jardin Zoologique que nous visiterons dans l'après-midi, nous suivons maintenant la rue de Lagrandière. Les vastes pavillons de l'Hôpital militaire se découvrent au bout d'une grande allée bordée des beaux arbres d'un parc délicieux. Nos malades trouvent là, avec des soins attentifs et éclairés du corps médical et des religieuses dévouées, un asile confortable et reposant. Malheureusement, ceux que la maladie oblige au séjour dans le bel hôpital ont trop peu souvent l'occasion d'en vanter les douceurs ; la porte dérobée qui s'ouvre derrière les pavillons — presque face aux casernes de l'infanterie de marine — laisse passer journellement les victimes du climat meurtrier. Combien en ai-je vu passer, combien en ai-je accompagné de ces cercueils au grand champ de repos ! La route du cimetière (rue de Bangkok) — précaution suprême — part des murs de l'hôpital, semblant ainsi étendre jusque-là ses longs bras avides de cadavres...

Quittons ce triste sujet pour rentrer en ville, et terminer notre promenade matinale.

Toujours par la rue de Lagrandière nous arrivons en droite ligne à la rue Catinat où nous nous engageons pour admirer aussitôt la belle cathédrale qui se dresse imposante sur un vaste parvis s'agrémentant d'un gracieux bassin d'eau jaillissante.

Ses deux tours carrées, inégales, dominent toute la ville fière, à juste titre, de ce beau monument, élevé avec les fonds d'une souscription publique dont l'initiative revient à l'évêque d'Adran, Mgr Pigneau de Béhaine, ancien curé de Saïgon.

Avant de reprendre la rue Catinat qui de la cathédrale va jusqu'au port, nous pénétrons dans le bel hôtel des Postes et Télégraphes, de construction récente. Ce palais d'aspect extérieur fort élégant est aussi supérieurement aménagé à l'intérieur.

Beaucoup de nos grandes villes de France en envieraient le hall magnifique et bien ordonné. Un point cependant nous rappelle le service des postes en France : le peu de complaisance de la part des fonctionnaires.

Pour habitué que l'on soit aux façons de ces messieurs, de tels procédés semblent néanmoins bizarres. N'insistons pas sur le manque d'urbanité presque proverbiale des postiers ; contentons-nous de déplorer, une fois de plus, ce fâcheux état de choses, sans manifester l'espoir d'une amélioration dans l'avenir.

C'est à dessein que notre promenade devait se terminer par la rue Catinat, nous avions rendez-vous, mes deux collègues et moi, avec un aimable fonctionnaire colonial (Il n'y a pas que des postiers à Saïgon, heureusement). Permissionnaires de la journée, nous avions accepté avec le plus grand plaisir, l'invitation à déjeuner de M. G***, un ami de longue date de mon camarade B***.

Disposant encore de quelques instants avant l'heure fixée pour la rencontre avec notre amphitryon nous pûmes flâner tout au long de la rue la plus animée, la plus commerçante et aussi la plus agréable qui soit à Saïgon. Les beaux magasins et les grands cafés à l'instar de Paris ne manquent pas dans la rue Catinat, centre du commerce et des affaires de la capitale cochinchinoise. Le nouveau théâtre encore en construction au moment où nous écrivions ces lignes, élève depuis

Saïgon. Le nouveau théâtre (1).

sa jolie façade en face d'un square du plus gracieux effet. Tout proche, le vieux théâtre affiche pour la semaine prochaine *Faust*, la saison théâtrale commençant avec la saison sèche. Voilà des distractions en perspective ; de quoi faire oublier qu'on se trouve à 4.000 lieues de la France.

L'animation de la rue Catinat est surtout grande le soir, lorsque le soleil commence à descendre à l'horizon et que le casque n'est plus indispensable. Ce matin, malgré tout, le

1. Gravure extraite de l'ouvrage de P. Doumer. *L'Indo-Chine française*, Paris 1905, avec l'autorisation des éditeurs Vuibert et Nony.

mouvement est très intense. Pousse-pousse et voitures malabares encombrent la chaussée. Nous trouvons M. G***, ponctuel au rendez-vous du café de la Musique, déjà installé devant un énorme verre où flotte un ice-berg. Les verres ont, dans toute la colonie, des proportions gigantesques auprès desquelles celles de nos récipients de France paraissent lilliputiennes. Je renonce pour ma part à commander au boy une consommation si copieuse ; mon estomac n'étant pas encore remis des... émotions de la veille. Malgré la tentation des boissons glacées, je préfère m'abstenir.

*
* *

M. G*** occupait un coquet pavillon avec jardin dans une des avenues ombragées et silencieuses de Saïgon. C'est dans cette demeure pimpante, composée d'un rez-de-chaussée et d'un étage de quatre pièces, que nous eûmes le plaisir de rencontrer deux autres fonctionnaires, collègues de M. G*** qui vivaient avec lui, dans la même maison.

Notre hôte avait cru devoir expliquer, à moi tout au moins, un usage saïgonnais qui consiste justement, pour les célibataires, à former des associations dans le genre de celle que nous voyions chez lui et ayant pour but de rassembler quelques amis pour vivre en commun. La vie, ainsi comprise, coûte moins cher, les dépenses étant supportées par plusieurs personnes ; elle est aussi plus agréable puisque, au lieu d'être seul, on se trouve entre amis de son choix.

Nous appréciâmes plus tard, au Cambodge, tout le charme des « popotes ». Aujourd'hui, nous admirions simplement le résultat d'une bonne entente permettant de se passer de la vie d'hôtel toujours onéreuse et qui finit par lasser. Dans ces sortes de « ménages » de garçons, les fonctions de « chef de popote » sont remplies à tour de rôle par chaque associé, qui, pendant un mois, se trouve responsable du bon fonctionnement de la maison, tout comme une attentive ménagère.

Le couvert étincelant sur la blanche nappe était disposé

dans la salle à manger de la « popote » aux persiennes soigneusement baissées (1). Nous prîmes tous place à table, animés du meilleur appétit. Dans le demi-jour de cette pièce sobre, aux meubles clairs, éventés par le *panka* (2) suspendu au-dessus de nos têtes, nous pûmes constater qu'on savait s'organiser à Saïgon, s'entourer de confortable avec une certaine recherche. Les domestiques d'une « popote » sont, le plus souvent, choisis parmi les jeunes boys annamites.

Le cuisinier indigène qui avait préparé le déjeuner mérita bien aujourd'hui son titre de cordon bleu. L'Annamite possède de véritables dispositions pour l'art culinaire en général, mais la pâtisserie est surtout sa spécialité.

Comme nous dégustions l'odorant café fumant dans les tasses, la conversation tomba sur la vie à Saïgon dont M. G*** ne parut pas fort épris :

—« Saïgon, dit-il, n'a rien à envier aux petites villes de province de France, les racontars et les potins s'y colportent avec une étonnante facilité. Aussi, en ce qui me concerne, j'ai pris l'habitude de ne fréquenter que quelques rares salons où mon absence serait remarquée ou fâcheusement interprétée ; mais vous pouvez croire que si cela ne devait pas nuire à mon avancement je préférerais rester tranquillement ici, plutôt que d'aller écouter les médisances de Mmes X ou Y. »

Nous venions de nous installer sur des matelas cambodgiens disposés à même le plancher d'un petit salon voisin de la salle à manger.

---

1. La prudence exige que l'on évite non seulement les rayons du soleil, mais encore la réverbération, tout aussi dangereuse.

2. Le panka consiste en un châssis de bois rectangulaire recouvert d'étoffe. Suspendu au plafond, au-dessus de la table, par un jeu de cordages fixé à la partie supérieure, le bas de ce châssis est orné d'un volant d'étoffe plissée où se dissimulent, de places en places, quelques boules de gros plomb.

Sur une des faces du panka une corde est disposée qui passe ensuite sur plusieurs poulies pour laisser pendre une de ses extrémités dans un endroit déterminé d'où l'on n'a plus qu'à tirer pour mettre le *panka* en mouvement. Cet office est, d'ordinaire, rempli par un jeune boy annamite.

Sous l'influence de la traction il se produit un va et vient déplaçant le volant d'étoffe qui remplit alors le rôle d'un immense éventail dont profitent tous les convives.

Je dis alors :

— Se peut-il qu'on soit si méchant dans une ville où tout le monde, au contraire, devrait s'ingénier à rendre la vie agréable et facile pour chacun.

— Mon cher, vous reviendrez sans doute ici comme officier, puisque vous préparez l'Ecole ; vous serez obligé d'assister aux soirées officielles. Vous vous rappellerez alors ce que je vous dis aujourd'hui, car je ne crois malheureusement pas que les mœurs coloniales changeront d'ici là.

Quelques fonctionnaires vous diront qu'on s'amuse ici et que la plus grande cordialité existe entre tous les Européens. Au risque de vous paraître grognon, je vous dis, moi, que la vie mondaine à Saïgon ne vaudra jamais qu'on lui sacrifie la joie de savourer en toute tranquillité une pipe comme celle-ci.

Et après avoir aspiré profondément, il ajouta, à travers les volutes de fumée d'opium :

— Non, voyez-vous, il y a trop de clans ici et l'on n'y est pas assez indulgent. Militaires et fonctionnaires se boudent réciproquement et les commerçants se trouvent presque mis à l'index par les uns et les autres. Cela est ridicule et chacun en convient, tout en ne faisant rien pour changer un état de choses désolant.

Tenez, parlez-moi de la vie de brousse : plus de salons, et surtout plus de femmes françaises... C'est la belle existence de liberté loin des stupides conventions mondaines, au milieu de la splendide nature.

Un de ses amis crut bon d'arrêter M. G*** dans son réquisitoire sur la vie saïgonnaise.

— Allons, tu exagères, mon vieux. Oui, il y a bien des mauvaises langues, mais il y a aussi des salons où l'on s'amuse franchement et où militaires, fonctionnaires, et commerçants se rencontrent et vivent en bons termes...

— Tout ça ne vaut pas la brousse, insista G***, aussitôt interrompu par son ami.

— La brousse, tu en parles à ton aise, avec ça que c'est réjouissant parfois. J'en ai goûté pendant deux ans : à tout prendre je préfère encore Saïgon et ses potins. Quant aux femmes françaises dont tu parais faire si peu de cas... en paroles, tu as tort. Il en est de charmantes et de spirituelles et la plus jolie *congaïe* (1) n'arrivera jamais, par exemple, à faire oublier les beaux yeux de Mme D*** qui revient de France par le dernier bateau. Je vous en fais juge, Abaly. N'étiez-vous pas sur le « *Cholon* » et n'avez-vous pas remarqué cette jolie personne ?

— Si fait, et franchement je vous accorde qu'une *congaïe* ne saurait me... troubler au même point que Mme D*** dont j'ai pu apprécier toute la grâce et la beauté. Toutefois, tenez compte que j'ignore la femme annamite, n'ayant pu, jusqu'à présent, la distinguer de parmi les hommes.

— Question d'habitude, vous aurez bientôt l'occasion de vous instruire sur son compte...

Je disais donc que nos Françaises de Saïgon n'étaient pas tant à dédaigner. D'ailleurs, que nous importent à nous les potins des petites femmes. Le plaisir de presser leurs tailles charmantes dans les nombreux bals qui se donnent ici peut bien se payer de quelques sacrifices à leurs mignons défauts.

— Assez, assez, clame G***, tu es idiot. Alors parce que tu valses avec toutes ces pécores, tu acceptes l'obligation stupide de revêtir un frac et de t'emprisonner le cou dans le carcan d'un faux-col aux dimensions ridicules ? Et, naturellement, tu trouves aussi fort bien d'aller cuire dans ton jus, sanglé dans une jaquette, de cinq à sept, pour meubler le salon de celles que tu nommes pompeusement « nos gracieuses mondaines ». Les officiers ont bien raison de ne pas quitter le costume de toile blanche et de se moquer de vos attitudes de pantins endimanchés. Tiens, laisse-moi fumer et ne parlons plus des trop fameux salons saïgonnais.

Tout en causant notre hôte préparait minutieusement ses pipes. En face de lui, allongé et somnolent, M. B***, peu bavard, ne fumait plus. La fabrication des pipes d'opium

1. Femme annamite.

excitait ma curiosité. L'ami de G*** me fournissait maintenant des explications.

— Je n'ai jamais fumé l'opium et j'ai quelque mérite à cela, car vous voyez mes amis, ce sont d'enragés fumeurs qui ont cherché à me convertir.

La drogue a malheureusement déjà trop d'amants parmi le corps des fonctionnaires coloniaux et aussi parmi les officiers de marine. Un bon conseil : ne fumez jamais. Maintenant, bien que je ne sois pas un adepte du subtil poison, je puis vous documenter puisque, aussi bien, le sujet paraît vous intéresser.

Depuis un instant, mes deux camarades du 11e, suivant l'exemple de M. G***, se livraient, eux aussi, aux ivresses de l'opium, fumaient à tour de rôle.

La petite pièce, toujours plongée dans l'obscurité grâce aux persiennes hermétiquement closes, était imprégnée maintenant de l'odeur de noisette grillée qui caractérise la fumée d'opium.

La lampe minuscule des fumeurs, avec sa flamme de veilleuse abritée dans son verre en forme de cône tronqué, éclairait seule, d'une lueur falote, nos six corps étendus. Aucun bruit ne venait du dehors. Le silence de la fumerie n'était troublé que par la causerie de l'ami de G*** me parlant à mi-voix.

— Vous savez déjà, sans doute, que la liqueur d'opium, dont vous avez là un échantillon, est un extrait que l'on obtient en faisant dessécher le suc du pavot à froid. La bouillerie d'opium de Saïgon emploie un autre moyen pour recueillir cet extrait consistant et de couleur brune, en faisant évaporer par la chaleur le suc de pavot (1).

Les qualités d'opium sont nombreuses.

A côté du suc de pavot provenant de Bénarès, et que l'on considère comme le meilleur, il se trouve des extraits intermédiaires plus ou moins purs, contenant de la morphine à des degrés divers. Les pauvres bougres, les coolies, que

1. Le suc, obtenu en faisant des incisions aux capsules du pavot avant leur maturité, coule de ces incisions en liquide épais qu'on recueille lorsqu'il est presque sec. On en fait alors des galettes qu'on préserve avec des feuilles de pavot.

vous verrez dans les fumeries de Saïgon, ne peuvent guère fumer que le résidu de l'opium râclé dans le fourneau des pipes et qu'on appelle *dross*.

Le *dross*, ainsi recueilli par le grattage, est délayé avec un peu de liquide quelconque, eau ou thé.

— Mais, observé-je, ces qualités si différentes de la drogue n'ont-elles pas une influence sur l'organisme du fumeur, partant sur les sensations qu'il doit éprouver sous l'empire de l'opium ?

— Au contraire, ces différences dans la qualité ont une grande importance ; l'opium inférieur et le *dross* sont plus toxiques que les opiums de grande pureté.

Quant aux sensations, aux rêves que l'opium dispense à ses fidèles je ne puis vous en causer, ne les ayant jamais connus par moi-même.

M. G*** qui écoutait notre conversation intervint :

— Et tu auras raison, tu n'es qu'un profane n'ayant aucune autorité pour aborder un pareil sujet.

Et se tournant de mon côté en brandissant sa pipe de bambou :

— Tenez, placez-vous près de moi, je vais vous enseigner d'abord ce que c'est qu'une pipe d'opium et comment on la fume. Que le produit soit de Bénarès où d'ailleurs cela importe vraiment peu pour la préparation de la « pipette », et, puisque nous ne fumons que l'opium de la régie d'Indo-Chine, n'insistons pas trop sur la qualité du *chandoo*.

Il faut tout d'abord au fumeur d'opium une bonne pipe, comme au fumeur de simple scaferlati.

Rien ne vaut la pipe en bambou, surtout si le *culottage* en est soigné. Le bambou doit avoir environ 50 centimètres de longueur, 3 centimètres de diamètre lui suffisent. Remarquez que le bambou n'est ouvert qu'à une seule de ses extrémités. Dans le milieu de sa longueur se trouve l'orifice destiné à recevoir le fourneau de terre qui, comme vous le voyez, ressemble assez à un gros champignon brun creux, et dont la calotte est percée d'un petit trou s'ouvrant dans l'axe.

L'arsenal d'un fumeur comprend toujours un fourneau de

rechange, des aiguilles et la petite lampe indispensable pour préparer et fumer la drogue dont la provision, contenue dans une petite boîte de fer, se trouve sur le plateau, à la place d'honneur.

Ici, nous remplaçons le lit de camp couvert de nattes, par nos matelas cambodgiens, affaire de goût. Nous trouvons cela plus confortable, tout comme nos traversins de cuir bourrés de crin qui remplacent avantageusement les cubes de bois dont beaucoup ne peuvent se passer.

Regardez maintenant comment se prépare la « pipette ».

J'étais couché en travers des matelas, formant un angle droit avec M. G*** couché sur le côté gauche.

De sa main droite libre, la gauche soulevant la pipe, le fumeur s'empare d'une longue tige d'acier ressemblant aux aiguilles à tricoter de nos grand'mères. Plongeant l'une des extrémités dans l'opium, il en retire une gouttelette de liqueur présentée aussitôt à la flamme de la petite lampe. Sous l'action de la chaleur l'opium grésille, se boursoufle, tour à tour se gonfle et prend une teinte mordorée.

Tout en surveillant attentivement la cuisson de la boulette, M. G*** explique :

— Ceci est l'opération difficile : Cuire à point la boulette, doit être la préoccupation constante du fumeur. Il faut une juste mesure dans la cuisson si l'on veut que l'opium conserve ses propriétés et ne devienne pas exclusivement toxique. Là, c'est assez pour le moment.

Approchant de la lampe le champignon de terre fixé sur la pipe, l'opérateur roule maintenant la boulette, la malaxe sur les bords du fourneau penché vers la flamme.

Triturée par l'aiguille, doucement chauffée, la petite masse, devenue grosse comme un pois, prend de la consistance tout en restant suffisamment malléable.

Toujours adhérente à l'aiguille, la boulette est de nouveau présentée à la flamme et alternativement roulée sur la surface polie du fourneau par les doigts agiles du fumeur de plus en plus attentif. L'opération touche à sa fin. Le fourneau de la pipe renversé sur la lampe, il ne s'agit plus maintenant que de coller la boulette en enfonçant rapidement l'aiguille dans l'orifice brûlant, en même temps qu'on éloigne le fourneau de la flamme. La tige d'acier retirée doucement abandonne la boulette au centre du champignon de terre : la pipe est prête.

Ces manipulations ont duré quelques minutes, beaucoup plus de temps qu'il n'en faut pour fumer la pipe attendue.

M. G*** me présente le bambou :

— Voulez-vous essayer ?

— Non, vraiment, je vous remercie.

— Alors, regardez.

Collant fortement ses lèvres à l'extrémité ouverte du bambou, le fumeur tourne le fourneau vers la flamme et aspire profondément.

La boulette, guidée par l'aiguille, grille sous la chaleur de la lampe, se fond et disparaît. Un jet de fumée blanche s'échappe des lèvres entr'ouvertes du fumeur couché sur le dos, à présent, et l'odeur indéfinissable, un peu âcre, de noisette grillée se précise dans la pièce déjà imprégnée des senteurs de l'opium. Deux aspirations suffisent pour fumer une pipe d'opium.

Puis, le fumeur immobile, les yeux fermés, semblant étranger à ce qui se passe autour de lui, ne répond plus aux questions qui lui sont posées.

Nous restons ainsi pendant un quart d'heure sans causer ; puis, M. G*** se remettant sur le côté gauche, confectionne une nouvelle pipe avec les mêmes soins que la précédente. Il dit :

— Au début, quelques pipes, six ou huit, me suffisaient, aujourd'hui c'est seulement vers la vingtième que je commence à ressentir les ivresses de l'opium.

— Sont-elles si délicieuses les sensations procurées par le Dieu Opium, demandai-je ?

— Avant tout, il faut une initiation, et les premières pipes fumées par le néophyte sont plutôt désagréables, provoquent même des malaises. Si on résiste à cette épreuve, si on persiste pendant quelques jours à fumer malgré les nausées et si le nombre des pipes peut être augmenté jusqu'à la dizaine, alors seulement commencent pour l'adepte les rêves magnifiques auxquels on ne peut plus renoncer, à moins d'avoir une force de volonté peu commune. Mais il faut fumer chaque jour, et chaque fois davantage, pour être admis au paradis de l'opium.

Rien de matériel dans les rêves. La volupté n'existe pas non plus, à proprement parler. C'est le domaine de la pensée qui se trouve seul impressionné délicieusement. Dans le rêve d'opium tout prend des aspects agréables et riants, les espoirs les plus fantastiques se réalisent et le cerveau solutionne avec la plus étonnante facilité tous les problèmes de l'existence. Il semble que l'être pensant s'évade du corps pour planer dans l'espace éthéré. Le monde extérieur n'existe plus pour le fumeur qui se trouve livré tout entier à la féerie de son rêve merveilleux...

Le fumeur s'est tu... une nouvelle pipe porte à ses poumons la perfide fumée qui, avant de revenir à l'air libre, va se débarrasser de toute la morphine qu'elle renferme.

La tête un peu lourde je me lève et l'ami de M. G*** suit mon exemple.

— Voulez-vous que nous sortions un peu avant le dîner ? propose-t-il. Nous retrouverons ces messieurs tout à l'heure.

— J'accepte volontiers car l'odeur d'opium m'incommode quelque peu ; manque d'habitude sans doute.

Nous partons sans bruit et sans que les dormeurs paraissent s'apercevoir de notre départ.

C'est avec plaisir que je respire l'air du jardin, au sortir de la fumerie. Bientôt cinq heures ; le soleil commence à ne plus être aussi chaud. La grille franchie, mes yeux s'habituent à la lumière. Après quelques pas sur l'avenue, mon compagnon décide une promenade au Jardin Zoologique. Une voiture nous conduit rapidement dans ce parc délicieux où circule déjà une longue file d'équipages et de piétons. C'est l'heure du concert militaire. La musique du 11e régiment d'infanterie de marine est installée dans un petit kiosque rustique mais gracieux au possible, élevé sur pilotis, au milieu d'un lac minuscule sur les eaux duquel prennent leurs ébats les flamands roses, les ibis et quantité d'autres volatiles aux plumages éclatants. Sous l'ombrage majestueux des plus beaux spécimens de la flore équatoriale (1) c'est un interminable défilé de promeneurs à pied, en pousse-pousse, en voitures.

A l'entour du lac, dans des pavillons garnis de solides barreaux de fer, nous admirons les plus beaux échantillons de la faune indo-chinoise : tigres royaux, panthères mouchetées et panthères noires, chats et chiens sauvages, etc., etc. (2).

S'ouvrant presque en face de la pièce d'eau, les baies de la ravissante volière donnent accès dans la demeure des oiseaux, petits et grands, dont le gazouillement et les cris laissent cependant percevoir le doux murmure des cascatelles, qui, jaillissantes, viennent rafraîchir ce coin délicieusement ombragé de verdure....

1. La flore de Cochinchine est particulièrement riche, grâce au sol et au climat. Les palmiers, moins nombreux qu'en Afrique, existent en assez grande quantité cependant. L'arbre dominant est surtout le bambou qui atteint des hauteurs prodigieuses.

L'oranger, le grenadier, le mandarinier que nous connaissons en Europe, voisinent avec le cocotier, le bananier, le manguier, etc.

Le riz accapare presque toute la surface cultivée de la Cochinchine, et cette culture forme la principale richesse du pays (Cambodge et Cochinchine ont exporté en 1897 pour plus de 72.500.000 francs de riz.)

On ne cultive pas le café qui cependant serait susceptible de s'acclimater parfaitement.

Le coton procure des ressources appréciables. Le tabac, qui pousse fort bien, est de mauvaise qualité.

Le poivre, constituant une des ressources les plus importantes, abonde ainsi que les autres épices, canelle, muscade, etc. La patate, la banane, la canne à sucre et l'igname sont de culture courante.

Les arachides, la cardamome, le curcuma, l'aloès, la noix vomique se rencontrent en abondance dans toute la presqu'île.

2. Citons encore l'ours à miel, le sanglier, le buffe, le cerf, l'éléphant, le rhinocéros. Le cheval est assez rare en Cochinchine, ceux que l'on y rencontre sont de petite taille (1 m. 25), mais robustes.

Des chèvres ; mais peu ou pas de moutons. L'animal domestique qui se voit le plus fréquemment est le porc : il fait partie de la famille annamite, on en rencontre partout.

Les oiseaux et les reptiles ne manquent pas : on trouve en Cochinchine presque toutes les espèces. Quant aux insectes, la liste en serait trop longue : ils pullulent.

Un peu plus loin, dans une rotonde grillagée, de nombreux singes prennent leurs ébats.

Le dîner n'étant que pour huit heures, mon cicérone propose de quitter le Jardin Zoologique pour faire un *tour d'inspection* comme tout Saïgonnais qui se respecte. Aussitôt, les deux petits chevaux de notre voiture s'engagent à belle allure sur la route de Bien-Hoa, après avoir traversé l'arroyo de l'Avalanche.

Bon nombre de voitures nous croisent, revenant sur Saïgon, car nous faisons la classique promenade en sens inverse de celui adopté par la mode du jour, qui veut aussi qu'on fasse marcher sa voiture au pas sur le territoire de Phù-My. Laissant la mode et ses obligations, nous filons maintenant sur l'inspection de Gia-Dinh (1). La route superbement droite et macadamisée (2) passe à travers les rizières encore inondées.

La plaine s'étend très loin, devant et tout autour de nous. Il serait agréable de prolonger cette délicieuse course en voiture qui nous permet de respirer un peu d'air frais. Mais la nuit vient vite et nous rentrons en ville par la belle avenue de l'Inspection, juste assez tôt pour que notre *saïs* (3) ne soit pas obligé d'allumer ses lanternes.

Les camarades nous attendent sous la vérandah de la petite maisonnette de G***, devant la porte de laquelle se balance, suspendue, la lanterne chinoise qui brûle toute la nuit, selon l'usage saïgonnais. La « pipette » a été délaissée pour l'apéritif qui s'opalise dans les verres gigantesques d'un demi-litre, couverts de buée, et dans lesquels flotte, toujours, le bloc de glace (4) énorme et trop souvent néfaste.

Nous arrivons à temps, car le petit boy vient annoncer presque solennellement, à la façon d'un maître d'hôtel bien stylé :

1. Qui a donné son nom à la promenade favorite des Saïgonnais.

2. Dans toute la Cochinchine les routes sont entretenues avec une sorte de pierre rouge extraite dans les environs de Bien-Hoa.

3. Nom donné aux cochers tagals venus de Manille.

4. On abuse de la glace à Saïgon et cela au détriment de la santé. Il serait préférable de s'abstenir de boire trop fréquemment si l'on ne peut s'habituer à consommer des liquides non rafraîchis par le froid artificiel. La diarrhée, la dysenterie ont souvent pour cause initiale l'abus de la glace à rafraîchir.

« Monsieur, y'en a soupe la table », phrase qui, en langage petit nègre usité à Saïgon, remplace le sacramentel « Madame est servie ».

Certaines tournures de phrases de ce langage conventionnel entre Européens et indigènes sont particulièrement drôles. Citons, au hasard, celle-ci que M. Nicolas rapporte dans son très intéressant travail sur la *Vie française en Cochinchine* (1) : « *Le couteau couper poils la gueule* », qui désigne le rasoir.

Au cours du dîner, je fais part à mes hôtes de tout le plaisir éprouvé en visitant les merveilles du Jardin Zoologique et en faisant le tour d'inspection. Une promenade à Cholon est décidée pour le dimanche suivant, et, après avoir savouré les cigares dans le petit jardin où pointent et scintillent des lueurs de lucioles, nous prenons congé de nos amis vers onze heures, non sans les avoir remercié de leur accueil charmant et de leur hospitalité écossaise.

Pendant la semaine qui suivit ce premier dimanche passé dans la colonie, j'eus plusieurs fois l'occasion de faire connaissance avec Saïgon et la campagne environnante.

En ce qui concerne la ville, nous avions vu la plupart des endroits intéressants dans la seule journée du dimanche. Un coin charmant avait été néanmoins négligé : Le Jardin de la ville qui s'étend derrière le Palais du Gouverneur Général. Superbement dessiné, ce jardin est le rendez-vous du Tout-Saïgon, les jours où la musique militaire se fait entendre.

Là encore, la flore indo-chinoise s'étale dans toute sa splendeur, avec moins d'apprêt qu'au Jardin Botanique, il est vrai, mais avec plus de force aussi, le jardin ayant été tracé au sein d'une ancienne forêt vierge. L'arbre des voyageurs, aux belles palmes vertes, déploie, ici, son immense et majestueux éventail au sommet d'un tronc qui, tout droit, s'élance à plus de vingt mètres de hauteur.

A côté de cette splendide nature commence le quartier

1. Ernest Flammarion, éditeur, Paris.

Arroyo cochinchinois.

(Gravure extraite de l'ouvrage de M. P. Doumer. *L'Indo-Chine française.*)

asiatique qui s'étend, au sud, jusqu'à l'arroyo chinois, vers l'Abattoir, et au sud-est jusqu'à la rivière de Saïgon. Là, se trouvent les établissements de commerce qui n'ont pu trouver place dans la rue Catinat. Les maisons de cette partie de la ville ont le caractère exotique propre à la nation chinoise. Construites pour la plupart en bois, les habitations des Fils du Ciel ont rarement plus d'un étage, et leurs façades s'ornent de grosses lanternes décorées de dragons, se balançant à la moindre brise.

Après avoir dépassé la gare du chemin de fer de Mytho, on traverse l'arroyo chinois de Cholon sur un beau pont d'une seule arche, travail d'art faisant honneur à la ville. Du pont, la vue s'étend sur le port chinois dont l'aspect est des plus pittoresques et où règne, sans cesse, l'animation la plus grande. Sur les rives se dressent les manufactures, les usines et les entrepôts de riz, alors que sur la rivière les jonques de tout tonnage vont à Cholon ou reviennent vers Saïgon, suivant les marées.

Maintenant, si nous dirigeons nos pas dans la direction des Messageries Maritimes dont les quais s'étendent assez loin sur la rivière de Saïgon, nous découvrons un véritable cloaque. Les militaires désignent ce quartier sous le nom de « *bambou* » sans que l'on sache exactement pourquoi. En définitive, c'est là que se trouvent rassemblés les immondes lupanars indigènes, annamites ou japonais. C'est le quartier réservé, plus infect encore que le « Chapeau » de Toulon, et où l'on chercherait en vain la « Sameyama » de Champsaur, et les mousmés mignardes de la « cité d'amour », au Japon. Des rues fangeuses, défoncées, bordées de paillottes délabrées, d'une saleté repoussante, traversent cet endroit mal odorant qu'on est surpris de rencontrer auprès d'une ville, par ailleurs propre et coquette. Aussi bien, ce n'est plus précisément Saïgon, mais plutôt un faubourg. Il faut néanmoins souhaiter que l'assainissement de ce point suburbain ne se fasse pas trop attendre : les arrivants qui débarquent aux Messageries se passeraient fort bien de la vue de ce peu réjouissant tableau.

Le fort du Sud garde la ville vers Tam Hoi, à deux kilomètres environ des docks des Messageries maritimes.

De l'autre côté de la rivière, et en face de ce premier ouvrage de défense se trouve le fort du Nord.

Nous reparlerons plus tard des moyens défensifs de la Cochinchine ; pour l'instant, contentons-nous de revenir en ville en constatant que Saïgon est protégée par l'eau de trois côtés : au Nord par l'arroyo de l'Avalanche et le canal de Ceinture, au Sud par l'arroyo Chinois qui vient se jeter dans la rivière de Saïgon dont la courbe barre le côté Est de la capitale. La ville n'est pas protégée à l'Ouest, par des obstacles naturels.

*
* *

La première marche militaire à laquelle j'assistai, peu de jours après notre arrivée en Cochinchine, fut pour moi une cause de fatigue, malgré la petite distance que l'on nous fit couvrir et l'allure modérée de la marche. Encore mal préparé au climat je souffris d'être contraint à me mouvoir avec l'équipement de campagne (1) et, surtout, avec le casque alourdi d'un manchon de toile bleue.

L'itinéraire nous fit traverser la plaine des Tombeaux, vaste champ où les Annamites enterraient leurs morts il y a peu de temps encore. Couverte de tombes, de tumulus et de monuments funéraires de terre ou de pierre, cette plaine immense que j'ai traversée plus tard, la nuit, en voiture, a un caractère sinistre qui lui manque pendant le jour, alors que le soleil éclatant l'inonde de son aveuglante clarté. Il y a maintenant un cimetière asiatique fermé à Saïgon, mais on a dû combattre avec ténacité les tendances des indigènes à vouloir, malgré tout, enterrer leurs morts dans la plaine des Tombeaux, hors de toute enceinte. Cette réforme avait certainement une grande utilité au point de vue de l'hygiène ; il n'est pas dou-

1. Le costume de la tenue de campagne est de toile bleue avec jambières de toile blanche, le casque est recouvert d'un manchon de toile bleue. La troupe ne porte pas le sac, des coolies indigènes étant désignés pour cet office, en temps de guerre.

teux cependant, qu'elle ait été fort mal accueillie des annamites respectueux des traditions ancestrales.

Tombeau annamite dans la plaine des tombeaux (1).

Les enterrements indigènes n'ont aucun caractère de tristesse, au contraire ; c'est une véritable fête pour la famille et les amis du défunt. Les Annamites n'envisagent d'ailleurs pas la mort avec terreur, étant persuadés qu'ils doivent revivre une vie meilleure et pleine de délices dans le paradis de Bouddha. Avant d'accompagner le corps placé sur une sorte de chapelle ardente portative, aux sons discordants des cymbales, des clochettes et du gong, auxquels se mêlent les cris des assistants, porteurs de provisions de bouche pour le mort, avant cette procession au lieu de sépulture, un festin réunit les invités.

Voici d'ailleurs, raconté par M. Charles Lemire (2) le cérémonial d'un enterrement annamite auquel il a assisté : « Des pleureuses, portant le deuil en blanc, étaient accroupies

1. Gravure extraite de *L'Indo-Chine française*. P. Doumer (Vuibert et Nony. Edit. Paris).

2. *Cochinchine française et royaume du Cambodge* (Challamel, édit.)

« près du cercueil. Des prêtres de Phat (1), revêtus de leur « ample tunique, lisaient à haute voix des prières. De petits « autels étaient dressés dans la maison, et on y avait placé des « cierges, des vases de cuivre et de porcelaine, des tableaux à « incrustations de nacre, des offrandes pour les esprits. Le « devant de ces autels est garni d'une étoffe rouge avec des « dessins brodés, or et argent. Lorsque le gong (plateau métal- « lique très sonore) eut sonné son dernier coup, chacun, y « compris les bonzes, se précipita sur une longue table où « était servi le repas funèbre. On m'invita à y prendre place. « Voyant que par déférence on attendait pour se mettre à man- « ger que j'eusse moi-même commencé, je goûtai seulement « un peu d'eau-de-vie de riz. Aussitôt toutes les baguettes « fonctionnèrent puisant à droite et à gauche dans une « soixantaine de tasses qui contenaient les mets découpés d'a- « vance et servis tous en même temps. La conversation, les « éclats de voix, les rires insouciants recommencèrent ensuite « dans la maison. »

« Le lendemain matin tous les amis du défunt étant arrivés, « le maître des cérémonies fit cesser tout bruit en frappant « trois fois l'un contre l'autre deux morceaux de bois dur, et « le convoi se mit en marche. Deux gongs, au son lugubre, « ouvraient la marche, puis un tam-tam et deux clarinettes. « Viennent ensuite les bannières de la congrégation, si le « défunt est un Chinois appartenant à une congrégation, et le « repas destiné à l'esprit du mort. Les mets, portés sur une « table, sont abrités sous un vaste parasol. Des lanternes doi- « vent même en plein jour, éclairer la route de l'esprit. On jette « çà et là des papiers dorés et argentés pour empêcher le dia- « ble de tourmenter l'âme du défunt pendant le trajet et de la « distraire de son voyage. Nos bons Cochinchinois tentent le « diable lui-même, lequel s'y laisse prendre et s'occupe à « ramasser les papiers qu'il croit être des lingots et que le vent « se plaît à lui disputer. Le corps du défunt est placé sur une

1. Bonzes bouddiques.

« grande civière laquée, dorée, incrustée de nacre, ornée de « peintures et portée par vingt ou trente hommes. »

« Des cierges sont posés sur le cercueil lui-même. C'est un « moyen de voir s'il est porté d'aplomb. Les parents, coiffés « et vêtus de blanc, et les amis suivent le convoi. »

Je ne crois pas devoir ajouter de nouveaux détails sur les cérémonies funèbres annamites ; mais causer de la religion devient nécessaire, puisque le culte des ancêtres en est la base fondamentale, alors que le bouddhisme n'est que l'accessoire. En définitive, la religion annamite est fort simple. Le respect filial étant porté au suprême degré pendant la vie des parents, il était naturel que le culte des ancêtres s'établisse chez ce peuple qui, par contre, demeure presque indifférent à l'égard du Bouddha. Point de paillotte, pas de maison annamite ou chinoise, qui n'ait son autel, voire sa chapelle, consacrés au culte des chers disparus.

Autel des ancêtres dans une maison chinoise.

Plus ou moins décorés, selon le degré de richesse des propriétaires, ces petits autels domestiques rassemblent devant eux, à diverses époques de l'année, tous les membres de la famille. Cérémonies touchantes où se racontent les vertus des morts, où des sacrifices se font à la mémoire des ancêtres. La religion bouddhique que les Annamites empruntent à la Chine, est pratiquée sans grande conviction et les bonzes, peu nombreux d'ailleurs, ne sont pas toujours entourés de respect. Au surplus, les représentants de Bouddha, en Cochinchine, n'observent pas la règle de chasteté, et leur manque de tenue est bien peu en harmonie avec la grandeur du sacerdoce qu'ils prétendent exercer. Il n'est pas rare de voir, même à Saïgon, ces religieux se promener en guenilles dans les rues ; on les reconnaît à leur crâne complètement rasé car ils ne portent pas, comme au Cambodge, par exemple, le grand manteau jaune qui les signale à l'attention du voyageur.

Les pagodes élevées aux génies protecteurs n'ont rien de bien remarquable.

Je serais presque tenté d'écrire, qu'en dehors du culte des ancêtres, la religion n'existe pas en Cochinchine pour la masse du peuple ; les lettrés, plus au courant des rites bouddhiques, observent, pour ainsi dire seuls, les lois religieuses. Les superstitions ont, par contre, libre cours. Dauphins, dragons, animaux fantastiques et monstrueux, ayant des pouvoirs différents, forment tout un lot de divinités bizarres auxquelles on consacre des pagodes ou des autels particuliers.

*
* *

Regardant la Plaine des Tombeaux dont nous venons de parler, se trouvent, un peu plus loin, les tribunes du champ de courses de Saïgon dont les pistes sont tracées dans l'espace réservé au polygone d'artillerie. Ville essentiellement mondaine, Saïgon se devait à elle-même de posséder un hippodrome de plein air. Quelques réunions sportives se donnent au cours de la belle saison. A mon grand regret je n'ai pu assister à ces solennités, par suite de mon départ précipité pour le Cambodge. Le spectacle est assez curieux, paraît-il, de voir les petits chevaux annamites se disputer la victoire. Mais la partie la plus intéressante du programme réside dans la course de charrettes à bœufs. Ce numéro est le clou des courses et voici ce que M. Nicolas écrit à ce propos (1) : « Cette course en charrettes est bien une « des choses les plus curieuses qu'on puisse voir. Une « vingtaine de chars étroits, d'un modèle tout particulier, sont « en ligne, chaque charrette est attelée de deux bœufs cam- « bodgiens au fort garrot, attachés par le joug à une longue

1. *Notes sur la vie française en Cochinchine* (Paris, Flammarion, édit.)

« flèche, lestement redressée en corne. Ces attelages sont « ornés de palmes, abondamment pourvus de grelots, et « encombrés d'une grappe d'Annamites. Dès que la cloche « du départ a donné l'essor à ces curieux véhicules, tout « cela fait un bruit d'enfer ; les grelots tintent, les indigènes, « armés de longs aiguillons, excitent de la voix, et surtout « du geste, les pauvres animaux qui galopent d'une allure « extraordinaire, insensée, de tous côtés. Bêtes, gens et « charrettes se choquent, se renversent, se relèvent. »

« Cette course d'un si nouveau genre donne quelques ins- « tants de folle gaieté aux spectateurs. A peine deux ou trois « chars arrivent au poteau, recevoir le prix de leurs efforts : « tout le reste s'est dérobé, ou a culbuté, en tous sens, par- « dessus les barrières de la piste. Le plus étonnant, c'est que, « à ce jeu endiablé, il n'y ait personne de tué ! »

Le même auteur regrette, « pour la sûreté des cervelles coloniales », qu'on n'ait pas cru devoir fixer l'heure de ces distractions au moment de la journée où la chaleur est moins accablante, c'est-à-dire de cinq à sept heures. Quoi qu'il en soit, ces réjouissances sont fort goûtées de la population. C'est, de plus, un encouragement à l'élevage du cheval, et, à ce point de vue, on ne saurait trop louer les efforts de la Société des Courses et du Gouvernement Général pour créer des haras. Le cheval, déjà rare en Cochinchine, tendrait rien moins qu'à disparaître, si l'on n'y mettait bon ordre.

***

J'ai déjà parlé de la campagne saïgonnaise à propos du tour d'Inspection. L'aspect ne varie guère d'un point à un autre de cette plaine immense : des rizières encore et toujours. Çà et là quelques paillotes indigènes, pour la plupart misérables, animent le paysage.

L'habitation de l'Annamite est peu compliquée et tout *nhaqué* (1) sait construire sa case avec des matériaux peu coûteux. Bambous et feuilles de palmier d'eau forment le gros de ce qui est nécessaire.

1. Paysan annamite.

Dans un sol de terre battue, l'Annamite enfonce des bambous de 3 à 5 mètres de haut, de manière à constituer l'enceinte de sa demeure ; des claies de lattes de bambous recouvertes de feuilles de palétuvier, rassemblées par des liens de rotin, viennent s'appuyer sur les pieux enfoncés dans la terre et forment les murs où des espaces laissés libres figurent portes et fenêtres. Le tout est recouvert d'un toit en feuilles de palétuvier ou en paille de riz. Ces *cànhas* abritent parfois une famille de huit à dix personnes, vivant dans la promiscuité la plus complète et bien souvent dans la malpropreté la plus repoussante. D'autres fois encore, la basse-cour et les animaux domestiques : chiens, chats, porcs, etc., trouvent aussi un abri dans la paillote transformée en véritable arche de Noé.

La majorité des auteurs s'accorde à dire que les Annamites d'aujourd'hui sont d'origine mongolique et reconnaissent pour ancêtres les Châmes qui émigrèrent du Thibet.

Ce peuple, vaincu par les Chinois il y a cinq siècles environ, n'a plus aujourd'hui que de rares représentants ayant conservé, malgré toutes les vicissitudes, les antiques traditions et les croyances religieuses de leurs vaillants ancêtres. On rencontre encore, paraît-il, des anciens Châmes dans la vallée de Nha-Trang. Nous pensons que les Annamites pourraient fort bien être les métis des Châmes, des Malais et des Chinois ; de ces derniers ils possèdent la tête ovoïde, « les cheveux et les « yeux noirs, un peu obliques, le nez petit plutôt qu'épaté, les « pommettes moins saillantes, les lèvres un peu grosses ; le « teint blanc mat des jeunes passe au brun olivâtre chez les « adultes. Le sang malais est mêlé à ces populations qui, dans « la Basse-Cochinchine, ont souvent le corps élancé, grêle, et « les membres longs des nègres de l'équateur. »

« Hommes et femmes portent les cheveux longs, lissés et « lustrés par l'huile de ricin ou de coco. »

« Naturellement le système pileux est nul sur le reste du « corps, et au besoin ils emploient des pâtes épilatoires à « l'orpiment et à la chaux pour se débarrasser des poils de « tout le corps. »

Labourage des rizières en Cochinchine.

(Gravure extraite de l'ouvrage de P. Doumer. *L'Indo-Chine française.*)

« Les mâles sont imberbes jusqu'à la vieillesse, âge auquel « apparaissent quelques poils de barbe (1). »

Les deux sexes portant un costume semblable il est assez malaisé au nouveau débarqué de reconnaître, ainsi que je l'ai déjà dit, un homme d'une femme.

Tous deux ont des cheveux longs enroulés en chignon. Les hommes, cependant, portent un turban d'étoffe que les femmes n'arborent jamais.

Aux heures chaudes de la journée, les congaïes se coiffent d'un immense chapeau aplati fait de rotin ou de papier vernis ; on les rencontre le plus souvent tête nue, le chignon retenu par un gigantesque peigne d'écaille. J'ai dit, tout à l'heure, que les hommes et les femmes s'habillaient de même manière. Voici en quoi consiste le vêtement : Longue lévite de soie (*Kéao*), fendue des deux côtés, comme une chemise d'homme, et tombant jusqu'aux mollets, et culotte très ample (*Kécouan*) dont le fond très large retombe assez bas ; cette partie du costume se trouve maintenue à la taille au moyen d'une ceinture d'étoffe, ordinairement en soie, dont les pans retombent en avant.

Le peuple marche pieds nus. J'ajoute, en passant, que la disposition spéciale de l'orteil qui se trouve largement écarté du second doigt, a fait donner aux Annamites le nom de *Giao-Chi* (pouce écarté), par les Chinois. La classe aisée des villes porte des chaussures ; les congaïes traînent des sandales à bout recourbé dans lesquelles le pied rentre avec difficulté. J'ai vu, assez souvent, le spectacle risible des mondaines indigènes de Saïgon s'appliquant à marcher avec ces chaussures peu confortables : le pouce ne trouvant pas place restait en dehors et faisait l'office d'une pince, en retenant la sandale. A ce compte, on conçoit que la fatigue vienne assez vite ; aussi n'est-il pas rare de rencontrer les femmes portant gravement une chaussure dans chaque main : les petites amies, dont la jalousie égale au moins celle de nos

1. Docteur Armand. *Bull. de la Société d'Anthrop.*, 1863, p. 646.

poupées occidentales, voient ainsi qu'elles sont assez riches pour s'offrir le luxe d'une paire de souliers (*day-ham-het*).

Et maintenant, comment reconnaître d'emblée l'homme de la femme, parmi ces individus en apparence semblables puisqu'ils ont mêmes cheveux, presque la même taille et surtout le même costume. Toutefois, nous avons dit déjà que l'homme portait un turban ; avec un peu d'attention, on remarquera aussi que les cheveux sont rasés de chaque côté du front, sur quelques centimètres carrés, chez le sexe masculin.

Mais le meilleur moyen consiste encore à voir si l'indigène porte des boucles d'oreilles, la plupart des femmes ayant cet ornement. La femme annamite ne porte pas de corset, elle a cet avantage sur la française.

A la vérité, les deux sexes n'offrent pas une impression de beauté physique ; on peut même dire qu'ils sont franchement laids ; c'est du moins le premier jugement que fait le voyageur. A la longue, l'œil s'habitue à ce genre de laideur et finit même par découvrir quelques charmes à la femme dont le buste est généralement bien modelé.

L'Annamite est intelligent, mais son caractère insouciant le rend distrait. De plus, il est joueur enragé. Cette passion du jeu lui fait volontiers oublier sa besogne. Craintif à l'excès, la douceur est encore le meilleur moyen pour obtenir un bon service de la part du boy annamite. Je ne crains pas d'ajouter qu'il est parfois difficile de ne pas s'emporter contre les domestiques indigènes qui sont, le plus souvent, menteurs et paresseux, et qui ne se font pas scrupule de faire danser l'anse du panier lorsqu'ils sont, comme le cuisinier, par exemple, chargés des achats de denrées.

Nous pensons que le mieux, dans ce cas, est de leur donner une somme fixe, journalière, pour assurer le service de la table et de les laisser se débrouiller.

On évite ainsi de compter avec eux et, en général, on n'a pas à se plaindre des menus qu'ils composent.

Mais j'aurai encore l'occasion de reparler souvent des Annamites, au cours de ces notes, et d'entrer, alors, au fur et à mesure, dans les détails des mœurs et coutumes qui leur sont propres.

*
* *

...Soirée d'ouverture au théâtre municipal qui affiche pour ce soir « *Faust* » (il est à remarquer que la saison théâtrale commence toujours par une représentation de *Faust*). Le théâtre où se donnent ces représentations — d'ailleurs fort goûtées non seulement de la colonie européenne, mais encore par les indigènes — n'a pas grande allure. Il est vrai que cette salle n'est que provisoire et que le nouveau théâtre presque terminé (1) sera, en même temps qu'un bijou d'architecture, une salle des plus élégantes et des plus confortables. En attendant, le théâtre actuel fait les délices du Tout-Saïgon. Tout en profondeur, la salle ne forme pas hémicycle, comme dans la plupart des théâtres. Une galerie, seulement, se détache en encorbellement au milieu de la hauteur de la salle de spectacle. Rez-de-chaussée et premier étage possèdent, de chaque côté, des loges découvertes où l'élégance féminine étale complaisamment les toilettes dernier cri et de séduisants décoletages, pour le plus grand ravissement des lorgnettes. L'élément masculin ne fait pas de grands frais de costume et, à part quelques « smarteux » arborant l'habit noir, la majorité des messieurs conserve le vêtement blanc, de la blancheur immaculée que l'on sait.

Que dire de cette représentation où le groupe des fourriers se trouvait réuni, plutôt pour critiquer que pour applaudir ? Evidemment, on sent que l'orchestre et les artistes font de leur mieux, mais ce mieux est tout à fait insuffisant. La masse orchestrale s'impose pour l'opéra ; or, malgré le concours d'un certain nombre de musiciens supplémentaires du régiment d'infanterie de marine, les exécutants ne dépassent guère la vingtaine ; c'est maigre.

Quant aux artistes, il faut bien reconnaître que leurs moyens sont au-dessous de leur bonne volonté. On devrait,

1. Inauguré maintenant. On peut se rendre compte, par la gravure reproduite page 62, de la beauté extérieure de ce monument.

croyons-nous, renoncer à l'opéra s'il n'est pas possible de distribuer les rôles à des chefs d'emploi capables de les tenir. A la vérité, l'opéra-comique et l'opérette paraissent rencontrer plus de faveur auprès du public qui apprécie également la comédie moderne.

Le théâtre de Saïgon qui aborde tous les genres dans la même saison, trouverait largement de quoi composer un programme intéressant dans les trois catégories de spectacles que nous venons d'énumérer.

La question des décors n'est pas non plus négligeable, et si l'opéra-comique, l'opérette et la comédie peuvent, à la rigueur, s'accommoder des à peu près, par contre, l'opéra supporte difficilement la médiocrité. De même, pour les chœurs et la figuration.

En définitive, la soirée d'inauguration fut plutôt médiocre. Mais ne doit-on pas faire quelques concessions à tous ceux qui prêtèrent leur concours? Saïgon, « Paris de l'Extrême-Orient », ne saurait être, malgré tout, un véritable Paris.

A quatre mille lieues de la métropole, il faut encore s'estimer bien heureux de pouvoir entendre de la musique française. Tant pis, si les oreilles sont par trop délicates. Par exemple, ce qu'il faut louer sans réserves, c'est le délicieux jardin qui entoure le théâtre et tient lieu de foyer pendant les entr'actes. On comprendra aisément tout le charme que l'on peut trouver à respirer largement la brise du soir, parmi les fleurs et les beaux arbres des tropiques, noyés de lumière électrique.

Les jolies femmes aux épaules nues, aux corps harmonieux parés de dentelles et d'étoffes chatoyantes ; les riches congaïes aux multiples tuniques superposées et de couleurs si diverses, les gros commerçants chinois aux longues tresses, toute cette foule élégante, bigarrée et cosmopolite, circulant parmi les allées ou sablant joyeusement le champagne; tous ces tableaux charmants, donnent un peu l'illusion d'une fête costumée en quelque Trianon...

Somme toute, une soirée au théâtre est toujours agréable, aussi les trois représentations hebdomadaires réunissent-elles une grande affluence de public et l'entreprise, d'ailleurs largement subventionnée par la ville, doit être d'un excellent rapport pour la direction.

Dimanche 7 octobre.

Je m'étais proposé de revenir au marché de Saïgon pour compléter mes notes sur les mœurs indigènes et revoir les multiples échantillons des races si mêlées que l'on rencontre en cet endroit.

Pour cela, il aurait fallu un certain nombre de visites. Le temps me manquant je ne réussis qu'à y consacrer une matinée trop courte, hélas, pour en rapporter une étude suffisante. Annamites, Chinois, Indiens, Malais, Birmans, Moïs, Tagals de Manille, grouillent dans les pavillons et dans le quartier qui avoisine le marché. Je dépasserais mon but en voulant analyser les caractères ethniques, les mœurs et les coutumes de toute cette population aux provenances si diverses.

Alors que les Annamites se contentent de vendre les produits du sol ou de la basse-cour, les Chinois débitent surtout des mets préparés qu'ils colportent dans de grandes caisses à étagères de bois, suspendues aux deux extrémités d'un baton flexible porté sur une épaule.

D'autres congénères des fils du Ciel installent, à demeure, des tables où toute une foule de coolies vient s'asseoir, pour déguster une cuisine variée qui s'étale en une multitude de petits plats, dans lesquels chaque consommateur puise à l'aide de deux bâtonnets remplaçant, ici, fourchettes et cuillers.

On vend de tout sur le marché, non seulement tout ce qui se mange : viandes, poissons, légumes, fruits, etc.,etc., mais encore du tabac et des chiques de bétel, des étoffes, des chapeaux, des souliers, tout enfin, c'est un véritable bazar.

Les changeurs Malabares, au teint cuivré, se trouvent aussi au marché, accroupis devant des piles de piastres et de sapèques.

C'est à ces Indiens que j'eus recours, pour convertir en monnaie indigène le contenu de mon petit portefeuille qui renfermait encore quelques rares vignettes bleues de la Banque de France.

Pour l'européen la *piastre* et les *cents* sont d'un usage courant ; les *sapèques* ne s'emploient guère que par les indigènes.

La *piastre*, qui est l'unité monétaire, a sensiblement les mêmes dimensions que notre pièce de 5 francs en argent ; son cours, fixé par décret du Gouverneur général, est, en moyenne, de 2 fr. 50.

Cette unité monétaire se divise en cent *cents* et en 500 *sapèques*.

Les pièces d'argent	sont la piastre		(cent *cents*) =	2 fr. 50
—	— la 1/2 piastre		(cinquante *cents*) =	1 fr. 25
—	— le 1/5	»	(vingt *cents*) =	0 fr. 50
—	— le 1/10	»	(dix *cents*) =	0 fr. 25
Les pièces de billon	(bronze) sont		de deux *cents* =	0 fr. 05
—	—	—	de un *cents* =	0 fr. 025
—	—	(étain)	d'une sapèque =	0 fr. 0005

J'ai dit que la piastre ressemblait à la pièce de 5 francs usitée en France ; la pièce de cinquante *cents* est légèrement plus grande que la pièce de 2 francs, celles de 20 et 10 *cents* correspondent, comme grandeurs, aux pièces de 1 franc et de 0 fr. 50 de la métropole ; de même pour les pièces de bronze qui sont d'un module semblable aux décimes et 1/2 décime sortant de la Monnaie de Paris. Les *cents*, comme les sapèques, sont percés, au centre, d'un trou carré qui permet de les enfiler et d'en faire des *ligatures* de plus ou moins grande valeur. Mais, ainsi que je l'ai déjà dit, les sapèques n'ont d'utilité que pour les indigènes ; l'européen s'accommoderait assez mal du maniement de cette monnaie encombrante dont il faut 50 unités pour faire un *cent*, soit deux centimes et demi ! A moins de s'offrir le luxe d'un trésorier-porteur, il faut renoncer aux sapèques (1).

Comme monnaie fiduciaire, la Banque de l'Indo-Chine met en circulation des billets de une, cinq, dix, vingt, cinquante, cent, cinq cents piastres.

En dehors de ce système monétaire, les Annamites

1. Les sapèques en étain ont été supprimés depuis quelques années et remplacées par des sapèques en cuivre ayant une valeur de huit centièmes de piastre. Je ne pense pas que cette mesure du Gouvernement français ait été du goût des indigènes qui, de ce fait, paient beaucoup plus cher les objets de première nécessité, alors que leurs ressources n'ont pas augmenté.

emploient encore, pour leurs opérations commerciales, un lingot d'argent, ayant la forme d'un parallélipipède. C'est le *nen* qui vaut de 15 à 20 piastres.

Il n'y a pas de monnaie d'or.

Le cours de la piastre étant fort variable, il s'en suit des fluctuations dans le budget des européens dont les revenus sont calculés en monnaie française (fonctionnaires et militaires, par exemple). Tantôt on reçoit plus et tantôt moins d'argent indigène, suivant que le cours est moins ou plus élevé. L'officier touchant, par exemple, 500 francs par mois recevra 200 piastres, au taux de 2 fr. 50; mais si le taux s'élève à 2 fr.80, c'est à peine s'il encaissera 180 piastres; d'où, perte de 20 piastres. Or, comme toutes les dépenses se soldent en piastres, on conçoit l'intérêt qui s'attache au cours de l'unité monétaire en Indo-Chine.

*
* *

Aujourd'hui, c'était à notre tour d'être les amphitryons de nos hôtes du premier dimanche. A une heure, nous nous retrouvions donc tous à l'Hôtel Ollivier, pour y déjeuner, avant de faire l'excursion de Cholon projetée.

A ceux qui désirent bonne chère à des prix abordables, nous recommandons l'établissement Ollivier, pas luxueux, mais confortable à souhait.

A quatre heures, le tramway à vapeur qui longe l'arroyo chinois nous conduit rapidement en Chine, à Cholon (1) veux-je dire. Le court trajet de Saïgon à la ville chinoise permet de se rendre compte de l'énorme trafic qui se fait par eau. Les sampams, chargés de riz, descendent vers Saïgon en longue théorie, se pressant parfois les uns contre les autres, profitant de la marée pour se laisser glisser, sans fatigue pour les bateliers. A notre droite, défilent les maisons chinoises. La toiture baroque d'une pagode se profile aussi, de temps à autre. Puis, c'est l'arrivée à Cholon. Le débarcadère des Fils du Ciel s'opère lentement et pendant quelques minutes nous

1. Cho-Len, en annamite, signifie *grand marché*. Le terme est exact, car Cholon est bien le plus important marché de riz de l'Extrême-Orient.

Arroyo de Cholon

(Gravure extraite de l'ouvrage de P. Doumer. *L'Indo-Chine française.*)

sommes entourés d'une cinquantaine d'asiatiques à longues tresses.

Aux portes de Saïgon, nous nous trouvons transportés en Chine. Cholon, qui compte plus de 50.000 Célestes, est bien une ville chinoise. Les maisons, les magasins, les restaurants, tout cela est chinois.

Nous ne voyons plus, comme à Saïgon, des produits européens voisiner avec des produits exotiques.

Le commerçant n'est plus le même, non plus, que celui qui, dans la rue Catinat, se montre obséquieux et empressé. Le Chinois se sent ici chez lui et ses allures semblent même indiquer qu'il nous considère comme des intrus.

Est-ce à dire que nous ne lui sommes pas sympathiques ? Je n'oserais l'affirmer, mais sans être pessimiste et sans pousser les choses au noir, une telle agglomération de Chinois, au cœur même de notre colonie, me paraît un danger permanent. On objectera que les Chinois de Cholon se préoccupent plus de commerce que de toutes autres choses, qu'ils n'ont jamais donné la moindre inquiétude au Gouvernement général ; que, de plus, l'obligation où ils sont de se grouper en *congrégations* avec chefs responsables, atténue le danger. Les sociétés secrètes n'en existent pas moins cependant.

On ajoutera que la ville possède un administrateur français vigilant, qu'à la moindre incartade de la part des Célestes, la garnison de Saïgon, voire une poignée de tirailleurs Annamites, seraient à même d'agir et d'étouffer toute tentative de révolte. Rien de tout cela ne prouve que nous n'aurons pas un jour à nous reprocher d'avoir accueilli, trop volontiers, un aussi grand nombre de Fils du Ciel.

Bien entendu, tout le commerce du riz appartient aux Chinois. Les rares Français qui ont tenté des entreprises ont dû céder devant la force de la concurrence jaune ; si des compatriotes se trouvent encore dans les importantes usines de décorticage de riz, c'est à titre d'ingénieurs, mais non comme propriétaires.

Organisés en congrégations puissantes, ayant chacune à leur tête un chef responsable, les Chinois trouvent dans ces associations un appui considérable. La congrégation à laquelle ils sont affiliés facilite leur établissement, les aide pécuniairement au besoin, leur donne même les moyens de se rapatrier.

Le chef de la congrégation est responsable de ses congénères vis-à-vis du gouvernement français, qui prélève une taxe de capitation pour chacun des membres.

Cholon administrée, par un haut fonctionnaire français, possède également un conseil municipal composé de Français, d'Annamites et de Chinois choisis par le Lieutenant gouverneur de Cochinchine. La ville, qui, avant notre occupation, était sale, se trouve aujourd'hui complètement transformée.

Les rues tortueuses et étroites ont fait place à de larges voies de communication, des quais ont été aménagés et les vieux ponts en dos d'âne remplacés par des travaux d'art importants.

Tout ce qui convient à une ville européenne a été réalisé. Cholon est maintenant une cité propre, policée, bien entretenue, où l'éclairage et l'eau se trouvent abondamment distribués. Il existe des écoles, des hôpitaux. Bref, la France a bien fait les choses ; le résultat obtenu est à son honneur car beaucoup de difficultés se dressaient sur sa route.

Nous aurions voulu être reçus par le Phù de Cholen, haut personnage annamite qui s'occupait, jadis, des affaires indigènes et, aujourd'hui, fonctionnaire honoraire portant le titre de Tong-Doc.

Ce dignitaire, dévoué serviteur de la France, réserve, paraît-il, le meilleur accueil à nos compatriotes. Son absence..., ou un prétexte poli, ne nous permit pas d'apprécier son hospitalité. Nous le regrettons.

La pagode que nous visitons à Cholon est fort curieuse. A l'entrée, un groupe indigène se presse dans une sorte de vestibule où des marchands débitent des gâteaux, des victuailles diverses que les acheteurs consomment sur place, en faisant grand tapage. La religion commande-t-elle ces agapes préalablement aux prières ? C'est ce que nous ignorons.

Le cheval de bronze de Bouddha garde le seuil du temple dont le plafond est garni de lanternes à profusion. Une énorme statue du Bouddha accroupi se trouve en avant d'un autel où d'autres divinités grimaçantes trônent, à côté des vases et des torchères sacrées.

Dans un coin, le fameux « *moulin à prières* » attend, pour tourner, les offrandes des croyants aux génies protecteurs.

Nous nous étions attardés un peu trop à Cholon et notre visite au poste de Cay Maï, cependant tout proche, fut forcément écourtée.

Nous ne voulions, il est vrai, que serrer la main à un camarade commandant, là, une poignée de marsouins détachés du 11e régiment.

Lorsque nous songeons à reprendre le petit train de Saïgon, les grosses lanternes chinoises sont déjà allumées au-devant des boutiques ouvertes sur la rue. Enormes et ventrues au point de faire croire à un prochain éclatement, ces lanternes de papier vernis indiquent dans la nuit les noms des commerçants, ou bien encore, tracées en gros caractères, s'étalent les prières aux bons génies...

A peine dans la rue Catinat, j'éprouve la sensation de revenir de très loin. Cette visite à Cholon, ville si dissemblable de Saïgon, me fait l'effet d'un voyage à Pékin ou à Shangaï.

On est en France à Saïgon, on est en Chine à Cholon.

A huit heures précises, dans la petite case de G..., nous trouvons la soupe fumante qui nous attend et la figure malicieuse du boy-panka dont la bouche s'entr'ouvre pour nous interroger. *Y'en a monsieur dîner ?*

. . . .

Ces réunions de camarades sont vraiment charmantes. Si loin des siens, de la famille, on apprécie toute la valeur de l'amitié sans phrases, mais sincère et dévouée.

Une petite séance de musique termine cette journée, qui compte parmi les meilleures passées par moi dans la colonie.

*
* *

Il me faut hâter l'achèvement de ces notes consacrées à la Cochinchine, car nous partons dans quelques jours pour le Cambodge.

Depuis notre promenade à Cholon, les excursions ont été nombreuses, aussi nombreuses que les instants de liberté laissés par le service et aussi les permissions, nous le permettaient.

Trop de choses me restent à dire que je n'ai pu étudier avec tout le soin désirable et sur lesquelles je reviendrai plus tard. Ce qu'il m'importait de connaître surtout c'était, en en vue d'achever ce chapitre de mes souvenirs, l'organisation politique et administrative de la Cochinchine. Au point de vue militaire, c'est-à-dire pour tout ce qui concerne la défense de nos possessions, j'avais à dessein réservé ce sujet pour le moment où mon séjour en Extrême-Orient étant sur le point de finir, il me serait permis, par suite de mes observations et l'expérience, d'en causer avec plus d'autorité. Pour les mêmes raisons je reporte à plus tard l'exposé de mes appréciations ou de mes critiques personnelles sur la politique qu'on a cru devoir suivre en Indo-Chine.

J'ai trouvé un appui considérable auprès de M. G... et de ses amis, aimables fonctionnaires, qui ont bien voulu me documenter, au cours de conversations familières, dans leur home si hospitalier de Saïgon. Je leur adresse ici, avec l'expression de toute ma reconnaissance, mes plus vifs remerciements.

A notre arrivée en Cochinchine, nous avons esquissé à grands traits la situation géographique du pays, la nature du sol et du climat, nous n'y reviendrons pas.

Quatre grandes divisions, formant 21 arrondissements, partagent la Cochinchine :

La province de Saïgon, qui comprend, outre l'arrondissement de Saïgon, ceux de Tay-ninh, Thudaumot, Bienhoa et Baria ;

La province de Mytho, qui englobe Mytho, Cholon, Gocong, et Tan-an ;

La province de Vinh-Long, avec Vinh-Long, Travinh, Sadec, Bentré ;

Et enfin, celle qui comprend Bassac, Chaudoc, Longxuyen, Rach-Gia, Hatien, Soctrang, Traon.

En plus de son territoire continental la Cochinchine possède encore les îles de Poulo-Condore, de Phu-Quoc, de Poulo-Obi, des Pirates, de la Pointe de la Table, de Poulo-Dama. On considère que sa superficie est d'environ 60.000 kilomètres carrés et la population de 2.050.000 habitants, parmi lesquels figurent environ 2.700 Européens, (troupes non comprises).

L'administration de la Cochinchine est actuellement confiée à un Lieutenant-Gouverneur placé sous les ordres directs du Gouverneur Général de l'Indo-Chine qui, par décret du 9 mai 1899, a fixé les attributions de ce haut fonctionnaire.

Assisté d'un conseil colonial, le Lieutenant-Gouverneur *seconde* le Gouverneur Général de l'Indo-Chine *dans l'administration de la Cochinchine*. Les arrondissements ont à leur tête un administrateur français ayant au-dessous de lui les chefs de cantons et de villages.

En définitive, l'administration française ne modifie pas, en apparence du moins, l'organisation que possédaient les indigènes avant notre occupation.

L'Annamite, bénéficiant de la civilisation de ses ancêtres, les Chinois, avant de succomber sous la puissance de la civilisation européenne, avait toujours conservé des idées saines et justes pour tout ce qui concerne le Pouvoir. A l'encontre de ce que l'on pourrait supposer, la civilisation annamite n'admet pas la noblesse de naissance, aux mérites seuls, se décernent les hautes fonctions ou les honneurs. Quelle que soit sa condition sociale, l'Annamite peut s'instruire sans bourse délier, s'élever et arriver au mandarinat par la voie des concours. Le mandarin n'est donc pas, comme on l'a dit, la bête noire de ses administrés qui, au contraire, le respectent et lui consentent librement l'impôt. Point d'anarchie en Cochinchine, la puissance revient de droit à celui qui sait s'en rendre digne et mériter la confiance de tous.

Nous avons exposé les bases de la religion, c'est-à-dire le respect des parents et le culte des ancêtres ; par ces conceptions de la famille, les Annamites, sentant la nécessité d'un représentant de groupe, choisissent un chef de village.

Les villages à leur tour désignent le chef du canton et les cantons reconnaissent un mandarin pour la province.

N'est-ce pas là l'image de notre suffrage universel, la reproduction de notre administration métropolitaine. Quelle différence cependant !

En Cochinchine, comme en Annam ou au Tonkin, les élus sont les plus dignes de l'être ; pourrions-nous affirmer qu'il en est de même en France ?

Pour plus de clarté, disons en quoi consistait le gouvernement annamite.

L'empereur d'Annam, grand chef de la religion, n'assurait pas la marche du gouvernement qui était confiée au *Co-Mat* (conseil des ministres), dont chacun des six membres le composant était assisté d'un conseil. La volonté du *Co-Mat* pouvant prévaloir seule, le souverain se trouvait presque en tutelle. Gouvernant les grandes divisions d'empire, venaient ensuite le vice-roi ou *Kinh-Luoc*, puis les *Tong-Doc* chargés de l'administration des provinces. Ces dignitaires commandaient directement aux *Phu* et aux *Huyen* dont les fonctions étaient assez semblables à celles de nos préfets et sous-préfets.

Chacune des provinces possédait encore un *Quan-Bo* (administrateur). A la base, enfin, les chefs de canton et de village.

J'écrivais tout à l'heure *qu'en apparence*, nous n'avions rien changé dans l'administration première des Annamites. Ce n'est, en effet, qu'une apparence. En réalité, l'occupation française a jeté une grande perturbation dans les rouages administratifs du pays.

Il y a, dans ce fait, une faute lourde de la part des conquérants qui n'ont pas su comprendre tout le profit qu'il y avait à ne pas détruire d'emblée l'édifice des institutions locales. En voulant implanter rapidement nos mœurs occidentales nous avons fait fausse route, c'est certain. Il fallait temporiser au début et ne pas demander, avant même que la paix ne fût faite, la soumission des mandarins et des autres autorités. Pour ce peuple naïf, mais respectueux des traditions de famille, attaché à l'idée de Patrie, c'eût été un crime de reconnaître nos lois avant l'empereur d'Annam, il ne l'a pas voulu. Les mandarins, les chefs de cantons et de villages qui représentaient la nation annamite s'enfuirent ou se cachèrent lorsque, de 1861 à 1867, l'amiral Bonard voulut administrer le pays conquis, à la façon du territoire français.

La Cour de Hué qui craignait la destruction de son pouvoir n'était pas non plus étrangère à l'état d'esprit qui se manifestait alors parmi les fonctionnaires indigènes. On dut bien reconnaître, plus tard, son influence ; ce n'est qu'après avoir traité avec elle qu'il fut possible d'obtenir un peu de bonne volonté de la part du mandarinat, et la confiance des populations.

Nous sortirions du cadre de ces notes en voulant faire l'historique des multiples et différents régimes administratifs qui, de 1861 à 1891, furent imposés à la Cochinchine. Nous abrégeons. Après être revenu à des idées plus justes que celles de l'amiral Bonard, après avoir repris les bases de l'organisation indigène, on retomba dans les erreurs premières en voulant, une fois encore, instaurer l'administration française à l'exclusion de toute autre. Représentée au Parlement par un député, la Cochinchine annexée ne mit plus de bornes à son ambition. Dès l'année 1887, elle affirmait sa supériorité sur tous les autres pays seulement *protégés* de la France. Il fallait réagir, on s'empressa de ne pas le faire et ce fut le chaos. Les efforts de M. de Lanessan, puis de M. Rousseau et enfin de M. Doumer ne furent pas inutiles pour amener quelque régularité dans l'administration. Il serait trop long d'exposer tout ce qui fut fait par ces gouverneurs, aussi bien nous avons indiqué les grandes lignes de l'administration actuelle, cela nous paraît suffisant pour le moment.

Résumant notre pensée, nous dirons que si l'on peut, sans

inconvénient, donner des administrateurs français à la Cochinchine, on ne doit pas lui imposer des chefs indigènes qui ne seraient pas librement choisis par eux parmi les plus dignes de les représenter et de défendre leurs intérêts. En un mot, il y aurait avantage pour la France à rétablir la commune annamite telle qu'elle existait avant l'occupation, et par nos bons traitements, gagner la confiance des mandarins, tout en surveillant leurs actes, et en réprimant au besoin leurs abus de pouvoir. Si nous voulons coloniser avec quelque chance de succès, il nous faut commencer par respecter les vieilles traditions. tant qu'elles ne mettent pas obstacle à notre civilisation.

J'aurais voulu pouvoir écrire une étude de la Cochinchine, au lieu de ces notes rapides. Le temps, grand maître en la circonstance, me manquait absolument. Après plusieurs jours de préparatifs, nous embarquions, par un beau soir, à bord du « *Battambang* », petit vapeur de la flotte des Messageries fluviales de Cochinchine. Un lieutenant, 3 sous-officiers, 45 caporaux et soldats, formaient le premier détachement de notre compagnie qui devait assurer la relève du Cambodge.

Notre destination était Pursat, petit poste voisin de la frontière siamoise. Le reste de la compagnie devait partir un peu plus tard, pour s'installer à Pnom-Penh.

*
* *

Donc, le 4 décembre, équipés comme pour un départ en campagne (mais nos fusils emballés dans des caisses spéciales), nous voici, dès sept heures du soir, campés sur le pont désert du « *Battambang* ».

L'heure du départ du bateau est fixée à dix heures du soir. Aussi, sauf l'équipage annamite, personne n'est à bord pour installer notre petite troupe. Le lieutenant arrive par bonheur et, sur ses ordres, nous indiquons à nos hommes un entrepont où ils pourront au moins se débarrasser de leur équipement et au besoin s'étendre dans leurs couvertures, en attendant une installation plus définitive. Ne sachant pas plus que le lieutenant où se trouvent nos cabines, nous nous résignons à laisser nos bagages en souffrance sur le pont et à faire embarquer les caisses d'armes dans l'obscurité. Tout est terminé vers huit heures. Le camarade T*** assurant le service, nous profitons de la permission d'aller en ville, que le lieutenant nous accorde avant de se rendre au Cercle pour y prendre son dernier dîner.

Ce départ précipité pour le Cambodge, alors que je suis encore mal familiarisé avec les choses de la colonie et surtout avec les détails de mes fonctions de fourrier, ne laisse pas que de me préoccuper quelque peu. L'adjudant de ma compagnie, brave homme dont j'ai gardé le meilleur souvenir, m'a bien fourni des documents pour me guider dans la comptabilité nouvelle que je vais aborder, mais une crainte stupide s'empare de moi. Les histoires de changement de taux de piastre et les complications des caisses de détachement ne me disent rien qui vaille. Je troquerais volontiers mes fonctions de comptable, contre celles plus tranquilles de chef de section. Le souvenir que j'ai gardé de certaine compagnie d'infanterie de ligne, où je fis mon apprentissage de fourrier sous les ordres d'un capitaine féroce, est bien fait pour m'inspirer le plus profond dégoût pour la comptabilité militaire. Je dois reconnaître cependant, à la louange de l'infanterie de marine, que je n'ai pas rencontré, dans cette arme, toutes les amertumes, toutes les déceptions dont je fus abreuvé au ...*ième* régiment d'infanterie, dont la portion centrale tenait garnison à G***, l'une des plus petites préfectures du centre de la France. Au contraire, je vécus au 11e de marine les meilleures années de ma vie militaire. C'est là que j'appris à aimer la « grande famille ». Faisant litiere de quelques petits ennuis sans importance, je n'y rencontrai, de la part de mes différents chefs, que bienveillance et sympathie.

*
* *

Vers neuf heures et demie du soir, B*** et moi étions de retour à l'embarcadère. Le « *Battambang* » s'apprêtait maintenant au départ. Sur le pont, circulant au milieu des passagers indigènes accroupis ou étendus, nous rencontrons le capitaine et un jeune commissaire qui s'empressent de nous conduire à nos cabines avec beaucoup de complaisance.

Mais nous ne sommes pas pressés de nous coucher ; nous préférons remonter sur le pont et assister à l'appareillage.

La rivière de Saïgon présente, à cette heure, un curieux spectacle. Profitant du courant de la marée descendante les grosses jonques chinoises s'en vont vers la mer. De petits vapeurs passent, en lançant dans la nuit des appels stridents de sirène, pendant que leurs cheminées laissent échapper un véritable feu d'artifice de flammèches, provoqué par le bois qui sert au chauffage. Il faut dire qu'ici tous les navires de faible tonnage emploient du bois comme combustible. Les coursives du « *Battambang* » regorgent, à cet effet, de bûches entassées, au point de gêner la circulation. Le charbon manque en Cochinchine et il serait fort onéreux de s'en procurer.

Nous levons l'ancre à dix heures exactement. Saïgon disparaît aussitôt dans la nuit, après le premier coude de la rivière. Rien ne nous retenant plus sur le pont nous regagnons nos cabines dont les couchettes sont garnies de moustiquaires ; bonne précaution, car les moustiques abondent sur la rivière de Saïgon.

Tirailleur Annamite (1)

Au matin, nous glissons sur le Mékong. Un peu avant neuf heures, nous sommes à Mytho où le « *Battambang* » fait escale, non seulement pour les nécessités du trafic, mais encore pour attendre le courrier et les voyageurs venant de Saïgon par chemin de fer. Soixante-dix kilomètres de voie ferrée relient Saïgon à Mytho ; beaucoup de personnes préfèrent venir s'embarquer à My-

1. Gravure extraite de l'ouvrage de P. Doumer. *L'Indo-Chine française.* Vuibert et Nony, éditeurs, Paris).

tho, plutôt que de passer la nuit à bord des chaloupes fluviales.

Le temps manquait pour visiter la ville qui, après Saïgon et Cholon, est une des plus importantes agglomérations de la Cochinchine, sans être cependant un centre commercial.

Admirablement située sur le Mékong, la ville est jolie, mais considérée comme malsaine et dépourvue d'eau potable. Un détachement de tirailleurs annamites réside à Mytho.

Le chemin de fer a son point terminus dans une superbe allée qui aboutit en face de l'appontement des bateaux. Le petit Decauville arrive avec un bon quart d'heure de retard, à l'heure par conséquent. Le transbordement des voyageurs pour Vinh Long, Sadec et le Cambodge, prend à peine quelques minutes, les bagages étant déjà, pour la plupart, depuis la veille sur le bateau.

Nous adressons un dernier salut à Mytho, et... en route. L'hélice se remet en marche et c'est assez rapidement que nous glissons, à nouveau, sur le beau fleuve, large de plusieurs kilomètres, dont les rives basses charment le regard avec leur végétation surprenante.

Si la vue est attirée par la beauté du rivage et aussi par le va-et-vient continuel des jonques aux grandes voiles tressées, de paille de riz, largement éployées, le spectacle n'est guère moins curieux sur le pont même de notre petit navire. Il y a là pêle-mêle, debouts, accroupis ou couchés, tous ou presque tous les représentants des races extrême-orientales. Beaucoup de Chinois d'abord, quelques Japonais et trois habitants de Manille ; des Annamites, des Cambodgiens, des Malais, des Birmans en nombre, et aussi des Malabares. Les uns ont installé leur petite fumerie d'opium : ce sont les Chinois. Etendus sur une natte, la tête reposant sur le petit cube de bois traditionnel, ces amants de la drogue enivrante et terrible attendent, les yeux vagues, que l'épouse, servante docile, leur passe la pipe où la boulette savamment triturée n'attend plus que la volonté du fumeur, pour porter à son cerveau l'ivresse délicieuse... et ses poisons mortels. Les Japonais contemplent ce tableau de leurs petits yeux bridés où brille l'intelligence.

Que pensent-ils ? Ce que nous pensons aussi, sans doute, à savoir : qu'un peuple qui ne sait pas réfréner de semblables passions, est fatalement destiné à la servitude, à l'anéantissement dans la suite des siècles futurs.

Les Annamites, boys ou coolies, emploient les loisirs de la traversée en consommant une quantité innombrable de petits plats variés et des bols de riz de dimensions respectables. Les petites baguettes de bois ne chôment guère, on voit que les indigènes prennent un grand plaisir à satisfaire leur appétit. Les Cambodgiens, dont nous aurons l'occasion de reparler plus tard, se promènent gravement, de long en large, coiffés d'un chapeau melon de forme spéciale, le torse sanglé dans un dolman blanc, les membres inférieurs drapés dans une pièce d'étoffe soyeuse de couleur, formant culotte, les jambes gantées de bas, les pieds emprisonnés dans des souliers à boucles de métal.

Malais, Birmans et Malabares s'isolent à l'arrière où ils se tiennent immobiles, pareils à des statues de bronze. Les bagages de tout ce monde se trouvent aussi sur le pont, tant et si bien qu'il est assez malaisé d'y circuler. Mais nous arrivons à Vinh-Long, surnommée le « Jardin de la Cochinchine ».

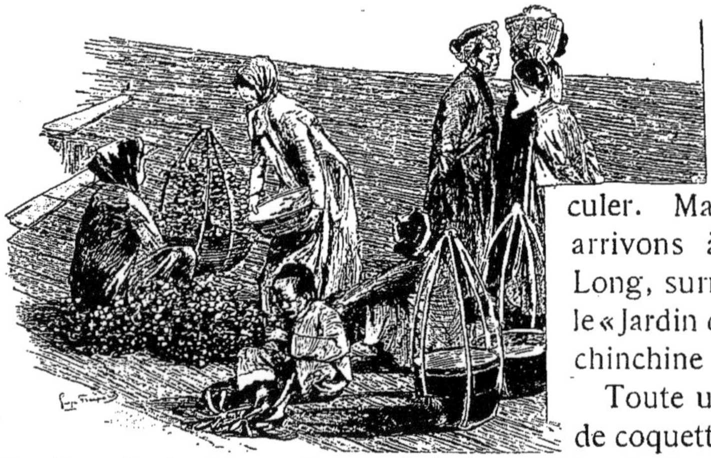

VINH-LONG. Marchandes annamites attendant le bateau (1)

Toute une ligne de coquettes villas borde l'avenue superbe, ombragée de banians ou de cocotiers qui se mirent dans l'eau profonde du fleuve majestueux. L'arrivée du bateau est un événement ; aussi une foule d'indigènes se précipite-t-elle sur

1. Gravure extraite de l'ouvrage de P. Doumer. *L'Indo-Chine française.*

l'appontement, bien avant que nous n'accostions. Les petites congaïes étalent des régimes de bananes dorées et des paniers d'oranges ou de mandarines qui, malgré leur maturité, demeurent toujours vertes. Un véritable marché aux fruits s'organise, où les marsouins viennent faire leurs emplettes et... taquiner les congaïes qui prennent des petits airs effarouchés fort drôles, mais peu compatibles avec leur fragile vertu.

La population de Vinh-Long est d'environ 10.000 habitants, dont beaucoup de Chinois. Le commerce y est très important. La contrée produit beaucoup de riz, que de nombreux sampans vont livrer aux usines de décorticage de Cholon.

La ville — gardée par un poste de tirailleurs annamites, comme Mytho, Soc-trang, Rach-Gia, Hatien, Chaudoc, Thudaumot, les Mares et Cholon — est, avec Sadec, port important, que l'on rencontre un peu plus haut, sur le rach Sadec, un des coins les plus ravissants que l'on puisse trouver en Cochinchine.

A Sadec, nous ne pouvons juger de la beauté de la ville elle-même, celle-ci se trouvant à quelques kilomètres dans les terres ; c'est une raison pour ne pas l'apercevoir.

On gagne ensuite, Long-Xuyen, située sur l'autre bras du Mékong. Puis, la nuit nous cache le rivage. Demain, nous serons en territoire cambodgien.

6 décembre.

En même temps que nous avons changé de pays, nous avons changé de décor. Les rives du Mékong sont maintenant plus élevées et il en sera ainsi jusqu'à Pnom-Penh.

Dans sa hâte d'arriver à la capitale cambodgienne, c'est à peine si le « *Battambang* » consent à stopper au large des petits villages dont la côte est parsemée.

Des pirogues, des chaloupes à vapeur ou des sampans viennent à notre rencontre, s'amarrent à la coque même de notre bateau, lequel, parfois, se remet en marche aussitôt, remorquant ainsi, pendant l'embarquement des passagers ou des marchandises, deux ou même trois petits esquifs qui se détachent ensuite le plus naturellement du monde pour regagner leur point de départ.

Pendant ce temps, de quelque côté que se tourne le regard, c'est toujours la même débauche de verdure exubérante et superbe. Peu après cinq heures, alors que le « *Battambang* » franchit l'endroit qu'on appelle les Quatre-Bras, nous apercevons enfin, à notre gauche, Pnom-Penh, la ville des Pnoms, la capitale actuelle du royaume du Cambodge.

Nous sommes en haut de l'immense delta du Mékong, du fleuve énorme qui, devant la ville, forme un X gigantesque avec la rivière Tonlé Sap, (d'où le nom de Quatre-Bras).

Dominant la ville, nous apercevons de suite le Pnom, cône de pierre énorme surmontant la pagode royale.

A l'entour, on distingue un certain nombre de constructions dont les toïts de bois se superposent les uns sur les autres pour se redresser ensuite en forme de corne, ou plutôt de trompe d'éléphant. Ne sommes-nous pas, en effet, au pays de l'éléphant blanc, animal qui, au Cambodge, est considéré comme sacré ? Rien de surprenant alors à ce que l'architecture se ressente de la vénération que l'on accorde au pachyderme. Le quai que nous longeons forme une belle promenade, où se remarquent des constructions à l'européenne dont la plupart possèdent deux étages, mais n'offrent rien de bien particulier pour l'œil de l'arrivant.

Le niveau des eaux est considérablement abaissé lorsque nous arrivons à Pnom-Penh. La berge où nous accostons, face au Grand-Hôtel, est couverte de vase et suffisamment escarpée pour que notre débarquement soit un peu difficile.

Des camarades du poste nous attendent pour remplir le rôle de cicerone et nous conduire au fortin. Nous devons, en effet, passer la nuit à Pnom-Penh avant de poursuivre notre voyage vers la région des Grands Lacs et la frontière siamoise.

Réception charmante, toute cordiale, à la popote des sous-off's. Le dîner fort animé se poursuit assez tard. La conversation roule sur Saïgon où nos camarades désirent tous retourner. Nous décidons cependant une petite promenade... de digestion, car il ne faut guère songer à visiter la ville à dix heures du soir.

Après avoir parcouru quelques belles allées silencieuses, nous revenons par les quais.

La façade du Grand Hôtel (1), dont les larges baies sont illuminées, se trouve sur notre route : cette circonstance nous procure le plaisir de sabler le champagne avec nos hôtes, en compagnie du capitaine et du commissaire du « *Battambang* » qui justement se trouvent là..., par hasard.

1. Cet hôtel est, paraît-il, largement subventionné par la colonie. Le fait est assez curieux pour qu'il soit signalé. Nous trouvons surprenant que les finances de la colonie soient employées à un tel usage alors que des secours sont refusés, le plus souvent, à des colons agriculteurs dignes d'intérêt.

TROISIÈME PARTIE

AU CAMBODGE

7 décembre.

otre détachement se rassemble à six heures du matin pour réembarquer. Le « *Battambang* » lève l'ancre à sept heures. Nous défilons maintenant devant Pnom-Penh à qui nous adressons un adieu provisoire, escomptant bien avoir un jour l'occasion d'y séjourner plus longtemps.

Nous remontons le courant de la rivière. C'est le commandant du bateau qui nous le fait remarquer, car cela ne nous intéressait guère avant de connaître ce qu'il voulut bien nous expliquer. La rivière Tonlé Sap, en raison du régime des eaux du Cambodge, est tour à tour déversoir et affluent des Grands Lacs.

Pendant la saison sèche (octobre à avril), le niveau du Lac étant plus élevé que celui du Mékong, la rivière se déverse dans le grand fleuve asiatique.

Plus tard, le débit du Mékong se trouvant considérablement augmenté par suite de la fonte des neiges des régions thibétaines, grossi encore par les pluies diluviennes, le fleuve renverse le courant de la rivière du Tonlé Sap qui coule en sens inverse, alimentant ainsi, non seulement le lac, mais inondant encore la brousse environnante.

Le renversement du courant des eaux de la rivière du Tonlé Sap est l'occasion de la *Fête des eaux* au cours de laquelle le roi, entouré de sa cour, ordonne aux eaux de couler dans la direction du Grand Lac.

Je n'ai pas eu l'occasion d'assister aux réjouissances dont cette fête est le prétexte.

Les courses de pirogues sont, paraît-il, le clou des divertissements indigènes pendant cette journée.

Bien que le courant ne nous soit pas favorable, nous avançons assez rapidement.

Les berges de la rivière — couvertes d'une infinité de petits villages aux cases élevées sur pilotis, presque tous enfouis dans la verdure des bananiers et des cocotiers touffus — sont ravissantes à contempler, du haut des bastingages.

Après l'escale de Kompong-Chnang, ville lacustre du plus curieux effet avec ses cases construites sur des radeaux, notre marche se trouve ralentie, le niveau des eaux du lac inspirant quelque inquiétude au capitaine du « *Battambang* ». Un échouage serait plutôt fâcheux en cet endroit. A pareille époque le renflouage ne serait guère possible.

Des touffes d'herbes indiquent le peu de profondeur de la nappe liquide et commandent la plus grande attention dans la manœuvre du navire dont le tirant d'eau est encore assez important. Dans quinze jours toute navigation deviendra impossible : le lac sera presque à sec.

A cinq heures du soir, nous arrivons en vue du petit delta de l'arroyo de Pursat. Du rivage se détachent une vingtaine de pirogues, de grands sampans qui, à force de rames, se dirigent vers nous. Notre détachement s'apprête à débarquer dans ces esquifs chargés de nous faire accomplir la dernière partie du voyage. L'installation à bord des petites embarcations ne s'opère pas sans tumulte, nos marsouins voulant choisir non seulement leurs compagnons, mais encore leur bateau. Nous sommes obligés d'intervenir pour que tout rentre dans l'ordre et qu'il nous soit permis enfin d'organiser le convoi avant la nuit. Les plus grands sampans reçoivent chacun quatre hommes avec leurs bagages ; le plus ancien militaire est désigné comme chef de détachement, sauf dans les embarcations où se trouve un gradé.

Au bout d'une heure de travail, notre flotille est prête à partir et nous adressons nos adieux aux quelques Européens du « *Battambang* » qui vont jusqu'à Angkor et Battambang, point terminus. Voici l'ordre de marche de notre... escadre et la composition des... équipages de fortune, en dehors des bateliers cambodgiens qui se tiennent à l'avant et à l'arrière de chaque embarcation.

Le premier sampan se trouve commandé par un sergent ayant avec lui trois soldats.

Viennent ensuite trois autres sampans transportant une douzaine d'hommes sous la surveillance d'un caporal.

Le cinquième sampan est commandé par un sergent.

Puis, à nouveau, trois sampans surveillés par un caporal.

Deux grands sampans, renfermant les bagages du lieutenant et des sous-officiers, et aussi les caisses d'armes, se trouvent sous la surveillance immédiate du lieutenant qui les escorte dans une jonque spéciale (celle de la poste conduite par des miliciens). Notre officier se trouve ainsi au milieu du convoi.

Le reste du détachement se trouve réparti de la même façon que dans les premiers sampans.

En ma qualité de fourrier je me trouve en serre-file et ferme la marche.

Pendant que nous nous engageons dans l'arroyo de Pursat qui coule au sein d'une forêt, le « *Battambang* » s'éloigne en lançant des coups de sirène, comme pour nous saluer. Le coucher du soleil est proche. Je me suis installé sur le sommet du toît en bambou tressé qui recouvre le milieu de la jonque à bord de laquelle j'ai pris passage avec deux hommes de ma compagnie. Trois braves Cambodgiens, debouts, s'escriment à faire avancer le fragile bateau dont les bords affleurent l'eau.

D'après ce qui nous a été dit à Pnom-Penh, il faut environ vingt-deux heures pour remonter des Lacs jusqu'à Pursat. Nous n'avons donc plus qu'à prendre patience.

Pendant une dizaine de minutes je m'amuse beaucoup à regarder une bande de singes faisant des cabrioles insensées dans le faîte des arbres.

A contempler ces réjouissances des hôtes de la forêt je gagne un malencontreux torticolis et risque d'être précipité dans l'eau, faute d'équilibre sur mon belvédère ambulant. Harcelé par les moustiques, je quitte d'autant plus volontiers mon observatoire que la nuit commence à descendre rapidement.

L'immense forêt vierge aux profondeurs insondables est maintenant silencieuse.

Notre caravane flottante se trouve un peu moins rassemblée qu'au départ ; nous n'apercevons même plus le sampan qui précède notre jonque.

Le bruit des rames trouble seul le silence de la forêt endormie dont les arbres gigantesques, chargés de lianes, bordent l'arroyo de chaque côté. Mes compagnons blancs ont cessé leur partie de cartes, faute de clarté.

Le mieux qu'il nous reste à faire c'est de nous allonger sur les bancs disposés sous l'abri de la pirogue pour essayer de dormir...

. . . .

Les moustiques se sont sans doute donné là tâche de nous faire devenir enragés, C'est intolérable.

A tous ceux qui pourraient s'aventurer dans ces parages, je donne le conseil d'emporter, avant toutes autres choses, une solide moustiquaire (1).

Comme autres objets de nécessité absolue, on devra se munir d'un ou de plusieurs matelas cambodgiens, très pratiques parce qu'ils se plient et ne sont pas encombrants (2).

Pour en revenir à ces maudits insectes qu'on appelle des moustiques, j'ajouterai que les bateliers indigènes, eux-mêmes, souffraient autant que nous de leurs piqûres. Des torches d'herbes enduites de résine, ayant été allumées pour pouvoir nous guider dans la nuit, ce fut encore pis. Je me souviendrai de cette nuit mémorable, qui me parut ne devoir jamais finir.

A deux heures du matin nous cessons d'avancer. Nos rameurs cambodgiens viennent d'amarrer l'embarcation aux

1. On confectionne, dans la colonie, des moustiquaires épousant aussi exactement que possible la forme des abris de sampans ; convenablement disposées, ces moustiquaires permettent au voyageur de goûter un peu du repos qui lui serait impossible de trouver sans cette précaution.

2. On trouve ces matelas cambodgiens pour quelques piastres à Saïgon, ou à Pnom Penh.

pilotis de bambou d'une « sala » (1) qui se trouve au bord de l'arroyo. Que signifie cet arrêt dans la marche ? Impossible de comprendre les sons rauques qu'émet, en guise d'explications, un grand diable de Cambodgien qui, jusque-là, ramait à l'arrière de la pirogue.

Les indigènes abandonnent la barque ; je me décide à mettre pied à terre, laissant mes deux marsouins à bord comme gardiens. A peine sur la terre ferme, et après avoir fait quelques pas j'aperçois les autres sampans arrêtés devant nous. Cela me rassure. N'ayant plus de motifs de suspecter les intentions des bateliers, je retourne vers ma pirogue. Cet arrêt est destiné à procurer un peu de repos aux rameurs qui doivent être exténués.

La température s'abaisse sensiblement et le froid se fait sentir malgré les couvertures dont nous nous couvrons. Nous habituerions-nous aux moustiques? Mes deux compagnons et moi-même constatons que nous ne sommes plus incommodés par les piqûres. L'épais brouillard qui nous environne maintenant doit être l'unique cause de la fuite des insectes persécuteurs.

A cinq heures du matin, les Cambodgiens, qui s'étaient étendus dans la sala, reprennent leur poste à bord. Le brouillard étant moins dense nous pouvons poursuivre notre route.

Le jour commence à poindre, nous grelottons. Par bonheur, mon brosseur, vieux marsouin qui naturellement ne m'a pas quitté, se rappelle la bonne précaution qu'il a eue de conserver ma cantine dans la pirogue.

Nous allons trouver dans ce précieux bagage tout ce qu'il faut pour nous réchauffer.

Le petit fourneau à alcool, une casserole nickelée, le café en poudre, le sucre, etc., tout cela sort, comme par enchantement, d'une case spéciale de la cantine. Mon débrouillard de

1. Asile pour les voyageurs. On rencontre des « salas » un peu partout au Cambodge et chacun peut se reposer dans ces paillottes qui présentent cependant un grand défaut : celui d'être insuffisamment closes.

brosseur a vite fait de nous préparer un café délicieux. Nous voilà ragaillardis.

Les petites misères de la nuit sont déjà oubliées, et, comme le soleil commence à briller, nous pensons avec joie que ce soir nous coucherons dans un lit, à l'abri des moustiques et du froid.

Au fur et à mesure que nous avançons, le lit de la rivière devient de moins en moins profond; dans certains endroits, même, la partie navigable se réduit au tiers de la largeur du cours d'eau.

A droite et à gauche, nous avons maintenant des bancs de sable où le soleil darde ses rayons, à peine tamisés par les derniers rideaux de verdure de la forêt finissante.

Nous rejoignons le gros du convoi ; d'un sampan à l'autre, nos marsouins se lancent des plaisanteries assaisonnées parfois de gros sel. Les rameurs cambodgiens sont exténués de fatigue et, bien qu'ils soient presque nus, souffrent beaucoup de la chaleur. Leurs corps sont ruisselants de sueur.

Nous pensons aux petits êtres malingres que sont les Annamites : le contraste des races est, ici, frappant. Beaucoup plus grand et beaucoup plus fort que l'habitant de Cochinchine, est le Cambodgien. Les mouvements de ce dernier sont beaucoup plus lents que ceux de l'Annamite.

Le moment est mal choisi pour causer des caractères ethniques des deux races, car voici que nous sommes ensablés ; notre pirogue ne veut plus avancer. Les camarades qui nous précèdent, sont logés à la même enseigne.

Allons-nous être obligés de traîner nos sampans jusqu'à Pursat ? Triste perspective, on en conviendra, sous un soleil de plomb.

Le mieux, cependant, est encore de songer à se tirer de ce mauvais passage. Les bateliers sont déjà dans l'eau ou plutôt dans le sable ; nous les imitons après avoir quitté chaussures et chaussettes et retroussé le pantalon de toile au-dessus des genoux.

Comment les sampans de bagages ont-ils pu se tirer de là ?

Nous ne cherchons pas à savoir, trop occupés que nous sommes à tirer et à pousser l'embarcation qui, sur l'eau, nous paraissait si légère et que nos efforts réunis ne parviennent pas à faire bouger.

L'union fait la force ; pensons d'abord à aider ceux qui sont devant nous ; une fois remis à flot, ceux-ci nous rendront le même service.

Au bout de trois quarts d'heure d'efforts, nous sommes à 30 mètres du lieu de l'échouage, mais nous flottons. C'est déjà quelque chose. Si pareil avatar survient encore, jamais nous n'arriverons à Pursat ce soir. Et puis, nous sommes fourbus. Les indigènes rient de tout cœur en voyant nos mines défaites et nos vêtements trempés de sueur. On repart. Une demi-heure après, l'ombrage d'un bois apparaît, c'est l'oasis attendue pour déjeuner et donner un peu de repos aux rameurs. Ceux-ci stoppent sans objections à l'entrée du bois. L'arroyo a un lit si bizarre que maintenant nous ne voyons même plus de bancs de sable. On peut amarrer l'embarcation après les troncs d'arbres de la rive. Les provisions déballées sur une couverture de campement, jetée sur l'herbe en guise de nappe, nous attaquons les viandes froides à belles dents, l'appétit ne perdant jamais ses droits chez des êtres jeunes et robustes. Un peu à l'écart, les sujets de Norodom préparent leur petite cuisine : riz et poisson salé. Quelques morceaux de pain et de poulet que nous leur distribuons, les comblent de joie. C'est les mains jointes, en faisant des courbettes, qu'ils nous remercient de ces largesses.

Mais, où nous devenons les meilleurs amis du monde, c'est lorsque, après avoir pris notre café, l'idée me vient de leur verser un peu de tafia (1). L'allégresse des braves gens est visible ; l'alcool doit être pour eux d'un grand prix, si j'en juge d'après la quantité de salamalecs dont s'accompagne l'absorption du liquide.

Je veux profiter de ces bonnes dispositions pour savoir si nous sommes encore loin de Pursat. Malgré une mimique

1. Sorte de rhum que l'on distribue aux troupes en campagne.

rendue aussi expressive que possible, je n'arrive pas à me faire comprendre des « nhaqué ». J'obtiens seulement des rires béats des hommes chocolat, au point de me sentir mortifié de l'insuccès de cette tentative en langage muet. Mais il faut de nouveau songer au départ et réintégrer la jonque.

La glissade continue fastidieuse et énervante; ce voyage est interminable.

Le peu de confort dont nous disposons, interdisant la sieste, nous sommes condamnés à souffrir de la chaleur sous ce toît de bambou si peu élevé, que la station debout nous est même interdite.

Voilà près de vingt heures que nous avons quitté le pont du « *Battambang* », vingt heures qui paraissent une semaine. Les bancs de sable se montrent à nouveau de chaque côté. Les hautes berges de l'arroyo ne donnent plus que l'ombrage maigrichon des bambous ou des cocotiers. Nous grillons positivement. Quelques vols de perruches s'élèvent à notre approche pourtant inoffensive.

Nous n'avons même plus le courage de regarder le paysage, tant fatigue, la vue du sable brûlé de soleil.

Cinq heures bientôt. Les rameurs cambodgiens poussent des grognements qui nous font regarder; leurs gestes indiquent quelque chose, en avant de nous. Nos yeux se braquent dans la direction de leurs bras et là-bas, à notre droite, à un kilomètre environ, flottant au sommet d'un grand mât nous voyons le drapeau français. Ah, ces trois couleurs magiques et superbes ! Adieu fatigue, rien n'existe plus pour nous, que ce morceau d'étoffe aux notes éclatantes et jolies, personnifiant la France à nos yeux. Pursat ! Nous arrivons enfin. Déjà les premiers sampans ont débarqué leurs passagers et leurs bagages.

Le rivage s'anime de costumes blancs et bleus. Les toîts du poste sont en vue. A tour de rôle, les unités de notre flottille accostent à l'appontement; des exclamations joyeuses se font entendre. Encore une centaine de mètres et nous toucherons au débarcadère. Le lieutenant cause avec son collègue qu'il vient relever, tout en surveillant l'arrivée de ses hommes.

Nous accostons. Je grimpe l'escalier de l'appontement et me trouve aussitôt devant les deux lieutenants. Un grand salut à tous deux, en guise de bonjour. Les deux officiers rendent aussitôt ce salut en l'accompagnant d'un bon sourire bienveillant. Puis, après un rapport sommaire sur les inci-

PURSAT. L'entrée du Poste.

dents de route, tout en causant, nous pénétrons dans le poste. Certes, ici, rien ne rappelle les casernes de Saïgon, mais la première impression n'est pas mauvaise, au contraire.

Dans les chambres, c'est un tintamarre indescriptible dont l'écho nous arrive par les vérandas. Les sous-off's du poste s'époumonnent pour obtenir un peu de silence, afin de donner des instructions à leurs hommes. Il faut, en effet, que ceux-ci reprennent notre place dans les sampans avant la nuit, les locaux et la literie étant insuffisants pour les deux détachements.

Pendant une heure ce sont des allées et venues entre l'arroyo et le poste. Tout finit par s'organiser, nous pouvons enfin faire connaissance avec les deux sergents (jusqu'à ce jour il n'y avait pas de fourrier à Pursat). Les questions de service nous retiennent encore jusqu'à sept heures.

Vérification d'inventaires et de comptabilité, tout est maintenant terminé. Les lieutenants eux-mêmes ont signé les procès-verbaux de prise de commandement.

Nous sommes tranquilles. L'heure du dîner est arrivée.

La salle à manger de la popote n'est pas très vaste, ni élégante, mais nous ne sommes pas ici pour faire du luxe. Le dîner étant fort acceptable, nous aurions mauvaise grâce de nous plaindre, surtout après la traversée que nous venons de faire. Les anciens savent ce que c'est, nous n'avons rien à leur apprendre. Eux, nous fournissent force détails sur le poste, la vie qu'on y mène, les fonctionnaires français de Pursat avec qui nous allons entrer en relations.

Il y a, à Pursat, un administrateur-résident, un chancelier de résidence, un receveur des postes et deux commis des Douanes et Régies. Avec la petite garnison du fortin, c'est toute la colonie européenne de ce coin perdu du Cambodge. Pas même un colon !

Malgré tout le charme de la conversation amicale, nos yeux se ferment, bien qu'il ne soit pas encore neuf heures. Dans la nuit éclatent les notes du clairon sonnant l'appel du soir. C'est le signal de la retraite dans nos chambres, aussitôt que le service de l'appel n'exige plus notre présence.

A peine couché, ma moustiquaire soigneusement fermée, je m'endors, vaincu par la fatigue.

Vers le milieu de la nuit je suis réveillé par un bruit singulier s'échappant du plafond de ma chambre : c'est d'abord une sorte de coassement, puis des cris répétés, scandés Tocké !!... Tocké !!... Tocké !!... Je ne rêve pas cependant ; quel est cet hôte inconnu et... indiscret ?

Mystère ! Je connaissais déjà les *margouillats* (1), compa-

1. Genre de petit lézard gourmand de moustiques et d'insectes. Inoffensif et utile tout colonial accorde sa protection et l'hospitalité écossaise au *margouillat*.

gnons de moustiquaire pendant la nuit, mais j'ignorais totalement le tocké. Nous le retrouverons plus tard et nous ferons alors plus ample connaissance.

J'avais fondé trop d'espoirs sur le repos de la nuit; impossibilité absolue de dormir après ce réveil intempestif.

Dans la brousse, c'est maintenant un concert discordant de hurlements de chiens errants.

Jusqu'au matin je me retourne sur ma couche, appelant en vain le sommeil. Le jour paraît enfin. Quelques lueurs blafardes pénètrent dans la chambre, filtrant par les meurtrières percées dans le mur. N'attendant pas la sonnerie du réveil, je saute à bas du lit et, sans plus tarder, procède aux ablutions et à ma toilette.

Le branle-bas ne tarde pas à se faire entendre au-dessus de ma tête, lorsque le *biniou* (1) lance dans l'air sa fanfare matinale.

La dégringolade des marsouins commence ; c'est un exode vers l'arroyo pour la toilette, mais aussi pour voir comment les anciens ont passé la nuit dans leurs sampans.

Le détachement que nous remplaçons doit partir dans la journée, en même temps que le dernier courrier par eau.

Le « *Battambang* », rentrant à Saïgon, les prendra demain au Grand Lac, à l'endroit même où nous avons débarqué l'autre soir. Après leur départ, toute communication par eau sera devenue impossible. Il faudra alors recourir aux charrettes à buffles qui par la brousse, en soixante-douze heures, vont rejoindre Kompong-Chnang, point terminus où les petits vapeurs font escale pendant la saison sèche.

Pour tout dire, Pursat sera presque complètement isolé du reste du monde jusqu'au mois de juillet, soit pendant près de huit mois.

Cette première journée que nous passons au poste se trouve consacrée d'office à l'installation, d'après les conseils éclairés de nos prédécesseurs dont l'obligeance est tout à fait digne

1. Surnom donné au clairon.

d'éloges. La préparation du courrier, où doivent se trouver consignés notre prise de possession et le rapport concernant notre voyage, absorbe toute la matinée.

C'est à peine si je puis griffonner, en hâte, quelques lignes à l'adresse des êtres chers laissés en France. Les dernières nouvelles reçues des miens datent de quarante jours, que s'est-il passé depuis ?

Ces lettres, qui apportent les pensées des absents, attendues avec fièvre et, lorsqu'elles arrivent, dévorées avec avidité, n'empêchent pas, après la lecture refaite vingt fois, de songer que ces caractères sont tracés depuis un mois, un mois pendant lequel il a pu se passer tant choses !

Pourquoi de tristes pensées viennent-elles m'assaillir aujourd'hui, juste au moment où je m'éloigne encore davantage de tous ceux à qui je songe sans cesse? Allons, pas de sentimentalité, ce serait par trop dangereux, si la nostalgie s'emparait de nous autres, marsouins.

A quatre heures, après la sieste obligatoire, nous songeons à faire les visites officielles que nous devons aux quelques Français de Pursat. Nos camarades, en allant faire leurs adieux, vont se charger de nous présenter.

A la Résidence, toute proche du fortin, nous rencontrons M. l'Administrateur qui nous accueille de la meilleure grâce du monde, en faisant les honneurs de son home. Pas de salon, mais une vaste et belle salle à manger où le maître de céans, collectionneur avisé, s'est attaché à rassembler bon nombre de pièces curieuses. Sur deux socles en bois de teck, nous remarquons de superbes défenses d'éléphant, érigées comme des cierges. Plus loin, appendue sur la paroi, une magnifique peau de panthère, conservée intacte par je ne sais quel prodige. Chaque coin renferme une curiosité. Pendant que mes yeux dressent l'inventaire, malgré la demi-obscurité voulue du logis, le résident croit devoir appeler son boy pour lui commander du champagne et verser à pleins verres cette mousse de France dont on fait tant usage sous les tropiques. Nous portons quelques toasts à la santé des uns et des autres et, après un vigoureux shake-hand, nous quittons le résident. Nos deux camarades, pressés par l'heure du départ, se voient forcés d'abréger le temps des visites.

Même accueil charmant de la part du chancelier de résidence, du receveur des postes, du garde principal de la milice et des deux commis des douanes. En toute hâte, il faut regagner le poste, une dernière poignée de main et le départ s'organise. Des chants, des cris s'élèvent des petites embarcations. De la berge nous assistons à la joie de tous ces hommes qui retournent à la vie des villes, après douze mois passés dans la brousse...

. . . .

PURSAT. Départ du détachement relevé.

Depuis longtemps déjà, le dernier sampan a disparu. Cependant nous restons devant l'arroyo, les yeux stupides, regardant toujours dans la direction des lacs, à peine distraits par la vue des martins-pêcheurs en quête de leur dîner.

Un appel du lieutenant nous arrache à cette contemplation puérile.

Le tableau de service réglé pour la matinée du lendemain nous prenons congé de l'officier qui se dirige vers la Résidence.

Que faire jusqu'à l'heure du dîner que nous avons résolu de maintenir à sept heures ?

Une promenade de reconnaissance s'impose. Par le sentier

qui longe l'arroyo, sur la gauche du poste en regardant la rivière, on rencontre d'abord quelques cases annamites, en tous points semblables à celles de la campagne saïgonnaise.

Plus loin, alors que le sentier se rétrécit de plus en plus et s'enfonce sous les bois de citronniers ou d'orangers en fleurs, se découvrent les premières habitations cambodgiennes, toutes élevées sur pilotis, paraissant plus propres que celles de l'Annamite.

Dans une éclaircie de verdure, nous assistons au coucher du soleil. Ce spectacle est si beau, si grandiose même, que nous ne pouvons résister à la tentation de nous asseoir pour le contempler plus à l'aise. Des lueurs d'incendie illuminent le couchant. La pourpre du ciel, à l'horizon, s'entr'ouve lentement, s'effiloche en longues traînées, laissant entrevoir des profondeurs de lacs d'azur, insondables, au-dessus desquels passent des nuages safranés et roses qui s'estompent doucement. Cette fantasmagorique apothéose disparaît derrière le sombre rideau des arbres aux cimes violacées des dernières clartés crépusculaires.

. . . .

La nuit, maintenant, enveloppe rapidement la brousse immense. Pressant un peu le pas, nous regagnons le poste où la soupe attend.

Nous sommes en retard, c'est incontestable. Le cuisinier annamite, depuis longtemps au service des sous-off's, veut absolument que nous reconnaissions nos torts. Brave type, va. Dressé devant la porte de la popote, en statue du Commandeur, le gâte-sauce attend depuis vingt minutes, flanqué du boy-panka.

— *A tes fourneaux, pain d'épices.*

C'est René, le chef de popote, qui cause.

— *Tscha mé*, marmote l'Annamite, en retournant à sa cuisine où le rôti brûle sans doute.

Au cours du dîner nous formons des projets d'installation. Il va falloir organiser la réserve de popote dont le buffet n'est pas trop bien garni. Nous dressons même la liste des conserves alimentaires, des vins et spiritueux qu'il faudra commander d'urgence à Saïgon.

De plus, le matériel de popote est plutôt délabré. La soupière n'a plus d'anses et les assiettes, peu nombreuses, sont presque toutes ébréchées. Tout cela sera bon à changer ou à compléter. Une demande à l'adresse du Conseil d'administration du 11e, pour obtenir satisfaction, sera faite dès demain.

Pendant notre bavardage, des nuées d'insectes viennent se brûler à la lampe posée, par précaution, sur la fenêtre de la salle à manger. Les moustiques pullulent à Pursat, nous en faisons depuis hier la triste remarque; les petits margouillats (*anolis*), s'emploient de leur mieux pour détruire cette engeance.

Un gros lézard, au corps marbré de taches rouges et bleues, se démène, de l'autre côté de la fenêtre, pour prendre part au festin, mais les *margouillats* ne l'entendent pas ainsi et viennent chasser l'intrus qui se réfugie au plafond.

Tocké!!... tocké!!... Le même cri, entendu la nuit dernière dans ma chambre, se fait entendre à nouveau.

C'est le gros lézard (1) qui n'est pas content et fait entendre sa jolie voix...

*
* *

La vie militaire dans les postes de l'intérieur, surtout à Pursat, laisse beaucoup plus de loisirs qu'à Saïgon.

Tout en suivant, d'une manière générale, le tableau de service en vigueur à la portion principale du 11e, on se trouve plus libre, partant plus à même de se livrer aux occupations de son choix. On conçoit aussi que le règlement n'ait pas les mêmes rigueurs. Quarante hommes de troupe peuvent être commandés et maintenus avec plus de facilité qu'un régiment.

La discipline règne dans les postes sans qu'il soit néces-

1. Le lézard en question n'est autre chose que le *gecko* appelé vulgairement *tocké*.

saire de montrer une trop grande fermeté ; c'est exceptionnellement que l'on a à sévir contre des fauteurs de troubles.

Depuis trois semaines, nous vivions donc en famille et, pour ma part, j'étais loin de regretter Saïgon et ses plaisirs.

Le lieutenant avait su, dès le premier jour, conquérir l'affection de tous ses marsouins. Un tel chef pouvait compter, en toutes circonstances, sur le dévouement absolu de sa petite troupe. Jamais, au cours de son commandement, il n'eut à se reprocher d'avoir été bon : Ses ordres furent toujours exécutés à la lettre.

*
* *

Le petit fortin de Pursat, dans lequel flotte gaiement le pavillon français, se trouve construit sur le bord même du *Stung Pursat*, affluent du *Tonlé Sap*, qui prend sa source dans les montagnes de cardamome (1).

Entouré de fossés peu profonds et d'une ceinture de murs de briques percés de créneaux, le poste militaire comprend un petit pavillon d'habitation pour l'officier, un blockhaus pour la troupe et un poste de police.

D'autres petits pavillons abritent les cuisines, la boulangerie et les communs.

A vrai dire, ce fortin n'est pas construit pour supporter une attaque bien sérieuse. Je crois, d'ailleurs, qu'on n'a pas envisagé cette éventualité en le construisant, bien que les murs d'enceinte soient, comme je l'écrivais tout à l'heure, percés de créneaux. Le blockhaus, lui-même, n'a pas l'allure d'une construction pouvant servir de refuge à des assiégés, malgré les meurtrières dont les murs sont troués.

Supposons, malgré tout, ce poste possédant toutes les qualités défensives en matière de fortification ; croit-on vraiment qu'il serait possible de tenir longtemps en échec des ennemis bien armés et nombreux ? Quarante fusils se chargent

1. Ces montagnes boisées laissent pousser sur leurs flancs une grande quantité de cardamome, d'où leur nom.

La cardamome, plante employée en pharmacie, est récoltée chaque année sous la surveillance du Gouvernement.

de la défense. Chaque homme dispose de 120 cartouches et la réserve de munitions est de 4.800 cartouches, soit au total 9.600 coups de fusil à tirer. En économisant bien le tir, on pourrait tenir trois jours, tout au plus. Les secours qu'on pourrait attendre des 150 hommes de milice cambodgienne sont plutôt illusoires. Ces hommes seraient désarmés avant d'avoir songé à l'action. Quel espoir fonder sur les troupes de Pnom-Penh ? Aucun, croyons-nous. Elles ne pourraient arriver jusque-là, tant les moyens de transport sont primitifs.

PURSAT. Le Poste et le mur d'enceinte.

Et, d'ailleurs, comment prévenir ? Le télégraphe serait certainement à la merci des assaillants dès la première heure.

Je ne suis pas pessimiste et veux croire que jamais les choses n'arriveront à cette extrémité ; qu'une attaque du poste ne pourrait avoir lieu, sans que nous en soyions informés longtemps à l'avance. D'accord, mais cela peut-il empêcher vraiment de prendre des dispositions plus sérieuses pour la défense d'un point que l'on considère comme une sentinelle avancée ? Je ne veux pas examiner en ce moment les éventualités qui peuvent se présenter ; il me semble seulement intéressant de signaler ce que l'on pourrait faire pour Pursat au point de vue des munitions et de l'armement :

1° Augmenter le nombre des munitions de réserve ;

2° Installer une mitrailleuse comme celle du poste de Pnom-Penh (1), mais dans un point où elle puisse être utilisée avec le maximum d'efficacité.

*
* *

Nous vivons dans une telle atmosphère de calme, que je me demande, aujourd'hui, pour quelles raisons j'ai pu m'occuper tout d'abord de la valeur défensive du fortin. Qui pourrait venir nous troubler dans cette solitude agreste ?

*
* *

Le terrain d'exercices se trouve à quelques centaines de mètres en arrière du fortin ; c'est également le champ de tir et, me dit-on, le champ de courses (!!?).

En cet endroit aussi, le petit cimetière européen — par-dessus sa clôture de pieux en bambou — y laisse apercevoir les tombes d'une trentaine de compatriotes, fonctionnaires coloniaux ou marsouins, morts au champ d'honneur, frappés, non par les balles ennemies, mais par le climat et les maladies. Une tombe est particulièrement soignée, dans cette petite nécropole. La croix, de fer ouvragé, porte le nom du lieutenant B*** tué dans des circonstances particulièrement tragiques et... romanesques.

La jalousie d'un administrateur, — qui avait eu le tort grave d'amener sa femme dans cette solitude, — s'alarma de la présence du lieutenant B***. A tort, paraît-il, le mari, qui voyait un rival heureux dans la personne du lieutenant, provoqua celui-ci en duel et le tua. Ce drame de la brousse causa un énorme scandale à l'époque où il se déroula. Depuis, chaque année, au jour anniversaire de la mort, une superbe couronne parvient à Pursat pour être déposée sur la tombe du lieutenant. Le bruit circule que ce souvenir est adressé par celle qui

1. Cette mitrailleuse de Pnom-Penh, placée au beau milieu de la cour du casernement, serait parfaitement inutilisable si la garnison de Pnom-Penh devait jamais s'en servir pour sa défense.

fut la cause du tragique événement, sans avoir été jamais coupable du moindre tort envers son mari.

*
* *

Comme à Saïgon, les exercices sont terminés vers huit heures du matin ; le reste de la journée est employé aux travaux d'embellissement du poste, au jardinage, à la gymnastique. Au bout d'un mois de séjour, nous avons déjà transformé le poste au goût du lieutenant (le détachement qui viendra nous remplacer détruira probablement ce que nous aurons édifié, mais qu'importe, cela ne fait de mal à personne et occupe, c'est l'essentiel). Un massif de fleurs et une grande volière ornent maintenant la cour du poste ; mais si le massif est fleuri, la volière est complètement dépourvue d'oiseaux. La gent emplumée ne manque pas, cependant, au Cambodge, mais jusqu'à ce jour nous n'avons pu capturer qu'un héron, lequel trépassa au bout de deux jours d'emprisonnement dans la fameuse volière.

PURSAT. Retour de marche.

*
* *

D'après Bouinais et Paulus (1), à qui j'emprunte ces lignes, « le royaume du Cambodge, appelé par ses habitants *Sroc Khmer* (province Khmer), forme avec la Cochinchine française

1. *Le Royaume du Cambodge*, Paris, 1884, (*Berger Levrault*).

le bassin inférieur du Mékong. Il est situé au nord de notre colonie, entre 10°30′ et 14° de latitude nord et entre 100°30′ de longitude orientale. »

« Sa superficie est d'environ 100.000 kilomètres carrés, le cinquième de la France, sa population de 945.954 habitants, soit 9,45 habitants par kilomètre carré. (La population relative de la France est de 68 habitants par kilomètre carré.) »

« Les bornes du royaume du Cambodge sont au nord le royaume siamois (provinces de Battambang et d'Angkor, autrefois soumises à l'empire Khmer) et le royaume laotien de Bassac ; à l'est les territoires occupés par les sauvages Stiengs ou Penongs (Moïs des Annamites) ; au sud-est la Cochinchine française et au sud-ouest le golfe de Siam. »

« Vers le Siam, la limite continentale commence sur le golfe. Elle se dirige au nord-est jusqu'au Tonlé-Sap, aux pêcheries de Kokam-Néam, à l'embouchure du Prek-Stap-Steang. »

« La partie septentrionale du Grand-Lac est neutralisée. La frontière recommence sur le rivage oriental à l'embouchure du Prek-Kompong-Cham et prend sensiblement la direction du nord, jusqu'à une ancienne chaussée, située au 14° degré de latitude nord, par le 101°50′ de longitude est. A partir de ce point, jusqu'au Mékong, elle est indéterminée, la commission franco-siamoise de 1868 n'ayant pu tomber d'accord sur la délimitation des territoires contestés entre les Khmers et la Cour de Bangkok. »

« La séparation entre le Cambodge et l'Etat laotien de Bassac part du Mékong et se dirige à l'est par le 13°15′ de latitude, entre le Prek-se-San (dans le Bassac) et le Prek-Ra (dans le Cambodge), deux rivières qui se jettent dans le Mékong. »

« Les limites orientales, vers le pays des Moïs, sont indéterminées. Elles traversent une région forestière et rejoignent le Tonlé-Tru à son entrée sur notre territoire. » (1)

1. *Le traité franco-siamois du 23 mars 1907 modifie sensiblement les limites cambodgiennes du côté de la frontière siamoise. Nous reproduisons le protocole qui détermine les droits des deux Parties contractantes.*

ART. 2. — Le Gouvernement français cède au Siam les territoires de Dan-

Au sujet de la frontière franco-cambodgienne, Bouinais et Paulus (1) s'expriment ainsi : « Elle prend naissance sur le golfe de Siam, au nord de Hatien, coupe le cours du Rach-Giam-thanh, se dirige à l'est sur Chaudoc, en suivant à peu près le canal de Vinh-té, longe le cours du Rach-Bassac,

Saï et de Kratt, dont les frontières sont définies par les clauses I et II dudit protocole, ainsi que toutes les îles situées au sud du cap Lemlin jusques et y compris Koh-Kut.

Clause I. — « La frontière entre l'Indo-Chine française et le Siam part de la mer en un point situé en face du plus haut sommet de l'île de Koh-Kut. Elle suit à partir de ce point une direction nord-est jusqu'à la crête de Pnom-Krevanh. Il est formellement convenu que, dans tous les cas, les versants Est de ces montagnes, y compris la totalité du bassin du Klong-Kopo doivent rester à l'Indo-Chine française.

« La frontière suit la crête des Pnom-Krevanh dans la direction du nord jusqu'au Pnom-Thom qui se trouve sur la ligne principale de partage des eaux entre les rivières qui coulent vers le golfe de Siam, et celles qui coulent vers le Grand-Lac. Du Pnom-Thom, la frontière suit d'abord dans la direction du nord-ouest, puis dans la direction du nord, la limite actuelle entre la province de Battambang d'une part, et celle de Chantaboun et Kratt d'autre part, jusqu'au point où cette frontière coupe la rivière appelée Nom-Sai. Elle suit alors le cours de cette rivière jusqu'à son confluent avec la rivière de Sisophon et cette dernière jusqu'à un point situé à 10 kilomètres en aval de la ville d'Aranh. De ce dernier point enfin, elle se continue en droite ligne jusqu'à un point situé sur les Dang-Reck, à mi-chemin entre les passes appelées Chong-Ta-Koh et Chong-Sa-Met. Il est entendu que cette dernière ligne doit laisser en territoire siamois la route directe entre Aranh et Chong-Ta-Koh.

« A partir du point ci-dessus mentionné situé sur la crête de Dang-Reck, la frontière suit la ligne de partage des eaux entre le bassin du Grand-Lac et du Mékong d'une part, et le bassin du Nam-Moun d'autre part, et aboutit au Mékong, en aval de Pak-Moun, à l'embouchure du Huei-Doue, conformément au tracé adopté par la précédente commission de délimitation du 18 janvier 1907.

« Un croquis schématique de la frontière décrite ci-dessus est annexé au présent protocole. »

« La clause II du protocole de délimitation trace comme suit la nouvelle frontière du côté de Luang-Prabang (art. 2 du traité) :

« Du côté du Luang-Prabang, la frontière se détache du Mékong, au sud, à l'embouchure du Nam-Huong, et suit le thalweg de cette rivière jusqu'à sa source qui se trouve située au Phu-Khao-Mieng. De là la frontière suit la ligne de partage des eaux entre le Mékong et la Ménam et aboutit au Mékong au point appelé Keng-Pha-Dai, conformément au tracé adopté par la précédente commission de délimitation du 16 janvier 1906. »

Ce traité a une portée considérable puisqu'il restitue au Cambodge ses anciennes provinces de Battambang, Siem-Réap, Sisophon, Panomsok et Tchoukan, réclamées depuis longtemps. La richesse de ces provinces est très grande en riz, la pêche y est aussi fort productive.

Les territoires cédés en échange sont loin de présenter la même valeur. La France donne les districts de Dan-Saï et de Kratt, reconnus comme peu utilisables, de l'avis même des personnalités coloniales.

1. Bouinais et Paulus, *loc. cit.*

franchit la branche postérieure du Mékong en amont de Bassac, la branche antérieure au-dessus de Tradeu, rejoint le Rach-Lonbon, le Rach-Caï-Co et coupe le Vaïco occidental. La frontière remonte alors au nord, enfermant l'arrondissement français de Tay-ninh. »

Le Cambodge est surtout montagneux dans la partie comprise entre le golfe du Siam et les Grands Lacs.

Le Mékong est le grand fleuve qui arrose le Cambodge en lui donnant la richesse. Alors que le limon déposé par l'inondation du Mékong assure à la Cochinchine la fertilité du sol déjà engendré par le fleuve, le Cambodge, lui, tire de l'envahissement des eaux la majeure partie de ses ressources. La pêche est, en effet, le grand commerce du Cambodge.

L'exploitation rationnelle des forêts pourrait être également la source de bénéfices importants mais, jusqu'à ce jour, on n'y a pas encore songé, du moins de façon sérieuse.

Ne voulant pas faire une étude de l'hydrographie complète du Cambodge, je ne signale que le Mékong. Aussi bien, nous ne sommes plus, comme en Cochinchine, en présence de nombreux arroyos. Au Cambodge, « la plupart des petites rivières sont formées par des bras très secondaires, de véritables saignées du Mékong, presque asséchés durant trois ou quatre mois lors de la saison sèche et alimentés seulement pendant la crue du fleuve. Ils constituent d'excellentes pêcheries affermées par le Gouvernement. Certains peuvent, pendant la sécheresse, servir de chemins et être parcourus, soit à pied, soit dans des chariots traînés par des bœufs. Il existe des torrents qui descendent des pnums boisés et servent au flottage des bûches » (1).

Avant de reprendre mes souvenirs au point où je les ai abandonnés, je tiens à compléter les notes relatives au Cambodge en général, en disant quelques mots au sujet du climat qui est beaucoup plus agréable que celui de la Cochinchine.

---

1. Bouinais et Paulus, *loc. cit.*

Bien que la température y soit souvent plus élevée, on n'a pas à souffrir, au Cambodge, de la chaleur humide, comme à Saïgon.

De décembre à mars, on goûte même un peu de fraîcheur pendant la nuit.

Le régime des saisons ressemble à celui de la Cochinchine. Subordonné aux deux moussons du nord-est ou du sud-ouest, les mois d'octobre à avril constituent la saison sèche, le reste de l'année forme la saison des pluies.

Comme température, la moyenne est de 29 degrés, mais nous avons souvent eu à enregistrer des chaleurs de 45 degrés à l'ombre ; il ne faut donc pas trop souvent se fier aux moyennes pour se faire une idée exacte de la température du Cambodge.

*
* *

25 décembre.

Pour fêter la Noël, le lieutenant avait autorisé le réveillon au poste. Comme l'attente devenait trop longue, les hommes avaient jugé préférable de se coucher jusqu'à minuit. Que faire le soir à Pursat, sinon dormir ? Les seules distractions, en dehors de la lecture, seraient le jeu. De cela même on finit par se lasser, d'autant que les moustiques s'acharnent après les joueurs au point de leur faire céder la place. Pour ma part, j'avais renoncé dès le premier soir à travailler ou à jouer après le coucher du soleil. C'était intolérable. Le dîner achevé, nous faisions généralement une promenade jusqu'à la pagode de l'extrémité du village indigène. Le sentier conduisant à cet endroit, très praticable, tout imprégné de l'odeur des citronniers, des mandariniers et des orangers en fleurs, était fort agréable à suivre. Nous rentrions un peu avant neuf heures. Jusqu'au jour de Noël, le programme de nos sorties n'avait pas varié.

Cette soirée du 24 décembre me laissa plutôt une impression de tristesse. Le lieutenant qui devait passer la soirée à la Résidence, avait confié le poste à la surveillance de l'ami René, comme étant le plus ancien sous-officier. Pour faire comme tout le monde, nous devions souper à la popote vers minuit.

Etendus sur nos chaises-longues de rotin, sous l'abri de la véranda, nous attendîmes bien, en causant dans l'obscurité, jusqu'à dix heures.

Puis comme il faisait plutôt frais, nous rentrâmes dans nos chambres en demandant à un homme de garde de venir nous réveiller avant minuit. Lorsque celui-ci vint, à l'heure convenue, j'hésitai, ne sachant pas si je devais m'habiller, tant il me paraissait grotesque de songer à souper en tête-à-tête avec mes deux camarades,

Le bruit fait par les hommes qui attaquaient déjà les viandes froides préparées en vue du réveillon, me décida. Je reverrai toujours les figures que nous faisions B***, T*** et moi, les yeux bouffis de sommeil, regardant le couvert et les victuailles, sans savoir s'il fallait y toucher. Ce réveillon dans un poste de broussards était tout simplement macabre. Chacun de nous songeait aux festins faits jadis dans cette nuit d'allégresse.

Quelle différence avec cette réunion de trois êtres encore endormis, que le champagne n'arrivait même pas à dérider.

Nos marsouins s'amusaient plus que nous et c'était fort heureux. Mais il fallut intervenir de ce côté, la petite fête menaçant de dégénérer en tumulte.

Quelques cervelles, échauffées par des libations trop copieuses, cherchaient maintenant querelle aux camarades plus calmes.

Il fallait faire coucher tout ce monde. A deux heures du matin le poste était de nouveau endormi. Seule, la sentinelle battait de son pas rythmique et sonore le chemin de ronde du fortin...

Avant de m'endormir, je pensai qu'au moment où le réveil sonnerait pour nous, à cinq heures, Paris, flamboyant de lumières (1), se préparerait seulement à fêter la naissance de l'Enfant-Dieu...

1. L'horaire de Pursat se trouve en avance de sept heures environ sur celui de Paris.

*
* *

En remontant le cours du *Stung Pursat*, sur la droite en sortant du poste, on rencontre tout d'abord la Résidence, construction carrée, toute blanche, inondée de soleil. Un peu plus loin la case des postes et télégraphes élevée sur pilotis à la mode des habitations cambodgiennes (1).

Puis, successivement, en dirigeant nos pas vers le village chinois, c'est d'abord — tournant le dos à une vaste esplanade encadrée de baraquements en planches qui servent au casernement de la milice cambodgienne — la jolie maisonnette en bois où habite le garde principal de la milice, un ancien collègue de l'infanterie de marine, M. Lagnel.

L'habitation banale du chancelier de résidence attire ensuite nos regards, ainsi que la *canha* du commis principal des douanes. Cette dernière demeure précédée de petites cases servant d'entrepôts de sel (2), ressemble assez à un campement d'Indiens, tant les petites huttes sont basses, pointues et misérables.

Un peu à l'écart, dans un petit chemin de brousse condui-

---

1. Le fil télégraphique met Pursat en communication avec Pnom-Penh qui transmet les dépêches sur le reste du Cambodge et sur Saïgon pour les télégrammes à destination de la Cochinchine. Les communications avec le Siam se font par Battambang qui se trouve relié à Pursat par un fil spécial traversant la brousse pendant 150 kilomètres environ.

2. Le sel, dont on fait grand usage au Cambodge pour la conservation du poisson, se vend sous le contrôle de la Régie ; mais, comme ce produit est vendu trop cher par l'État, la contrebande existe sur une vaste échelle. Nous pensons que ce monopole n'est pas précisément une bonne affaire. Le Gouvernement de l'Indo-Chine a commis une grosse erreur en mettant un impôt sur le sel et surtout en se chargeant directement de la vente aux consommateurs.

Nous nous sommes laissé raconter que la Régie, forcée d'acheter toute la production des salines, avait ainsi constitué des approvisionnements considérables qu'elle ne put écouler. Devant le déficit résultant de ces achats inconsidérés on décida de supprimer un grand nombre de salines.

Mais l'Etat-Monopole est souvent mal inspiré : il fallut racheter du sel à la Chine pour satisfaire aux besoins de notre colonie qui, *avant d'avoir le monopole du sel exportait environ 100.000 tonnes de sel par an* et réalisait de ce fait de beaux bénéfices. Nous jugeons inutile de faire le moindre commentaire après cet exposé de la question qui démontre d'une façon péremptoire l'incompétence de l'Etat-Monopole en matière commerciale.

sant à une bonzerie, se trouve la case du commis subalterne des Douanes et Régies chargé de surveiller la fabrication de l'alcool de riz que les Annamites appellent *choum-choum* (1).

La fabrication du *choum-choum* affermée par le Gouvernement est, à Pursat, confiée à un Chinois distillateur (2). Comme pour le sel et l'opium, qui sont monopoles d'Etat, la fraude et la contrebande de l'alcool se donnent libre cours en Indo-Chine. Nous pensons même que toute la vigilance du service des Douanes et Régies n'arrivera jamais à mettre un terme à ces pratiques dolosives pour le fisc.

Le village chinois qui commence à quelques centaines de mètres du fortin comprend tout au plus une trentaine d'habitations. A part trois ou quatre maisons de commerçants présentant l'aspect ordinaire des constructions chinoises, le reste du village se compose de paillottes mi-cambodgiennes, mi-annamites.

Il y a dans ce village, en dehors de la distillerie de *choum-choum*, une épicerie, tenue par un Chinois, bien entendu. La fumerie d'opium est également aux mains d'un Chinois qui s'approvisionne bien auprès du commis principal des douanes, mais que je soupçonne fort de contrebande. La drogue fournie par la régie coûte fort cher, environ 68 piastres (170 francs) le kilo, rien de surprenant, alors, que le Chinois, né malin, cherche à se la procurer à meilleur compte auprès de congénères distillant le pavot pour leur propre compte, à l'insu de l'Administration, ou tout au moins sans que celle-ci puisse découvrir les contrebandiers.

---

1. Le *choum-choum* est généralement fabriqué avec de l'alcool de riz non rectifié auquel on ajoute, par voie de macération, des essences diverses (romarin, eucalyptus, absinthe, menthe poivrée, fenouil, anis), et du sucre de canne non raffiné. Cet alcool pèse environ 60 degrés. La consommation du *choum-choum* est considérable dans l'Indo-Chine. L'indigène emploie l'alcool de riz comme boisson courante, mais c'est surtout à l'occasion des fêtes familiales et rituelles qu'il en fait le plus grand usage.

2. Le décret de 1897 organisant le monopole de l'alcool supprima la liberté de la distillation indigène, La concession de la fabrication du *choum choum* faite à quelques sociétés devait être plus tard rachetée par le Gouvernement. Jusqu'à ce jour rien n'a été fait pour cela et l'exploitation rapporte surtout aux... Chinois.

*
* *

Le jour de l'an, en nous procurant l'occasion de renouveler nos visites d'arrivée aux différents fonctionnaires européens de Pursat, nous permit encore de faire plus ample connaissance avec eux, pendant le dîner *presque* officiel auquel nous fûmes conviés à la Résidence.

Dix couverts seulement se trouvaient disposés autour de la grande table. Le dîner servi sans autre souci que celui d'être agréable aux convives était loin d'être cérémonieux. Il fut donc parfait. Et combien charmants, furent ces fonctionnaires avec qui nous devions vivre pendant une année. Cette réunion toute cordiale nous a laissé le meilleur souvenir.

Mes camarades et moi avions pu concevoir quelque appréhension au sujet de la présence du lieutenant à ce dîner ; nous craignions d'être contraints à une réserve... de gradés subalternes, alors que la conversation fut, dès le potage, dirigée de manière à la rendre générale. Toutefois, ne voulant pas abuser, nous quittâmes la petite société vers minuit.

Cette soirée devait être destinée à nous accréditer auprès du noyau de fonctionnaires, car, de ce jour, les invitations se succédèrent et nous rentrâmes plus avant dans l'intimité de ces charmants compatriotes.

Nous nous retrouvions plus volontiers chez le garde principal de la milice, M. Lagnel. Ancien sergent-major du 11e, il s'était fait libérer dans la colonie pour prendre l'emploi qu'il occupait aujourd'hui.

Quelles bonnes soirées nous passâmes dans sa coquette demeure, propre et luisante comme une maison hollandaise. Toutes portes et toutes fenêtres ouvertes sur les larges vérandas qui couraient tout autour de la case, nous devisions gaiement avec lui, le soir, en vidant quelques bouteilles de bière. La vaste pièce qui servait de salle à manger paraissait immunisée contre l'invasion des moustiques ; nous ne ressentîmes jamais, en effet, les attaques de ces insectes malfaisants.

Une autre maison hospitalière pour nous était celle du commis des Douanes et Régies. Ce fonctionnaire était devenu pour les sous-officiers un véritable ami dont la demeure s'ouvrait à toute heure. Allongés, assis ou accroupis autour de son lit de camp de fumeur, en bois de *track*, nous venions causer presque chaque soir. La *congaïe,* très délurée, nous amusait de son babillage, tout en préparant les pipes d'opium avec une remarquable maîtrise. Ayant appris un peu notre langue à la Sainte-Enfance de Saïgon (1), cette *congaïe,* baptisée Maria par notre nouvel ami, avait des expressions cocasses pour nous raconter toutes sortes de potins sur les *congaïes* des autres Européens du poste.

Je dois dire, avant de poursuivre plus avant ces notes rapides, que la *congaïe* fait partie du... matériel colonial. On achète une *congaïe* comme on achète un lit, une table ou tout autre objet de ménage. La *congaïe,* pour un colonial, c'est tout à la fois la ménagère et la petite épouse d'exil. Combien de fonctionnaires s'attachent à ces poupées annamites au point de ne pouvoir les oublier, même après leur retour en France !

Nous avons exposé, dans le chapitre consacré à la Cochinchine, quelques-uns des charmes de la femme annamite. Ces charmes, réels ou non, ont vite raison de la faiblesse masculine des Occidentaux livrés au *farniente* de la brousse et à l'isolement des postes.

La *congaïe* du commis des douanes avait pris un empire absolu sur son maître. Ce dernier, faible de caractère au-delà de ce qu'on peut imaginer, versait dans les petites menottes de sa maîtresse jaune tout le montant de sa solde. Le pauvre diable devait ensuite mendier quelques piastres auprès d'elle, pour ses achats personnels. C'était la *congaïe* qui achetait les provisions; mais comme notre ami était un fumeur

1. Maison d'éducation dirigée par les religieuses de Saint-Paul de Chartres, recueillant les enfants indigènes.

d'opium enragé, la drôlesse prétendait que tout l'argent servait à l'achat de la drogue funeste. Que de fois, devant l'étrangeté de cette situation, nous nous sommes alarmés pour ce fonctionnaire ! A nos conseils, il opposait la force d'inertie, n'ayant pas le courage de se séparer de celle qui le dépouillait de ses deniers et lui faisait perdre toute sa dignité d'Européen...

*
* *

Dans les premiers jours du mois de février, les fêtes du Têt qui sont les fêtes du jour de l'an annamite (1), nous révélèrent la race sous un aspect que nous ne lui connaissions pas encore.

Tous les travaux sont suspendus pendant ces fêtes qui durent trois ou quatre jours. A Saïgon, par exemple, le commerce est totalement arrêté à l'occasion du Têt.

Chacun a réalisé le plus de piastres possible pour fêter dignement la nouvelle année. Pour cela, on a vendu tout le riz de la récolte, vendu aussi les poulets et les porcs, les bananes et les ananas. Ceux qui ne possèdent pas assez d'argent en empruntent. Il faut à tout prix faire bonne figure pour la solennité annuelle. Les vieux vêtements sont remplacés par des *caï-ao* et des *caï-quan* absolument neufs. La *congaïe*, suivant sa situation de fortune, revêt même cinq ou six *caï-ao* les uns sur les autres. Rien de plus curieux que de voir ces petites femmes, parées des longues tuniques flottantes largement fendues sur les côtés, balançer les bras et marcher très vite pour faire flotter leurs oripeaux aussi nombreux qu'éclatants et de couleurs diverses. La même personne arbore une tunique rouge, une bleue, une jaune, une verte, une noire. On ne regarde pas à la dépense en ces jours de liesse générale, aussi s'endette-t-on parfois pour

1. Lunaire, comme l'année chinoise, l'année annamite comprend douze mois pendant deux ans ; la troisième année possède treize mois et ainsi de suite. Ces mois se divisent en trois semaines de dix ou de neuf jours.

La date du premier jour de l'année est donc assez variable et nous ne nous chargeons pas de rechercher comment les indigènes organisent leur calendrier.

tout le reste de l'année. Qu'importe ; le caractère insouciant de l'Annamite s'accommode mal des idées d'économie. La vie est si facile dans ces pays, que le peuple vit au jour le jour, sans souci du lendemain.

Les Cambodgiens ne se mêlent pas aux fêtes annamites et chinoises, l'année ne commençant pas pour eux à la même époque (1).

Pendant la nuit qui ouvrait la nouvelle année, Annamites et Chinois firent exploser une quantité énorme de pétards. La poudre est de toutes les fêtes chez les Chinois qui l'ont inventée ; nous pûmes nous en apercevoir pendant le Têt. La coutume veut que l'on se rende des visites à l'occasion du jour de l'an ; les riches indigènes envoient même leurs cartes de visite, imprimées sur papier rouge, ne mesurant pas moins de 15 centimètres de longueur sur 5 ou 6 centimètres de large. Nous ne fûmes pas peu surpris de voir arriver notre cuisinier indigène paré de ses habits de gala et chaussé de souliers, suivi du petit boy panka, porteur des présents du maître coq à notre intention.

Dans une grande corbeille, un superbe poulet se trouvait entouré de bananes dorées, d'oranges, de mandarines et d'énormes pamplemousses. Encore un usage que d'offrir aux Européens que l'on connaît des cadeaux de nouvel an. On se croirait en France, ma parole !

Après avoir remercié Daô comme il convenait, nous lui donnâmes, ainsi qu'au petit gnô panka, la permission d'aller se promener. Très sensible à cette attention, il le fut davan-

1. Année lunaire comme pour les Chinois et les Annamites. Le premier jour de la cinquième lune, à compter de la fin de l'année précédente, se trouve être le jour de l'an cambodgien. Comme les Chinois, les Cambodgiens ajoutent, tous les trois ans, un mois à leur année qu'ils divisent en trois saisons : la saison sèche du 15 octobre au 15 mars, la saison chaude du 16 mars au 15 juillet et la saison pluvieuse du 16 juillet au 14 octobre.

Aux mois de vingt-neuf et trente jours on ajoute de temps en temps un jour, pour rétablir l'équilibre. Alors que pour nous le cycle solaire est de vingt-huit ans et le cycle lunaire de dix-neuf, les Cambodgiens, eux, calculent le retour des phénomènes astronomiques sur douze années désignées chacune par un nom d'animal, l'année du dragon, l'année du tigre, du singe, etc.

tage encore aux quelques piastres qui lui furent octoyées comme gratification.

Nous ne devions revoir notre cuisinier qu'à l'heure du déjeuner, et dans quel état ! Le *choum-choum* est, comme les pétards, indispensable pour faire un bon Têt, Daô était sûrement de cet avis, et son état d'ébriété manifeste ne laissait, d'ailleurs, subsister aucun doute sur l'emploi qu'il avait pu faire de nos piastres. Il fallut s'adresser au cuisiner de la troupe, pour la préparation de nos repas pendant ces journées mémorables.

... Pendant ce temps, la fête battait son plein dans les villages qu'une procession étrange et pittoresque parcourait en faisant un bruit assourdissant de pétards, de trompettes, de tam-tam et de gongs. Sur un char traîné par les fidèles, un dragon en carton peint, qu'on avait voulu faire effrayant, ouvrait des yeux terribles et demesurément grands. On nous a raconté que cette procession n'était qu'un pastiche sans éclat de la promenade du *Dragon* qui se fait à Saïgon pour le Têt.

Les maisons des commerçants chinois reçoivent une destination spéciale pour le jour de l'an indigène : elles sont converties en salles de jeu. Le *bacouin* et le *jeu des trente-six bêtes*, interdits pendant le reste de l'année, sauf pour le 14 juillet, sont tolérés par le gouvernement pendant les premiers jours de l'an annamite et chinois (1). L'Annamite étant

1. L'interdiction des jeux n'empêche pas l'existence de tripots clandestins où l'Annamite vient se faire dépouiller de ses piastres par les banquiers chinois. Néanmoins la mesure du Gouvernement de l'Indo-Chine doit être louée hautement. Le jeu étant le principal vice de l'indigène, dans nos possessions, le paupérisme n'eût pas tardé à s'implanter en Cochinchine comme au Cambodge, si nous n'étions pas intervenus. Quelqu'un, toutefois, n'avait pas lieu de se tenir pour satisfait de cette réforme, c'était le vieux roi du Cambodge, Norodom.

Lorsque M. Doumer, alors Gouverneur Général de l'Indo-Chine, décida en 1899 la suppression des jeux publics, le souverain se révolta. Sa cassette allait se trouver de ce fait privée de gros revenus. La ferme des jeux était, en effet, concédée à des Chinois qui versaient à Norodom des redevances énormes s'élevant, m'a-t-on dit, à près de 1 million de francs par an. L'énergie de M. Doumer et une petite démonstration navale de quelques canonnières envoyées de Saïgon à Pnom-Penh, eurent raison de la résis-

joueur avant tout, on devine s'il profite, ou plutôt s'il abuse, de la permission. Les Chinois plus positifs et surtout plus pratiques se contentent, en général, d'exploiter la passion, ou plutôt le vice de l'Annamite : ce sont les croupiers. Les jeux de *bacouin* et des *trente-six bêtes*, ont quelque analogie avec le jeu de la *roulette ;* les chances du banquier y sont néanmoins beaucoup moindres.

La règle du *bacouin* est la suivante :

Quatre tableaux portant les numéros 1, 2, 3, 4 reçoivent les enjeux. Un seul de ces tableaux gagne : les mises sont payées trois fois, mais le banquier prélève 5 o/o sur le gain des joueurs. Ceux-ci reçoivent un ticket indiquant le numéro du tableau choisi.

La façon de faire sortir le numéro gagnant, tout en étant simple, est assez laborieuse. Voici comment on procède : Dans une petite sébile, le croupier met une poignée de sapèques qu'il renverse sur la table de jeu. Un mouvement circulaire de la sébile, renversée sur les sapèques, emporte les pièces dont un certain nombre s'échappe cependant. Les sapèques sortantes sont alors comptées par quatre, à l'aide d'une baguette, et mises en tas.

S'il reste une fraction de 4 sur la table on la complète au moyen d'un nouveau tour de sébile et ainsi de suite jusqu'à ce que tout le contenu du récipient soit sorti et compté par 4. C'est le dernier nombre de pièces restant qui gagne la partie, qu'il y ait quatre, trois, deux ou une sapèque à compter. L'attente du joueur est donc assez longue, beaucoup plus en tous cas que celle du joueur à la roulette qui n'a pas même la consolation de regarder son enjeu pendant une minute.

Le *jeu des trente-six bêtes,* qui est surtout la distraction favorite des Cambodgiens, n'a pas les mêmes lenteurs que le

tance du monarque qui se résigna, bon gré mal gré, à signer l'ordonnance qui le dépossédait en supprimant à jamais la ferme des jeux. Les Chinois ne trouvèrent pas, eux non plus, la réforme à leur goût, mais ils durent faire contre mauvaise fortune bon cœur et dire adieu à leurs beaux bénéfices d'antan.

bacouin, mais il est plus dangereux que celui-ci. Les Annamites ne s'y risquent qu'en tremblant.

Sur un tableau assez grand, figurent trente-six cases portant chacune le nom d'un animal de la région, écrit en caractères chinois. Une seule de ces cases gagne et les mises qui s'y trouvent sont payées trente fois.

Avant que les enjeux ne soient faits, le banquier suspend au bout d'une corde, qui du plafond de la salle tombe au-dessus de la table de jeu, une planchette où se trouve inscrit le nom de l'animal qui gagnera la partie. (Le nom est soigneusement caché, bien entendu.) Les paris terminés on détache la planchette qui fait quelques heureux et beaucoup de mécontents.

Les chances de la banque sont considérables puisque, de toute façon, six tableaux pleins lui sont acquis par la règle du jeu, indépendamment des vingt-neuf autres qui ne gagnent pas...

Après ces fêtes, nous retombâmes dans le calme le plus complet. L'arrivée du courrier, qui se faisait par charrettes à buffles depuis notre installation à Pursat, nous tenait seule au courant de ce qui se passait dans les contrées civilisées. De vagues télégrammes Havas, affichés de temps en temps devant la case de la poste, apportaient aussi quelques nouvelles, toujours commentées par la petite colonie européenne. Le moindre événement prend de l'intérêt lorsqu'on se trouve éloignés, comme nous l'étions.

Quelques parties de chasse organisées par la Résidence vinrent, heureusement, apporter de la distraction.

La première de ces chasses fut assez intéressante. Par faveur spéciale j'avais pu prendre part à la partie.

Montés sur les éléphants de la Résidence, nous quittons Pursat dans la nuit du samedi au dimanche, vers trois heures et demie du matin. J'étais curieux de faire une excursion à dos d'éléphant, ce moyen de locomotion m'étant tout à fait inconnu.

Tout n'est pas rose avec l'éléphant ; d'abord pour se nicher dans l'aouda et ensuite pour s'y tenir.

Je me revois encore faisant l'ascension du pachyderme.

L'animal sollicité par le cornac me présente son pied sur lequel je monte tout debout, comme je l'ai vu faire à mes compagnons de chasse, mais au moment où l'éléphant élève son genou, je manque de perdre l'équilibre et me raccroche à l'oreille du colosse.

Décidément je préfère utiliser l'échelle que le cornac vient d'appuyer sur le dos de ma monture.

Assis sur le devant de l'aouda, j'attends maintenant le départ. Le cornac milicien s'installe sur le cou de l'animal, les jambes pendant le long de la tête énorme et les pieds reposant sur un cercle de rotin servant à diriger, et suspendu au cou de l'éléphant. La caravane se met en route. Elle comprend sept éléphants dont six portent des chasseurs. Le septième, plutôt petit, porte les provisions. Au bout d'un quart d'heure de marche je suis obligé de renoncer à ma position, tant j'ai les jarrets meurtris par le frottement du bord de l'aouda, dont le toit, en forme de coupole, me heurte le crâne à tout instant. Tant bien que mal j'arrive à me caser en m'allongeant sur les coussins de la petite cabane qui roule et tangue comme un paquebot. On se croirait en pleine mer, ma parole ! Aux personnes qui souffrent du mal de mer je ne recommande pas l'éléphant comme moyen de transport, oh non !

La mer m'avait laissé insensible à la naupathie tandis que je faillis avoir le mal... d'éléphant. Oh ! la sale bête, au surplus ! Fléchissant tantôt sur une patte et tantôt sur une autre, l'aouda suit tous ces mouvements, frôlant les arbres ou plutôt les heurtant. Le voyage dure deux heures environ au bout desquelles nous arrivons à un petit village appelé Bakan (?). Le *mé-srok* (1) qui nous attendait devant la sala, nous reçoit en joignant les mains et en s'inclinant pour les *laïs* (2) de bienvenue.

Le chancelier de résidence met pied à terre, tout le monde en fait autant. Pendant qu'un *linh* (3) prépare du

1. Chef de village.
2. Salutations des indigènes.
3. Milicien.

café, nous pouvons nous dégourdir un peu les jambes.

Le but de la chasse est de disperser une bande d'éléphants sauvages signalée par le *mé-srok* comme détruisant tout dans le district. On profitera de l'expédition pour capturer, si possible, quelques pachydermes en vue de leur domestication.

Pendant que nous dégustons une tasse de café brûlant, les cornacs débarrassent deux des éléphants de leurs *aoudas* et déchargent les vivres et bagages.

A six heures, précédés du *mé-srok* à cheval, nous reprenons la brousse toujours juchés dans nos *aoudas*. M. Lagnel prend place sur le même éléphant que moi, sa monture, ainsi que celle du lieutenant, ne marchant plus maintenant qu'avec le cornac et sans *aouda*.

Au bout de vingt minutes de marche arrivent à toute allure, devant nous, six cavaliers cambodgiens qui s'arrêtent à la hauteur du *mé-srok* et, avec force gestes, lui donnent des explications.

Leur mimique, plus que leur langage, me fait comprendre que le troupeau d'éléphants ne doit pas être loin. Il faut prendre nos dispositions de combat. En ligne nous couvrons maintenant une centaine de mètres. En bon ordre, nous continuons d'avancer pendant 500 à 600 mètres pour arriver jusqu'au lit d'un petit arroyo presqu'asséché. Une dizaine d'éléphants se baignent à 150 mètres de là. Notre fusillade, éclatant tout à coup vient troubler leur baignade et c'est, presque aussitôt, le désarroi.

Le moment est venu d'utiliser les deux éléphants de chasse laissés libres. Les deux femelles admirablement dressées, cachant le cornac derrière leurs énormes oreilles, s'élancent à la poursuite des fugitifs mis en déroute par les coups de feu.

A quelque distance, nous suivons la chasse, prêts à faire feu si le troupeau sauvage reformé se retourne pour attaquer les femelles domestiques lancées contre lui. Mais le troupeau se disperse toujours d'avantage, et les femelles gagnant du terrain se trouvent presque sur les talons d'un jeune pachyderme qui, se sentant sur le point d'être capturé, se met à pousser des hurlements de détresse.

La scène qui se passe alors devient d'un comique irrésistible: les deux femelles encadrant le captif le ramènent vers nous à coups de trompe. Etourdi, le pauvre animal n'oppose plus de résistance ; il est assez facile de l'enchaîner lorsque nous rentrons à la sala.

Le soleil brûlant vient contrarier notre ardeur de Nemrods. Il ne faut pas songer, en effet, à employer les éléphants pendant les heures chaudes de la journée. Pour bizarre que cela paraisse, l'éléphant est très sensible à la chaleur. On risquerait la vie de l'animal à vouloir lui imposer la marche sous le soleil des tropiques. De plus, une étape journalière de 40 kilomètres, est le maximum de travail que l'on peut demander à l'éléphant ; encore faut-il lui accorder un repos assez prolongé, de façon à partager l'étape en deux.

L'éléphant aime beaucoup se baigner, aussi doit-on choisir comme grande halte, un endroit ombragé et rafraîchi par un cours d'eau.

Le chancelier de résidence me donne tous ces détails pendant le déjeuner que nous prenons dans la sala, après avoir excursionné les alentours et tiré, avec quelques pigeons verts, bon nombre de perruches et de marabouts.

J'allais de surprises en surprises, avec la fragilité de l'éléphant. Après avoir cru, à tort, qu'on pouvait parcourir de grandes distances avec lui, j'apprenais que ce géant souffrait encore des piqûres d'insectes, malgré sa peau épaisse. Cette révélation m'expliquait pourquoi, pendant la marche du mastodonte, celui-ci, à l'aide d'une branche de feuillage arrachée sur la route, chassait, par des mouvements désordonnés de sa trompe, les bestioles acharnées après lui.

Après le déjeûner, les heures de sieste se passèrent en aimable causerie. Le chancelier ne tarissait pas. Après une histoire de chasse, c'était une histoire de congaïe. A l'écouter on apprenait beaucoup de choses intéressantes sur le pays, ses habitants et leurs mœurs.

Détaché au Cambodge depuis de longues années ce haut

fonctionnaire qui connaissait admirablement la langue indigène avait pu se livrer à des études approfondies et sa conversation montrait ses profondes qualités d'observateur. Il est regrettable que tous les fonctionnaires coloniaux n'aient pas cette valeur professionnelle ; que certains, même, soient appelés par la faveur gouvernementale à gouverner des provinces dans des pays dont ils ignorent non seulement la langue, mais encore les mœurs, les coutumes et les besoins des habitants.

A cinq heures du soir, traînant à la remorque l'éléphant capturé le matin, nous reprenons le chemin de Pursat, mais en chassant devant nous, à travers la jungle couverte d'herbes si hautes que, parfois, les éléphants s'en trouvent cachés.

Accroupi à la mode orientale je conserve assez bien l'équilibre dans mon aouda.

Tout en surveillant la brousse en avant, je prends les plus grandes précautions pour éviter les chocs contre les parois de ma demeure aérienne. De temps à autre des coups de feu troublent le silence. Mes compagnons plus heureux que moi exercent leur adresse sur des conaïs (1) mis en fuite par notre approche. Il faut une grande habitude et une adresse de tireur peu commune, pour chasser dans la jungle. J'en fais l'expérience, lorsqu'à deux reprises différentes des *conaïs* bondissent en avant de mon éléphant, pour retomber aussitôt sous le couvert des herbes arborescentes. Mes deux coups de feu ne réussissent qu'à déplacer l'extrémité des branchages.

La nuit venant rapidement, il faut maintenant, regagner au plus tôt des voies plus praticables, assez rares dans cette partie du Cambodge.

L'éléphant, par bonheur, sait se frayer des chemins même au travers des broussailles. A huit heures, après avoir été bien ballottés, nous descendons, enfin, devant le petit kiosque

1. Espèce de chevreuil.

construit au bord de l'arroyo, face à la Résidence de Pursat. Si mes compagnons de route font bonne contenance, il n'en est pas de même pour moi ; je suis absolument fourbu et décidé à ne pas renouveler semblable équipée. Le butin de chasse comprend, avec l'éléphant capturé, sept conaïs de belle taille et une cinquantaine d'oiseaux divers, dont un paon.

Après s'être souhaité une bonne nuit, chacun regagne ses pénates, pendant que les *linhs* se chargent, suivant les ordres donnés par le chancelier, de porter les pièces revenant aux invités.

Le lendemain de notre partie de chasse, la chair des deux conaïs, généreusement octroyés au poste militaire, fut trouvée excellente par tous les marsouins enchantés de la nouveauté apportée à leur menu. La petite troupe n'avait pas lieu de se plaindre de la façon dont elle était nourrie, d'ailleurs.

Les menus de Pursat laissaient loin derrière eux ceux de Saïgon, cependant très confortables. Ici tout était donné à profusion. Ainsi, pour un effectif de quarante hommes, on tuait tous les deux jours un petit bœuf cambodgien (1), qui fournissait environ 95 kilogrammes de viande ; c'est-à-dire que chaque homme, au lieu de percevoir la ration réglementaire de 300 grammes, recevait un peu plus de 1 kilogramme de viande fraîche par jour ! On pense s'il était facile de combiner des plats avec une pareille abondance de boucherie. Mais cela ne suffisait pas encore ; on achetait des œufs, des poulets ; le jardin fournissait parfois quelques légumes savoureux, et, très souvent le hors-d'œuvre, sous forme de radis roses qui poussaient avec une rapidité surprenante.

Les ressources de l'ordinaire permettaient de faire largement les choses, par suite des indemnités que nous percevions sur le budget de la colonie. Malgré ces prodigalités le

1. Ces petits bœufs dont nous possédions toujours un troupeau de 5 ou 6 têtes coûtaient de 5 à 8 piastres (12 fr. 50 à 20 fr.)

Le prix alloué par l'Administration pour l'achat de ces bœufs était, pour Pursat, de 20 fr. 50 pour 100 kilogrammes.

boni allait toujours en augmentant, à tel point que le lieutenant ayant voulu en rendre compte au capitaine à Pnom-Penh, celui-ci ordonna aussitôt le versement à l'ordinaire de la compagnie des quatre cinquièmes du boni amassé. Notre économie (!), allait profiter à d'autres. Ce procédé n'eut pas l'heur de me plaire. En qualité de comptable j'avais l'orgueil de constituer un boni respectable, mais j'entendais par là que cette réserve devait profiter à ceux qui en faisaient les frais : aux hommes du poste, par conséquent. Sans manifester mes intentions à personne, je me promis bien, qu'à l'avenir, le boni trouverait son emploi dans le poste même.

*
* *

Un événement sensationnel vint, dans le courant du mois de mars, bouleverser nos habitudes de sous-off's rangés, ne pensant qu'à remplir leur bas de laine avec les piastres de leur solde.

Le camarade René B*** et moi, las du célibat, venions de contracter mariage avec deux congaïes. Unions morganatiques, bien entendu. Seul de nous trois, l'ami Arthur B*** ne s'était pas décidé à choisir une compagne annamite. La vue de notre bonheur (!) lui suffisait, paraît-il. Si sa femme prend jamais connaissance de ces notes, (je sais qu'il est marié en France, aujourd'hui) elle rendra hommage à sa... vertu, sans aucun doute. Qu'elle se méfie pourtant ; ce chenapan d'Arthur, en bon ami qu'il était, ne demandait pas mieux que de consoler nos *congaïes*, pendant que nous n'étions pas là...

*
* *

Les terres sans maîtres ne sont pas rares dans la brousse, aussi René n'avait-il pas jugé à propos de demander l'autorisation de se faire construire une *canha*, à l'ombre d'une palmeraie avoisinant le fortin.

Pour la forme, le résident fit quelques observations lorsqu'il apprit, indirectement, cette prise de possession, mais finit par sourire quand il connut la destination de ce home clandestin. Nos deux ménages devaient, en effet, s'abriter sous le toit de cette paillotte divisée en trois compartiments. Celui du milieu, prenant jour sur la véranda, était commun. Deux chambres se trouvaient à droite et à gauche de ce vestibule d'entrée. C'était la maison de campagne réduite à sa plus simple expression. Les noces eurent lieu en petit comité. Nous n'avions pas lancé d'invitations !! L'ami Arthur suffisait pour nous donner la bénédiction... nuptiale. Il s'en acquitta le mieux du monde, en faisant sauter joyeusement les bouchons de deux bouteilles de champagne.

*
* *

Mes fiançailles avec Thi-Nam (c'était le nom de la *congaïe*) n'avaient été ni longues, ni très compliquées.

Je l'avais remarquée le soir, à l'heure où nous faisions, mes camarades et moi, la promenade quotidienne jusqu'à la petite pagode annamite.

A la voir ainsi, souvent occupée à ranger des bananes ou des oranges dans des paniers qu'elle portait le lendemain au marché, il m'arrivait de lui sourire au passage. Au début, mes manières ne lui plaisant pas, sans doute, elle tournait la tête pour ne pas apercevoir mon sourire. Mais la femme, même annamite, ne saurait résister longtemps à un hommage rendu à sa beauté. Thi-Nam était belle et paraissait bien s'en douter un peu, car la première fois que je me risquai à lui en faire compliment, cela lui parut tout naturel. Par la suite il se fit un échange de quelques mots au passage. Puis, la confiance augmentant avec les jours, les causeries s'organisèrent. Je laissais filer mes deux camarades et, assis sur un tronc d'arbre, je regardais Thi-Nam préparer ses corbeilles de fruits.

Si la langue française lui était presque inconnue, je n'étais pas plus avancé quant à la langue annamite. Le langage petit nègre, un peu télégraphique, suffisait. Nous arrivions à nous comprendre d'autant mieux que le sujet de la conversation ne pouvait laisser aucun doute. Au surplus, dans les cas embarrassants, les gestes pouvaient fort bien remplacer la parole, sans aucune équivoque.

Thi-Nam vivait dans une petite paillotte, ni plus ni moins que ses compagnes annamites.

Une vieille *baya*, soi-disant tante de Thi-Nam, ne fit aucune difficulté pour me confier l'existence de sa... nièce. Les piastres que je lui remis à l'occasion des noces suffisaient à calmer ses scrupules. si tant est qu'elle pût en avoir.

Il semble que le sort de ces petites poupées soit uniquement de devenir les maîtresses des Européens. Cela paraît tout au moins naturel aux Annamites, puisque certains jeunes hommes de cette race n'hésitent pas à épouser l'*ex-congaïe* d'un Européen surtout si celle-ci a su amasser une dot rondelette. Il faut se hâter d'ajouter que la loi annamite favorisant le divorce, il est toujours facile de se débarrasser de la femme qui a cessé de plaire, pour des motifs les plus futiles.

Types
de femmes Annamite et Cambodgienne

La jeune fille annamite sage et pure existe cependant. On comprendrait mal, autrement, l'existence du respect de la famille et le culte ancestral formant la base des traditions annamites. Mais pour quelques vierges, combien de prostituées ! Les conditions de vie des indigènes sont certainement la cause de ce triste état de choses. La fainéantise, la paresse, la promiscuité dans les habitations sont autant de facteurs poussant la fille annamite à la débauche. L'Européen, lui-même, n'est-il pas responsable de l'inconduite des congaïes qu'il achète pour meubler sa maison, satisfaire un caprice ou de bas appétits ?

Un point reste noir dans ces unions éphémères entre Européens et femmes annamites, c'est la progéniture qui peut en résulter.

L'égoïsme des parents s'en inquiète fort peu. Lorsque le père rentre en France, la congaïe annamite s'empresse, le plus souvent, d'abandonner l'enfant, bien que cet acte soit en contradiction avec les idées annamites sur la famille.

Mais l'Etat-Providence est là pour réparer le crime commis par les parents du métis. Recueilli et élevé par la colonie, le métis annamite devient un être peu intéressant, fier et orgueilleux d'une origine dont il devrait avoir honte. Les métis d'Indo-Chine forment des déclassés dont l'Européen évite le contact et que les Annamites méprisent.

Les jeunes filles métis, plus favorisées, arrivent parfois à se faire épouser par un fonctionnaire ou un soldat d'infanterie de marine se fixant dans la colonie. La petite dot que leur donne le Gouvernement, facilite quelque peu ces mariages.

Mariées, leur plus grand souci est de ne rien faire ou, si la situation du mari le permet, d'étaler un luxe criard destiné, dans leur esprit obtus, à rendre jalouses les femmes de la colonie européenne.

*
* *

En acquérant des droits sur la petite indigène, j'assumais donc aussi des devoirs et de plus une part de responsabilité à l'égard de sa... vertu.

La morale d'un marsouin est assez élastique, la mienne n'atteignait pas plus du maximum !

Si j'étais décidé à profiter de mes privilèges, je n'entendais pas me charger d'obligations dans l'avenir. Que les coloniaux possédant d'autres principes, me jettent la première pierre.

Les esprits forts pourront dire, que signalant tout à l'heure les causes de la prostitution chez l'Annamite, je ne prêche pas d'exemple. A ceux-là, je répondrai que mes défauts sont ceux de tous les mortels et que si mes discours ne sont pas toujours en concordance avec mes actions, le nombre de ceux que j'imite est considérable. Ce n'est pas une excuse certes, mais « je fais comme les autres ».

*
* *

— *Doï-te-lay ? Toi y en a ké-boum toquoi, y'en a, Thi-Nam, beaucoup aimer. Toi y'en a beaucoup tott, donner piate Thi-Nam.*

— *Quoi ça faire donner piate, Thi-Nam ?*

— *Y'en a ma-koui faire filou, volé day ham bet, Thi-Nam.*

C'est par cette conversation que débutait aujourd'hui notre entretien. Depuis un mois, chaque jour amenait une demande d'argent de la part de Thi-Nam. Le prétexte était toujours à peu près le même. Le mauvais esprit la volait et c'était tantôt sur un *cai-ao*, tantôt sur un sac de riz que l'esprit maudit jetait son dévolu.

Nos paroles d'aujourd'hui pouvaient signifier ceci :

— Sergent-fourrier, tu as bon cœur et Thi-Nam t'aime beaucoup. Si tu voulais être encore plus gentil tu donnerais une piastre à Thi-Nam.

A quoi je répondais :

— Pour quel usage cette piastre, Thi-Nam ?

— Le mauvais esprit est un filou : il a volé les souliers de Thi-Nam.

L'expression « *ké-boum toquoi* », que je traduis par bon cœur, n'a cependant pas cette signification. Le centre de la bonté, chez l'Annamite, ne réside pas dans le cœur, mais dans le foie et, par extension, dans le ventre. *Ké-boum toquoi* voulait donc dire *ventre beaucoup bon.*

A plusieurs reprises j'avais fait semblant de croire Thi-Nam sur parole et la piastre sollicitée avait été donnée. Mais, décidément, la mâtine prenait goût à dévaliser mon porte-monnaie.

Cette fois, je refusai catégoriquement d'accéder à sa demande. Le *ma-koui* eut sans doute des remords, car le lendemain Thi-Nam se trouvait en possession de ses souliers.

*
* *

15 mars.

Nous sommes en pleine épidémie de choléra. Notre ami Lagnel vient de mourir, emporté en quelques heures par le fléau terrible. Tous les soins pour le sauver ont été inutiles.

Deux jours avant, nous avions passé la soirée ensemble; rien ne pouvait faire prévoir une mort aussi foudroyante.

Comme nous déjeunions à la popote, le lieutenant vient nous informer que M. Lagnel est au plus mal. Aussitôt nous partons. Le camarade René ne peut nous accompagner, car lui-même est alité par la dysenterie. Lorsque nous arrivons chez Lagnel, tous les fonctionnaires du poste sont déjà auprès de lui. Etendu sur son large lit débarrassé de la moustiquaire, le malheureux est sans mouvements. En l'absence de médecin, que faire? Pendant que le lieutenant et le commis des douanes s'occupent à ramener la circulation par des frictions sur les membres inférieurs, nous commençons, Arthur et moi, la respiration artificielle. Pendant près de deux heures, sans arrêter, ce traitement est suivi. De temps en temps M. R*** approche de la bouche du moribond un petit miroir qu'aucune buée ne vient ternir. On n'en poursuit pas moins frictions et respiration artificielle. Hélas! dans notre désir de ranimer notre ami, personne ne s'est aperçu que nous étions, depuis le début, en face d'un cadavre. La rigidité des bras nous empêchait maintenant de poursuivre une œuvre vaine...

— Messieurs, découvrons-nous. Notre camarade est mort..., dit alors le résident en retirant son casque.

Ce fut tout. Dans ce petit coin de brousse perdu, la terrible faucheuse venait de semer le premier deuil dans nos rangs.

Lorsque nous annonçons la triste nouvelle à René, celui-ci se croit perdu. Sa dysenterie c'est le choléra; naturellement! Devenu livide, vert d'épouvante, et les raisonnements ne servant à rien, nous décidons de le soigner à notre idée, puisqu'à Pursat, où cinquante Européens se trouvent éloignés de tout, on n'a pas cru devoir placer un médecin.

A minuit, sous la garde de son brosseur, nous laissons enfin notre malade endormi, pour aller remplacer les deux fonctionnaires coloniaux qui veillent le corps de Lagnel.

Quelle veillée funèbre ! Autour de nous, autour de ce mort que nous gardions après avoir en vain cherché de ranimer son cadavre, plus d'autres bruits que ceux produits par les vols de roussettes rasant ou heurtant les parois de la case ; ou, encore, un peu atténués, venant de la brousse profonde, insondable et mystérieuse, le coassement sinistre des crapauds-buffles et la stridulation des insectes...

Ai-je vraiment pensé durant cette nuit ? Je ne saurais le dire, mais ce que je puis affirmer, c'est que jamais je n'oublierai ces heures pénibles.

L'infirmier du poste vient nous relever à cinq heures du matin. C'est en vain, que rentré dans ma chambre, j'essaie de prendre un peu de repos ; malgré la fatigue je ne puis m'endormir. Mieux vaut marcher que se retourner vingt fois sur sa couche.

René dormait encore tout à l'heure, à notre retour, et de crainte de le déranger, nous n'avions pas voulu rentrer dans sa chambre : un signe de son brosseur qui veillait avait suffi pour nous tranquilliser sur son sort.

Notre thérapeutique baroque, mais énergique, a sauvé le bonhomme. C'est du moins l'impression que nous avons lorsque nous pouvons l'approcher à son réveil.

Les malaises, voire les maladies coloniales ont de ces bizarreries : ou on en meurt sans avoir le temps de se reconnaître, ou on en guérit de manière souvent bizarre, si bizarre même qu'aucun docteur n'oserait, par exemple, employer le remède appliqué à notre collègue. Nous ne rapportons ce traitement qu'à titre de curiosité et non pour l'indiquer dans un cas quelconque, d'autant que ce qui nous a réussi pourrait fort bien nuire à un autre malade.

Donc, après avoir fait brûler trois bouteilles de rhum, de manière à ce qu'il ne restât plus que 60 centilitres de liquide, nous fîmes absorber ce *punch* à René. La transpiration qui s'en suivit fut d'une abondance telle que par trois fois on dut le changer complètement de linge et de literie.

Faut-il attribuer à la sudation l'heureux résultat obtenu ? Nous ne le savons pas. Toujours est-il (et c'était l'essentiel) que notre camarade put se lever le lendemain de ce traitement et assister, comme il le désirait, aux obsèques de notre regretté Lagnel.

Porté par une douzaine de miliciens, le lourd cercueil en bois de *track* — recouvert seulement de l'uniforme bleu sombre où l'or des galons rutile sous le soleil — s'achemine lentement vers le petit cimetière. La compagnie de miliciens rend les honneurs au chef disparu et estimé. Le résident conduit le deuil, suivi par le petit groupe de fonctionnaires, le lieutenant commandant d'armes à Pursat et tous les militaires valides du poste français.

Devant la fosse béante, nous défilons tous, mais aucun discours n'est prononcé. A quoi bon des phrases pompeuses ? Quelques paroles d'adieu, dites par le résident, expriment mieux ce que nous pensons tous qu'un morceau de littérature de commande.

C'est fini. La petite nécropole abrite le dernier sommeil d'un nouveau broussard. Combien de Français viendront s'étendre côte à côte et dormir là dans cette sépulture lointaine ?

*
* *

Il faut maintenant évacuer les malades sur l'hôpital de Pnom-Penh, tous ceux du moins dont le transport est possible. Quelques-uns seraient incapables de supporter les fatigues du voyage par terre, en charrettes à bœufs. La situation devient embarrassante pour notre lieutenant qui remplit l'office de médecin-major. Malgré les demandes pressantes faites au Service de Santé, nous attendons toujours en vain l'arrivée d'un docteur.

L'hôpital de Pnom-Penh n'a pas de majors disponibles : ils sont dans la brousse, en tournée de vaccine. L'un de ces médecins doit passer par Pursat, on nous invite à attendre (!!). Les cas douteux ou graves sont traités à coups de télégraphe entre Pursat-Pnom-Penh, et vice versa.

A passer les nuits auprès des malades, tous les valides commencent à tomber de fatigue.

Nous ne nous couchons pas une nuit sur deux et encore devons-nous faire des rondes pendant la nuit où nous prenons du repos. Le dévouement du lieutenant est admirable, l'abnégation de nos hommes au-dessus de tout éloge. Mais les valides deviennent rares, l'infirmier du poste est maintenant alité, malade du surmenage qu'il s'est imposé en soignant ses camarades.

Par télégramme, nous réclamons d'urgence un infirmier à Pnom-Penh. Le télégramme suivant, nous informe que nous devons nous débrouiller avec nos seuls moyens.

La dépêche est suggestive, je la reproduis :

« *Très urgent, Armes Pnom-Penh à Armes Pursat.*

« *Impossible envoyer infirmier d'hôpital à Pursat 1155, 1419, 4174, 8494, 9581, thé chaud, rhum, limonade acide lactique, demandez résident ce qui manque et manière utiliser 1155, 5218, évacuez de suite, faites porter au besoin et télégraphiez départ.* »

L'ordre d'évacuation et la manière de l'exécuter sont tragiquement comiques. Cette inconséquence ne peut s'excuser que par l'ignorance de la situation topographique de Pursat, de la part du rédacteur de télégramme.

Le langage chiffré concerne un malade à toute extrémité dont l'évacuation sur l'hôpital s'impose avec évidence, certes. Mais c'est aussi tenter l'impossible. A l'époque où nous nous trouvons, les chaloupes ne peuvent remonter que jusqu'à Kompong-Chnang et encore. Nous avons déjà dit, que pour parvenir à ce point extrême du Tonlé Sap, il faut traverser la brousse en charrettes à bœufs et que le trajet, s'effectuant de façon normale, demande soixante-douze heures environ.

Le transport d'un malade ne peut se faire avec la même

rapidité. Les secousses d'une course rapide, dans des chemins (?) qui n'existent qu'à l'état d'ornières tracées par les roues, seraient fatales au moribond. Ce moyen de transport est cependant le seul possible, car il ne faut pas songer au portage : cinquante hommes suffiraient à peine pour assurer les relais pendant les cinq ou six journées du voyage.

Palanquin Annamite (1)

De plus on ne peut employer comme porteurs que des indigènes et nous ne devons pas laisser partir un homme..., un mourant, sans le faire accompagner par un Européen chargé de le soigner en route.

A ce malade, à cet infirmier, des médicaments et des vivres sont indispensables. Se représente-t-on un départ dans ces conditions, *alors qu'un seul homme bien portant, devant gagner Kompong-Chnang en charrettes, est forcé de réquisitionner trois véhicules ; un pour lui, un pour ses bagages et l'autre pour ses provisions et celles des conducteurs ?*

N'eût-il pas mieux valu envoyer à tout prix un médecin à Pursat, plutôt que d'infliger un pareil calvaire à un soldat hors d'état de bouger de son lit ?

Après de mûres réflexions, le lieutenant ne croit pas cependant devoir assumer la responsabilité de garder le malade à Pursat. Celui-ci, d'ailleurs, veut aller à l'hôpital pour rece-

1. Gravure extraite de l'ouvrage de P. Doumer. *L'Indo-Chine française.*

voir les soins d'un médecin. Il faut bien avouer que les malades sérieusement atteints n'ont pas une confiance suffisante dans la science médicale du lieutenant. Cela se conçoit et l'officier, lui-même, donnerait beaucoup pour ne pas remplir cet emploi auquel il n'est pas préparé par des études spéciales.

A cinq heures, nous organisons le départ du malade. Amaigri, claquant des dents malgré la chaleur et les vêtements

Charrettes à buffles au Cambodge

de laine qui le couvrent, nous l'installons dans une charrette tapissée avec un matelas. Un volontaire accompagne ce camarade dans une autre charrette ; les vivres suivront dans deux autres voitures. Le résident a mis deux miliciens à notre disposition, pour surveiller la marche de ce petit convoi...

Et maintenant, c'est dans quatre jours seulement que nous connaîtrons l'issue du voyage, l'ordre étant donné à l'infirmier volontaire de télégraphier aussitôt arrivé à Kompong-Chnang.

Je n'ai relaté ce cas, que parce qu'il était particulièrement grave et présentait tous les symptômes du choléra. Sur vingt-deux malades évacués, jamais nous n'avions eu de spectacle aussi lamentable...

La vie militaire était forcément suspendue dans le poste, faute d'hommes disponibles pour les exercices. L'effectif diminuait d'ailleurs à vue d'œil, avec ces départs sur Pnom-Penh. Je me demande quelle contenance nous aurions pu avoir, si le fortin avait dû supporter une attaque pendant ces journées d'épidémie ?

*
* *

« *Arrivés Kompong-Chnang, malade très fatigué, transporté sur chaloupe Pnom-Penh, part ce soir hôpital.* »

Ce télégramme nous rassure un peu sur le sort de notre malade qui, le lendemain matin, pourra se reposer dans un bon lit d'hôpital et recevoir enfin des soins éclairés.

Hélas ! le lendemain soir, un télégramme officiel venait nous faire connaître brutalement que notre camarade était mort, avant même d'arriver à cet hôpital où il voulait être soigné.

Nous n'avions que trop raison de croire à l'issue fatale du voyage. Serait-il mort à Pursat ? Peut-être.

*
* *

Les villages indigènes ont beaucoup souffert de l'épidémie cholérique. Le nombre des morts est très élevé. La Résidence, tout en voulant respecter les croyances et les usages religieux des Cambodgiens, ordonne, par mesure d'hygiène, que la crémation des victimes se fasse dans le plus bref délai. Au Cambodge, on brûle les morts ; mais si les funérailles diffèrent de celles des Annamites et des Chinois, ce n'est pas sous le rapport du bruit et de la gaieté. A ce point de vue, le Cambodge n'envie rien à la Cochinchine.

*
* *

Ce soir une animation extraordinaire règne autour de la bonzerie, de l'autre côté de l'arroyo.

Des pièces d'artifices sont tirées sur le sable de la rivière asséchée. La curiosité dirige nos pas de ce côté où nous pouvons aller sans recourir à une jonque pour traverser.

Sous le *wat* de la pagode une trentaine de bûchers flambent. Ces bûchers sont tous à peu près semblables. L'extérieur en est formé de troncs de bananiers verts superposés, enchevêtrés de manière à constituer les quatre parois qui s'élèvent à hauteur d'homme.

De petites ouvertures, pratiquées à la base de ces bûchers, assurent la combustion du bois qui se trouve à l'intérieur avec l'urne renfermant le cadavre momifié.

En arrière de ces bûchers, les bonzes en robes jaunes, accroupis autour d'une chaise monumentale où se tient leur chef, récitent des prières. Des torches de résine, fixées aux extrémités des bambous fichés en terre, éclairent de lueurs fantastiques cette mise en scène et la brousse environnante. Sous le couvert d'une *sala*, les familles et les amis des morts incinérés, boivent du thé, ou du *choum-choum*, chiquent le bétel avec frénésie.

L'odeur de chair grillée qui se répand à l'entour du lieu d'incinération, nous oblige bientôt à battre en retraite.

Vue d'un peu loin, cette fête cambodgienne produit une impression singulière. Les pièces d'artifices, les pétards, les lueurs étranges qui traversent le feuillage des arbres, ces bûchers crépitants, le bruit des gongs et la mélopée des bonzes en prières, font penser à quelque sacrifice hindou offert par des brahmanes fanatiques à leurs divinités. On s'attend presque à voir défiler, tout à coup, à travers la forêt, les bayadères et les grands prêtres de Brahma, en cortège imposant.

. . . .

Comme nous regagnons le poste une cérémonie bizarre arrête nos pas devant une case cambodgienne où se trouvent assemblés, à la lueur des torches, une vingtaine d'indigènes des deux sexes. Une musique assourdissante de tamtams, de flageolet et de gong se fait entendre, scandée par les cris gutturaux et sauvages des musiciens. Une femme se tient couchée, sur une natte posée à même le sol de terre battue.

Tout ce tintamarre paraît être fait en son honneur. Une vieille femme, à figure grimaçante de sorcière, se trémousse en une danse infernale. Brandissant un sabre de chaque bras, elle tourne autour d'un trépied constitué d'un tronc de bananier traversé par trois morceaux de bambou supportant une feuille de lotus et un petit monticule de graisse où brûle une bougie de bois de santal. A mesure que la sorcière s'agite davantage et se rapproche du trépied, la musique précipite son rythme, les cris deviennent plus perçants et nombreux.

La flamme de la petite bougie de santal communique le feu à la graisse posée sur le trépied.

Les tams-tams, les gongs, le flageolet, les chanteurs font rage, c'est une cacophonie impossible qui cesse lorsque la sorcière, croisant ses deux sabres, renverse le trépied d'un mouvement sauvage et terrible. Un grand silence suit cette scène assourdissante. De la case sortent maintenant deux femmes indigènes portant des étoffes neuves. S'arrêtant à quelques pas de la Cambodgienne étendue sur la natte, elles attendent que cette femme vienne les rejoindre, pour échanger ses vieux vêtements contre ceux qui lui sont présentés. La toilette terminée, la femme revient s'étendre à nouveau sur la natte et prépare une chique de bétel (1) qu'elle mâche aussitôt.

Les assistants, ravis de cet acte, sans doute, manifestent leur joie par des libations de thé et de *choum-choum*, cependant que la musique reprend de plus belle.

1. La chique de bétel se compose d'une feuille de bétel sur laquelle on étend une couche de chaux préparée avec des coquillages. Cette chaux est teintée avec l'extrait de la racine du curcuma. Un petit morceau de noix d'arec est roulé dans cette feuille prête pour la mastication.

L'usage du bétel déforme la bouche, altère les gencives et noircit les dents. Il est vrai que les dents noires sont le dernier mot du chic annamite. Pour arriver à ce résultat certains indigènes emploient même un produit spécial.

Nous croyons discerner que cette cérémonie a pour but de chasser le mauvais génie, le *Ma-Koui*, du corps de la femme étendue par terre et dont l'état de maladie n'est que trop manifeste. Pour mes compagnons et pour moi, nous sommes en présence d'un cas désespéré de choléra et on a fait venir la sorcière pour guérir la malade. Le rite du trépied renversé doit servir à détruire le fameux *Ma-Koui*. Ce mauvais génie parti et la femme habillée de neuf, la maladie n'existe plus ; elle veut le prouver en mâchant le bétel comme les gens bien portants.

Nous abandonnons la malheureuse et ses compagnons à leurs pratiques de sorcellerie ; il se fait tard et nous avons besoin de repos.

Le lendemain, en questionnant notre cuisinier annamite au sujet de la cérémonie de la veille, nous obtenons confirmation de nos hypothèses, en même temps que Daô nous annonce la mort de la femme indigène. Le *Ma-Koui* était revenu pendant la nuit pour se venger ! !

Avec de pareilles croyances et des moyens thérapeutiques aussi baroques, on devine le nombre des victimes indigènes qui succombent à l'épidémie.

Quelques jours après ces événements, nous recevions enfin la visite d'un médecin-major en tournée de vaccine. L'homme de l'art arrivait trop tard, mais enfin il arrivait. Nous aurions eu mauvaise grâce à nous plaindre, puisque, maintenant, les malades étaient tous à Pnom-Penh et qu'il ne restait plus dans le fortin qu'une vingtaine de personnes fatiguées, mais valides.

Et voilà, que par dessus le marché, il nous arrivait un médecin ! Pursat avait un médecin pour... trois jours ! On pouvait être malade, à cette heure ; on aurait la visite du médecin, les soins et les médicaments prescrits par le médecin. O ironie des choses ! Pendant trois jours, le clairon sonna la visite, mais pas un malade ne vint se présenter au médecin-major qui faisait les cent pas sous la véranda, passant et repassant devant le petit local de l'infirmerie du poste. Heureusement pour l'Esculape, sa science trouvait à s'employer auprès des Cambodgiens ; à défaut de clientèle européenne, les malades de couleur étaient suffisants.

Avant son départ, le médecin-major voulut nous prouver, en nous laissant le souvenir d'une vaccination générale, que sa visite ne serait pas inutile. Mais, décidément, ce pauvre médecin jouait de malheur ; huit jours après le lieutenant constatait le même insuccès du vaccin chez tous les inoculés !

Tout cela n'empêchera pas que Pursat ait eu, pendant trois jours entiers, un médecin, un vrai médecin. Et puis, faut-il le dire? Ayant constaté l'absence d'eau potable et condamné le système d'alunage des eaux destinées à la consommation, ce brave médecin-major voulut bien réclamer un filtre Pasteur, grand modèle, pour le poste. Depuis mon arrivée à Pursat je reproduisais régulièrement, sur les situations de dizaine et de quinzaine, une demande tendant au même but, demande que mon prédécesseur avait lui-même reproduite pendant une année,... sans résultat. Alors!!!...

*
* *

Une procession faite à l'occasion de l'épidémie de choléra mérite d'être relatée. Comme toujours il s'agissait de chasser le Ma-Koui, cause de tout le mal. Nous nous trouvions devant l'entrée du poste, lorsque nous vîmes arriver un cortège de Chinois et d'Annamites. Sur une plate-forme en bambous, portée par une douzaine d'Annamites, se tenait, assis, un grand diable à la figure barbouillée de vermillon, la tête couronnée de papier doré et le corps couvert d'étoffe rouge. La foule indigène suivait ce palanquin d'un nouveau genre en frappant sur des tam-tam ou des gongs. Tout ce monde vint se ranger autour d'un petit toit de pagode situé près du fortin. Là, un autel regorgeait d'offrandes de toutes sortes, mais surtout de victuailles. Un petit cochon de lait, cuit entier et rôti à point, trônait en bonne place au milieu des quartiers de porc, des poulets, des bols de riz, des bananes et des oranges. Tous ces *laïs* étaient destinés à séduire le *Ma-Koui*.

Mais voici que la plate-forme, ou plutôt le radeau de bambou est porté sur la rivière, cependant qu'éclatent les pétards, la musique des tam-tam et des gongs. Le personnage à face vermillonnée prononce alors des paroles magiques en gesticulant : il appelle tous les mauvais génies sur le radeau pour y déguster les offrandes. Au bout d'un quart d'heure de pantomime, le radeau, abandonné à lui-même, s'en va à la dérive; *Ma-Koui* est parti, et avec lui tous les malheurs. Pour fêter la délivrance, on recommence la procession, mais avec d'autres personnages et à grand renfort de lampions.

*
* *

La vie courante du poste, suspendue pendant plusieurs semaines, reprenait maintenant que l'épidémie avait cessé. Les premières pluies avaient dispersé le fléau comme par enchantement, aussi les indigènes revendiquaient-ils l'honneur d'avoir chassé le choléra avec le *Ma-Koui*. C'est un fait mainte fois observé, que le choléra sévit surtout à la fin de la saison sèche pour diminuer d'intensité, ou disparaître, avec la saison pluvieuse. Ceci connu, nous pouvions ramener à leur juste valeur les momeries annamites et chinoises.

La compagnie de Pnom-Penh nous envoyait ses *bons* sujets. L'effectif du poste se complétait chaque semaine.

Tirs, marches, exercices reprenaient comme par le passé. Comme jadis aussi, nos petites réunions chez les fonctionnaires avaient lieu de temps en temps.

La Résidence profitait des derniers beaux jours pour faire activer les travaux de construction des routes et, tout en surveillant ces intéressants travaux, organisait quelques chasses au conaï. C'était la bonne vie tranquille de la brousse, loin de la mesquinerie des villes.

Avec le mois de mai les orages devinrent fréquents. Chaque jour la tornade soufflait avec violence pour s'apaiser au bout d'une heure. Après ces sensations de fraîcheur, on respirait plus difficilement l'atmosphère redevenue brûlante et chargée d'électricité. Le soir, les nues avaient des lueurs d'incendie, se déchargeaient en éclairs si rapprochés que tout le ciel semblait embrasé. Tout à coup la pluie tombait en rafales, chassant tout le monde dans les habitations.

Adieu les belles promenades d'après-dîner ; les sentiers détrempés devenaient impraticables. Il fallait se résigner à se coucher tôt ou à s'enfermer dans la fumerie du commis des douanes, car depuis quelque temps je délaissais la paillotte de Thi-Nam.

Construction des routes au Cambodge.

La petite épouse annamite n'avait pas une conversation suffisamment intéressante pour lui consacrer mes soirées. Le langage petit nègre, pour amusant qu'il soit, constitue cependant une triste récréation de l'esprit ; à tout prendre je préférais encore le bavardage de mon ami Arthur et de ce pauvre diable de commis des douanes. Mon ami et collègue se laissait prendre aux douceurs de la drogue subtile, malgré mes avertissements.

Les premières pipes n'étaient pas nombreuses, mais déjà il arrivait à la vingtaine, au bout de deux mois de noviciat. Notre hôte, lui, ne comptait plus ses pipes, l'opium l'avait asservi au point de le ramener chaque soir, à la même heure, sur le lit de nattes. Ce fumeur enragé ne mangeait plus, la maigreur de son corps devenait effrayante ainsi que l'expression de son visage où le sourire ne se posait plus que rarement, et, encore, combien désabusé. Cet amant passionné de l'opium ne commençait à vivre que dans la fumerie, entre neuf heures du soir et cinq heures du matin. Pendant le jour il se traînait péniblement, ne sachant guère à quoi occuper son temps ; d'ailleurs tout travail sérieux lui était interdit, par suite de son état de délabrement physique. Rêveur éveillé, indifférent à tout ce qui l'entourait, ce fonctionnaire ne pouvait même plus exercer de surveillance sur le Chinois distillateur de *choum-choum*. C'était un homme perdu. Que de fois, le soir, n'ai-je pas essayé de le détacher de la pipette en animant la conversation, rien n'y faisait. En désespoir de cause, je lui demandai un soir pourquoi il fumait et quelles étaient ses sensations. Sous l'empire de la drogue, il parla d'une voix blanche et monotone que j'écoutai, renversé sur une chaise-longue, les yeux fixes perdus dans un nuage de fumée âcre.

— ... Je fume..., parce que là, seulement, j'oublie et que toutes mes désillusions, toutes mes rancœurs s'envolent pour faire place à la chimère que je prends pour du bonheur...

Je fume..., moins pour les rêves que pour ne plus songer à ce que j'aurais pu être si une femme, une jeune fille plutôt, n'avait pas trahi les serments échangés pour épouser un homme plus riche que moi... Pour oublier j'ai quitté la France, espérant, comme tant d'autres êtres meurtris par l'amour, que l'éloignement effacerait jusqu'au souvenir de l'infidèle...

Voilà deux ans bientôt que je suis à Pursat. Deux ans que je vis presque solitaire et pendant lesquels j'ai vainement appelé l'oubli.

Alors, je fume... ; je fume tous les jours et lorsque vers le matin, après avoir rêvé... à Elle, je m'endors brisé, j'ai pu croire que nous étions unis et que notre bonheur était complet et indestructible...

Pauvre, pauvre garçon ! Est-elle si condamnable cette passion de l'opium qui transporte l'être meurtri par l'existence au sein des paradis artificiels ? Peut-on comparer cette ivresse cérébrale à celle de l'alcool qui abrutit en avilissant ? Nous ne le pensons pas.

La morale n'a pas à s'alarmer pour le fumeur d'opium. Je fuierais un ivrogne que je n'hésiterais pas à fréquenter un fumeur d'opium.

Cette passion n'est pas dégradante ; mais si on doit la combattre avec énergie, c'est qu'elle annihile promptement toutes les facultés intellectuelles après les avoir surexcitées au suprême degré.

Dans son livre sur la *Vie française en Cochinchine* (1) M. Nicolas parlant de l'opium s'exprime ainsi au sujet des rêves : « Ces rêves n'ont rien de l'ivresse grossière que les ignorants leur attribuent, rien de la matérialité qu'on leur a prêtée. En réalité, ils ne s'adressent pas aux sens ; ils ne surexcitent que l'esprit. Et c'est là ce qui crée leur charme attirant et fait leur danger pour les classes élevées, chez lesquelles l'opium accomplit effectivement ses plus grands ravages.

« La fumée de l'opium est un stimulant de la pensée. Sous son action excitante, l'énergie cérébrale est demesurément accrue, la puissance de l'imagination centuplée ; les idées se succèdent, vives, pressées, rapides, avec une netteté, une lucidité admirables. Elles ne revêtent d'ailleurs aucune nature spéciale, ne prenant aucun tour obligatoire ; leur forme dépend uniquement du degré de culture intellectuelle du fumeur, de ses travaux habituels, du cours ordinaire de ses pensées. Mais elles ont ce caractère d'être toujours agréables et riantes. Qu'elles concernent le présent, qu'elles intéressent l'avenir, elles n'admettent ni ne prévoient aucun obstacle.

« Les difficultés sont aplanies, les dangers surmontés, les impossibilités supprimées, la souffrance ramène la fortune docilement enchaînée et le destin soumis !

1. Nicolas. *Notes sur la vie française en Cochinchine.* Paris (Flammarion, édit.)

« Les idées se suivent et découlent l'une de l'autre par association, comme dans la vie ordinaire de l'esprit. Seulement, ici, les conceptions sont plus intenses et plus fécondes. Le défilé est continu, prestigieux ; le jaillissement superbe, gigantesque. A travers les rêves de l'opium, l'indulgence et la bonté président à tous les rapports des hommes. La philosophie de Pangloss est la reine de l'Univers : tout est bien, tout est au mieux dans le meilleur des mondes !

« Les images prennent une vivacité, une forme qui vont quelquefois jusqu'à l'hallucination, et le fumeur, alors, voit, entend, sent réellement ce qu'il pense.

« A côté de cette action excitante sur le cerveau, s'en produit une autre tout opposée sur les sens.

« La sensibilité générale est émoussée, le système musculaire est anéanti. Le fumeur, après un certain nombre de pipes, suivant son degré d'intoxication, est étendu sur son lit immobile, les yeux fixes, la bouche entr'ouverte, le visage pâle, les traits figés dans une expression contemplative ardente. Il ne voit pas, il ne sent plus ; vous le touchez, il ne fait aucun mouvement ; vous prononcez son nom à son oreille, il ne témoigne par aucun signe qu'il ait perçu cet appel. Grâce à l'influence, qui a éteint sa faculté de recevoir des impressions, cet homme est isolé du monde extérieur. Cet état est particulièrement favorable au travail exclusif de son cerveau. Mis ainsi, en quelque sorte, face à face avec sa pensée, dans le silence de son corps dont il a perdu la notion, il la suit, cette pensée, il la contemple, ébloui de son éclat. Il assiste enivré, au spectacle de la grandeur et de la force de son intelligence librement développée. Un bien-être inexprimable l'envahit tout entier ; un double sentiment d'allégresse et de puissance infinie le pénètre.

« Il semble qu'il soit, pour un moment, débarrassé de son enveloppe humaine, qu'il ne vive plus qu'à l'état d'intelligence, qu'il atteigne à la forme idéale d'être immatériel, qu'il soit une âme échappée aux terrestres liens. »

Quoi de surprenant, après de pareilles voluptés, à ce que le fumeur ne puisse plus renoncer à ces rêves ? L'opium conduit à la mort, le fumeur le sait mieux que quiconque ; cependant il fume toujours, jusqu'à la minute suprême où, dans des crises de délire, il quitte le lit de nattes pour la tombe...

*
* *

Avec le mois de juin ce fut le déluge. Chaque jour des trombes d'eau s'abattaient sur le pays. On sortait par un temps splendide et, au bout d'un quart d'heure, alors qu'on se trouvait loin des habitations, une douche formidable venait vous cingler jusqu'aux moelles.

Comme seule ressource on pouvait espérer le retour du soleil qui, dix minutes après, venait sécher les vêtements de ses rayons puissants.

C'était tout à fait charmant.

Une nouvelle sensationnelle parvient au poste, les légations de Pékin ont été assiégées ; des ministres européens auraient été massacrés par les Chinois. Le télégramme Havas n'en dit pas davantage, c'est assez cependant pour que tous les marsouins se voient partis en Chine.

L'allégresse est générale et se trouve portée à son comble, lorsque le télégramme suivant nous est communiqué :

« Saïgon, 19 juin 1900, 6 h. 10 soir.

« Urgent. Commandant 11e marine à commandants détachements infanterie de marine Tayninh, Chaudoc, Pnom-Penh, Cap et Pursat.

« Prière indiquer télégraphiquement par grades nombre d'hommes susceptibles de faire partie d'un bataillon de marche. »

Tout le monde veut être porté sur la liste. Ceux que quelques jours de maladie font rejeter comme malingres, protestent de leur bonne santé et jurent leurs grands dieux qu'ils ne sont pas fatigués.

Force est bien de répondre :

« Effectif au complet disponible pour bataillon de marche : 1 lieutenant, 3 sous-officiers, 4 caporaux, 33 soldats. »

Six jours après, nouveau télégramme de Saïgon :

« Prière faire connaître urgence nombre d'hommes valides pouvant être mobilisés et nombre d'hommes fatigués. »

Décidément c'est sérieux. La réponse, cette fois, mentionne les malingres malgré les protestations.

Allons-nous partir ? Pourvu qu'on ne nous oublie pas dans notre trou perdu ! Si seulement les eaux montaient ! Mais non, malgré les pluies, l'arroyo n'est encore qu'un mince ruban d'eau incapable de supporter un sampan.

On ne peut cependant songer à quitter le poste en charrettes à buffles ! Qu'à cela ne tienne ; si nous partons en Chine on avisera bien pour trouver les moyens de gagner Kompong-Chnang, Pnom-Penh et Saïgon.

Les jours passent sans nouvelles ; pas même de dépêche Havas. Le 28 juin nous apprenons enfin qu'un bataillon de marche quitte Saïgon.

Et nous, alors ? Nous ne partons donc pas ? C'est un concert d'imprécations, les mots « d'injustice », etc., sont prononcés par tous les marsouins. Je sais que le lieutenant vient d'adresser une demande personnelle, pour être désigné d'office au prochain départ.

*
* *

5 juillet.

Nous sommes sans nouvelles, ou du moins sans nouvelles de ce qui se passe en Chine. Est-ce sérieux et pouvons-nous conserver l'espoir de partir un jour, si l'on forme un deuxième bataillon de marche ? Nous ne vivons plus que dans cette attente. La préparation des réjouissances du 14 juillet apporte quelque diversion à nos idées belliqueuses et conquérantes.

La fête nationale est particulièrement brillante aux colonies ; cette fête française doit toujours faire une impression favorable sur l'esprit des indigènes.

Sollicité par le résident, le lieutenant vient d'autoriser la troupe à participer au programme des fêtes. Je suis chargé d'organiser un spectacle. Cela me rappelle le « *Cholon* » et la fête donnée à bord avec le concours des militaires.

Quelques sujets intéressants se trouvant parmi les soldats du poste, ma tâche est singulièrement facilitée de ce fait. Après avoir cherché ce que nous pourrions bien représenter nous tombons d'accord sur le projet suivant :

Comme lever de rideau, une tabarinade précédant une partie de concert vocal.

Comme clou de la soirée, une pantomime en trois actes et quatre tableaux !!!

C'est merveilleux! Il ne s'agit plus que de mettre ce programme à exécution. Le lieutenant, à qui je fais part des grandes lignes du projet, approuve tout, en demeurant sceptique quant au résultat.

Une des grandes baraques servant de casernement à la milice indigène fera une salle de spectacle admirable. Long de plus de 60 mètres sur 8 mètres de largeur, suffisamment haut de plafond, ce local remplit toutes les conditions. Le résident accorde tout ce qu'on lui demande et met une dizaine de miliciens à ma disposition pour les gros travaux. Le montage de la scène, que je veux suffisamment vaste, s'opère rapidement, à l'aide de planches et de bambous. Le plancher de scène terminé, les répétitions commencent, pendant qu'un autre groupe procède à la confection des décors sur mes indications.

Le 13 juillet, à midi, tous les décors sont équipés et les répétitions terminées.

Pendant ce temps, les camarades du poste ne sont pas restés inactifs. L'entrée du fortin, les vérandas du blockhaus ont été superbement décorées par leurs soins. La flore exotique, largement mise à contribution pour cette circonstance, se trouve disposée en arceaux où pendent des lampions multicolores qui, dès ce soir, s'allumeront joyeusement.

A neuf heures, la retraite aux flambeaux se déroule sur le bord de l'arroyo jusqu'aux dernières demeures indigènes, pour revenir se disloquer dans les jardins de la Résidence.

Alors, comme les fonctionnaires et le lieutenant s'encadrent dans la baie de la salle à manger, un chant s'élève, puissant, sorti de toutes les poitrines des marsouins rassemblés en un chœur formidable. Dans la nuit, les accents de notre *Marseillaise* vibrent... et c'est très beau, si beau que le résident, après avoir fait verser le champagne et trinqué à la France avec tous les soldats, réclame une nouvelle exécution de l'hymne national...

14 juillet.

A sept heures du matin, le lieutenant passe la revue des troupes du poste en grande tenue de service. Aussitôt après, la liberté est accordée à tout le monde. Le programme officiel des fêtes indique, pour la matinée, des courses de chevaux, de charrettes à bœufs et d'éléphants, sur notre terrain de manœuvres et de tir converti en hippodrome pour cette journée.

La « tribune », ou plutôt la paillotte servant de tribune officielle, a été dressée en avant de la butte de tir, sur un terre-plein dominant les pistes entourées de palissades. A huit heures et demie du matin, Mr R*** résident, ayant pris place à l'ombre de la « tribune », entouré des fonctionnaires, du lieutenant, des sous-officiers du poste et des gouverneurs indigènes, le *starter* (*en l'espèce, le lieutenant indigène de la milice*) donne le départ pour une course au trot. Les petits chevaux cambodgiens, poussés par leurs cavaliers, prennent aussitôt le galop. Il faut recommencer, les disqualifiés étant trop nombreux.

Bien que les paris n'existent pas sur ce champ de courses, la foule bigarrée, qui s'écrase sur les barrières pour mieux voir, fait entendre des exclamations très nourries. Après cinq ou six courses de chevaux ne prouvant pas la valeur des gagnants, puisqu'il n'y a ni pesage, ni contrôle d'âge des sujets mis en présence, nous assistons à la fameuse course de charrettes à bœufs. Dans mes notes sur la Cochinchine (1) j'ai reproduit ce que M. Nicolas écrit dans son livre (2) à ce

1. Page 82.
2. *Loc. cit.*

propos ; je n'y reviendrai donc pas, la description faite par cet auteur étant fort exacte.

La course d'éléphants qui vient ensuite est bien la chose la plus curieuse qu'il m'ait été possible de voir jusqu'à ce jour.

Sur un signe du *starter*, les sept pachydermes, montés chacun par un cornac et un homme armé d'une pique spéciale, se mettent en mouvement, barétant de douleur sous la pointe des piques, redressant la trompe vers le ciel comme pour saisir le cornac et le jeter à terre. Après quelques centaines de mètres d'une course éperdue, l'éléphant de tête, bousculant les barrières, n'obéissant plus au cornac, s'enfuit dans la brousse suivi par tous les autres. Seul le plus petit des massifs coursiers, qui se trouvait éloigné et n'a pas vu le mouvement de retraite, poursuit sa marche, gagnant ainsi la course... dans un fauteuil. Les courses sont terminées, c'est l'heure de l'apéritif officiel où gouverneurs et Mé-Srok sont conviés par le résident.

Chaque gouverneur ayant derrière lui, en file indienne, ses chefs de villages se prosterne, en joignant les mains en signe de soumission, devant le représentant de la France.

La mine des gouverneurs est à peindre lorsque, goûtant au breuvage bizarre qui leur a été préparé et qu'on a rafraîchi à l'aide de morceaux de glace (1), ils expriment leur stupéfaction de le trouver aussi froid. Cette boisson glacée semble plutôt leur être désagréable, ils n'en passent pas moins leur verre aux Mé-Srok placés derrière eux et le récipient, de bouche en bouche, se trouve vidé par le dernier chef de village. L'usage cambodgien veut sans doute qu'il en soit ainsi. Boire dans le même verre que le gouverneur doit être un honneur auquel tous les Mé-Srok paraissent sensibles.

En cortège, toute la foule revient vers le village. Avant de

1. Pour le 14 Juillet, la Résidence avait fait venir à grands frais 500 kilos de glace à rafraîchir de Pnom-Penh ; lorsqu'elle arriva à Pursat, après son voyage en charrettes, dans la brousse, il en restait à peu près 100 kilos qu'on eut toutes les peines du monde à conserver pendant quarante-huit heures.

rentrer chez lui pour le déjeuner officiel, le Résident tient à venir au poste pour ouvrir le déjeuner des soldats d'infanterie de marine présidé par les trois sous-officiers.

L'ordinaire s'est surpassé, le menu surprend même le résident par sa longueur et sa composition choisie.

Après avoir levé son verre à la France et à l'armée, M. R*** donne rendez-vous aux soldats pour l'après-midi, à l'heure des réjouissances publiques.

On s'étonnera sans doute des détails relatés ici à l'occasion de la fête nationale.

Si j'insiste, c'est que pour des broussards les moindres événements prennent une grande importance. Il faut avoir goûté de cette vie, pour comprendre la puérilité de certains coloniaux.

A trois heures, malgré le soleil de plomb qui s'abat sur le sable, tous les marsouins se trouvent sur l'esplanade de la milice.

Sous des paillottes, des musiciens cambodgiens accroupis tirent des sons étranges d'instruments bizarres. Une sorte de piano retient mon attention. Qu'on s'imagine une table très basse en croissant très fermé. Sur cette table, encastrées dans des ouvertures circulaires des cloches de métal, semi-sphériques, présentent une surface arrondie aux marteaux de bois du musicien installé dans l'espace libre du croissant de la table d'harmonie.

Je ne saurais exprimer une opinion sur la musique cambodgienne : elle me déroute.

Désagréable ? Non ; beaucoup moins en tout cas que la musique annamite, grinçante, agaçante, que les frères de Goncourt (je crois), comparaient aux *miaulements de chats en chaleur*. La musique cambodgienne a quelque chose de mélancolique, d'indéfinissable, de mystérieux ; certains trilles des cloches ressemblent à de sanglots...

Les courses de pirogues sont très intéressantes. Les embarcations dont quelques-unes ont 30 mètres de long supportent jusqu'à vingt rameurs. Des divertissements de France trouvent également beaucoup de succès auprès des indigènes. Jeux de la cruche, du baquet, blanc et noir réunissent beaucoup d'amateurs. Jusqu'à la nuit, européens et indigènes fraternisent.

Je ne suis pas sans concevoir quelques craintes, au sujet de la troupe artistique de marsouins qui doit se produire, après le dîner, devant le lieutenant, les fonctionnaires européens et tous les indigènes. La joie de fêter le 14 Juillet a déjà fait tourner quelques cervelles de troupiers peu raisonnables ou trop altérés. A sept heures, cependant, tout mon monde est rassemblé « dans le théâtre ». Les deux heures de répit dont nous disposons avant la représentation sont nécessaires pour régler les derniers détails de mise en scène, le luminaire, les costumes, etc. Dame, nous donnons une véritable « première » !

La première partie du programme n'étant pas compliquée et parfaitement au point, je reste dans la salle pour jouir du coup d'œil. Tous les invités sont arrivés. On frappe les trois coups. Le rideau se lève sur un décor d'entrée de baraque de foire devant laquelle le barnum, entouré de sa troupe, débite son boniment en bon Marseillais qu'il est.

Il y a là des lutteurs, des clowns, un homme sauvage, des gymnastes et un dompteur. Les lutteurs jettent des gants à l'assistance, comme à la foire du Trône ; les clowns font des cabrioles et l'homme sauvage boit du pétrole et mange du verre. *Entrez ! ! Entrrrez !!! On commence, c'est 10 centimes, deux sous pour les militaires et bonnes d'enfants. Ent...rrez entrr...ez ! !* Un changement de décor, (à vue, s'il vous plaît), et c'est un théâtre de verdure qui s'offre à nos yeux, pour la partie de concert. Maintenant c'est le grand coup : la pantomime à spectacle : comment allons-nous nous en tirer? Pour cette seconde partie, j'avais réglé un scénario, en prenant pour thème un épisode fantaisiste de la guerre franco-allemande de 1870.

Dans une ferme isolée, près de Bazeilles, des paysans consternés écoutent les derniers bruits de la fusillade déjà lointaine. Comme ils vont se mettre à table pour le repas du soir, on frappe à la porte : c'est un officier d'infanterie de marine blessé qui s'est traîné jusque-là. On s'empresse autour de lui, on panse les blessures. Se sentant plus fort maintenant, l'officier songe à repartir malgré les prières des braves paysans qui lui montrent ses blessures. Il faut qu'il parte ; une mission à remplir qui ne souffre aucun retard. Comme il va sortir, une reconnaissance prussienne fait irruption dans la maison. Avant même que l'officier français ait pu faire un mouvement il est saisi par les soldats ennemis, désarmé et solidement garrotté sur l'ordre de l'officier prussien.

Les paysans terrorisés essaient de fuir, mais on les enferme aussitôt dans une chambre devant laquelle une sentinelle est placée. L'interrogatoire de l'officier français ne donnant aucun résultat, on le fouille et les documents qu'il était chargé de porter tombent aux mains du Prussien dont le visage s'éclaire d'un rire de triomphe. Mais il lui faut poursuivre sa reconnaissance. Laissant son ennemi sous la garde de trois sentinelles, il part avec le reste de sa troupe.

Au deuxième tableau, toujours le même intérieur de ferme. Ficelé, dans un coin, l'officier français essaie en vain de se débarrasser de ses liens pendant que ses gardiens, las d'attendre leur chef, vident force bouteilles dérobées dans la cave des paysans.

L'ivresse les gagne et ils se querellent au point de dégainer leurs sabres-baïonnettes.

Mais la vue d'une bouteille encore pleine les reconcilie : ils boivent... et finissent par s'endormir sur la table, l'un d'eux plus ivre roule à terre. En rampant l'officier français s'approche de l'ivrogne et se servant du sabre-baïonnette qui traîne à terre réussit à couper ses attaches. Il fuit.

Troisième tableau. — Le jour va poindre. Arrivé vers un petit bois le fugitif est reconnu par la sentinelle d'un avant-poste français. Le sergent qui commande cette poignée d'hommes arrive et le jeune lieutenant lui raconte son aventure. Il faut à tout prix reprendre les documents tombés aux mains des Allemands.

Alerte ! La sentinelle vient d'apercevoir une petite troupe ennemie. Il faut l'attirer dans une embuscade.

Au moment où la reconnaissance passe, des coups de feu éclatent ; les Prussiens surpris ont à peine le temps de chercher un abri. La fusillade crépite, attirant du renfort du côté des Français.

Quatrième tableau. — Cernés dans une clairière, écrasés par le nombre, les Allemands sont faits prisonniers. Par un curieux hasard, le chef des vaincus est celui-là même qui, quelques heures auparavant, a dépouillé le lieutenant français. Sous la menace des baïonnettes qui se croisent, il restitue les documents auxquels le lieutenant attache tant de prix. Grâce à cette victoire, l'armée française recevra les ordres du général en chef.

Malgré ses invraisemblances cette pantomime remporte un succès prodigieux, dû surtout à l'entrain des marsouins chargés de la représenter. La mise en scène facile, mais bien comprise, les bruits de coulisses réglés à souhait font que la réussite dépasse toutes mes espérances. Avant d'emmener souper toute la troupe à la résidence M. R*** sable le champagne avec les *artistes*.

15 juillet.

Comme le clairon sonne le réveil, nous quittons la Résidence où nous avons soupé après les soldats.

Il s'agit de prendre un peu de repos.

Dans la journée, un télégramme Havas nous apporte des nouvelles de Chine. Les combats des 13 et 14 juillet sont des victoires pour les troupes internationales.

Vive la France ! On marche sur Pékin. Tout va finir sans nous. Ce sont les troupes de France qui vont être chargées d'aller renforcer les effectifs actuellement en Chine. Malheur !

20 août.

Depuis quelques jours les télégrammes Havas sont plus nombreux ; nous savons que les troupes alliées sont entrées dans Pékin. La campagne de Chine est-elle terminée ?

3 septembre.

Je suis rappelé à Saïgon ! L'ordre est très laconique ; je dois partir par le premier courrier. Serais-je désigné pour le nouveau bataillon de marche ? Voilà qui serait de la veine. Mes deux camarades sont navrés. Certes, ce sont deux amis et s'ils sont contrariés ce n'est pas parce que je suis choisi, mais bien parce qu'ils sont obligés de rester à Pursat, alors que je vais sans doute partir pour la belle vie de combats.

En hâte, j'entasse tout mon matériel dans des malles. Mes bagages, rendus nombreux par les collections d'objets accumulés, ne sont pas sans m'inquiéter quelque peu. Où vais-je pouvoir caser tout cela, à Saïgon ?

La comptabilité en règle et mes fonctions transmises à l'un de mes collègues, il faut songer à faire les adieux aux Européens du poste.

Tout cela est si rapide que, lorsque deux jours après je m'embarque dans un sampan, il me semble que je viens de rêver pendant quarante-huit heures.

5 septembre.

Adieu Pursat, adieu chers amis et camarades, avec qui je viens de passer une année. Malgré la peine que j'éprouve à quitter ces compagnons d'armes, aucune tristesse n'est en moi. La vie nouvelle espérée me fait voir tout sous des dehors agréables. Dans l'enthousiasme, je commets la maladresse d'écrire à ma famille mes espoirs d'aller en Chine. Pourquoi ai-je écrit cela ? C'est stupide. Ces lettres sont de nature à effrayer, bien inutilement, mon père, ma mère et ceux que j'aime.

Le niveau des eaux est considérablement augmenté et ce n'est plus une navigation pénible comme à notre voyage d'arrivée. On glisse avec rapidité sur l'arroyo grossi de toutes les pluies. A deux heures du matin, nous stoppons à la bonzerie de Kanthior où les rameurs prennent quelques heures de repos. Dans la pagode silencieuse, brûle le grand cierge *Tien-Prasa,* dont la clarté filtre à travers les panneaux de paillotte. C'est l'époque du carême, le *Prasa* célébré en l'honneur de Bouddha pendant les mois d'août à octobre (1). Les moustiques me font regagner la moustiquaire dont j'ai eu soin de munir l'intérieur du sampan. Le silence étant absolu, je m'endors au point de ne pas m'apercevoir du moment où nous quittons la sala.

Réveillé peu après cinq heures, je stimule le zèle des rameurs en versant à chacun d'eux une rasade de tafia. La glissade continue à travers la forêt dont les arbres sont noyés par l'inondation.

Maintenant nous voguons entre les plus hauts bouquets d'arbres, il serait impossible de discerner le lit de l'arroyo, au milieu de cette nappe liquide immense, parsemée de verdure.

La forêt, ensevelie sous les eaux, ne laisse émerger que les toutes dernières branches des plus grands spécimens

1. Boudda profitait de ces mois pluvieux pour suspendre ses voyages à travers l'Inde. Le Grand Ascète consacrait ce repos annuel à l'éducation de ses disciples.

de la flore équatoriale. Le curieux spectacle ! Les rameurs cambodgiens, ne se souciant plus de l'arroyo, gagnent le Tonlé Sap par la ligne droite, arrêtés seulement par les îlots de verdure qui, parfois, barrent la route au sampan. Vers deux heures, les grandes voiles, en paille de riz, des jonques de pêche, annoncent que nous arrivons au grand lac.

L'animation est très grande en cet endroit ; c'est l'époque de la pêche et de véritables villages de sampans se sont constitués sur le lac.

Le poisson, très abondant, que les pêcheurs préparent sur place, répand, — en séchant au soleil sur des claies de bambous, — une odeur qui impressionne désagréablement l'odorat le moins susceptible. La préparation de l'huile, qui se fait avec les têtes de poissons, est un spectacle qui soulève le cœur de celui qui veut le contempler d'assez près.

Nous accostons, enfin, à la sala flottante qui marque l'entrée de la rivière de Pursat ; il ne reste plus qu'à attendre l'arrivée du vapeur revenant du Siam.

On grille littéralement dans cette sala ; l'attente se prolonge à tel point que je me demande si nous n'avons pas manqué le passage du bateau.

Non, des coups de sirène, encore lointains, viennent me rassurer. Les rameurs cambodgiens ont entendu aussi et songent à reprendre les avirons.

Voici le « *Battambang* » qui paraît et s'avance rapidement vers les sampans.

Depuis tantôt dix mois que je n'ai pas aperçu de vapeur, le « *Battambang* », pourtant de faible tonnage, me fait l'effet d'un transatlantique superbe ! A la coupée, j'ai l'agréable surprise d'être reçu par un jeune commissaire ayant fait le voyage de France à Saïgon avec moi, sur le « *Cholon* ». La connaissance est vite refaite ; avant même que les bagages ne soient transbordés, nous sommes les meilleurs amis du monde. Jusqu'au dîner nous bavardons ; avide de nouvelles je ne cesse pas de questionner le jeune Marais sur nos anciens compagnons de voyage.

Beaucoup ont disparu de Saïgon, dispersés dans les postes de l'intérieur ou rapatriés. Certains sont morts.

Quelques Européennes, accompagnées de leurs maris, se trouvent sur le paquebot des Messageries fluviales. Ces personnes reviennent d'Angkor et ne tarissent pas de raconter les merveilles qu'elles viennent de voir. La conversation du dîner roule entièrement sur ce sujet palpitant. La table a été dressée sur le pont, à l'avant. Une brise légère vient nous caresser le visage pendant le repas. On est si bien absorbé par la conversation qu'à dix heures tout le monde paraît surpris que le capitaine pense à aller se coucher.

Le lendemain matin, de fort bonne heure, nous sommes à Kompong-Chnang où nous faisons escale pendant près de deux heures.

A cette époque de l'année, l'aspect de Kompong-Chnang n'est pas tout à fait le même que lors de mon premier passage, en décembre de l'année précédente.

Les radeaux qui supportent les paillottes ont été tirés vers la terre, au fur et à mesure que les eaux montaient. Ces habitations présentent au moins l'avantage de permettre un déplacement facile, quand l'endroit primitivement choisi a cessé de plaire. On détache sa maison des poteaux qui la retenaient et on va se fixer sur un autre point de la rivière.

Une assez belle pagode domine la ville de Kompong-Chnang qui est un centre commercial important. On fabrique ici des poteries rustiques destinées, pour la plupart, à la fabrication et à la conservation du *nuoc-mam* (1).

---

1. Le *nuoc-mam*, qui est un condiment fort apprécié des indigènes d'Indo-Chine, se fabrique en entassant, dans de grands récipients, du poisson avec des couches de sel.

Le tout, étant abandonné à l'action de la fermentation, se décompose ; au bout de quelques mois la préparation répand une odeur épouvantable et présente l'aspect d'une bouillie noirâtre où les asticots se plaisent à merveille.

Un peu plus tard, il se forme un liquide semblable à de l'huile. On tire cette huile pour la faire bouillir ; après quoi on laisse déposer le liquide dans des poteries spéciales.

On prétend que les mets assaisonnés de *nuoc-mam* ont un goût excellent ; la manière dont il est préparé m'a toujours empêché d'apprécier à sa juste valeur ce condiment asiatique.

La rivière se rétrécit après Kompong-Chnang. Nous traversons une forêt où les lianes sont particulièrement nombreuses. Puis ce sont de pauvres petits villages qui s'échelonnent sur les rives. Vers deux heures nous sommes à Pnom-Penh. Le fleuve arrive maintenant au ras du quai de débarquement, modifiant sensiblement l'aspect du rivage que nous avions vu tout autre dix mois auparavant.

Le «*Battambang*» ne repartant que le lendemain matin pour Saïgon, je suis placé en subsistance au poste, pour la soirée et la nuit. Le sergent-major, venu à l'appontement, me conduit auprès du capitaine que je n'ai pas encore l'honneur de connaître. Celui-ci nous reçoit dans une tenue n'ayant de militaire que le casque. On voit que le commandant de compagnie vient de faire la sieste, il est encore en *kéo-kécouan*, tout comme un *nhaqué*. La conversation, plutôt familière, porte sur les nouvelles de Pursat, la santé du lieutenant et de la troupe. J'ose demander au capitaine si je suis désigné pour le prochain bataillon de marche, mais il ne peut me renseigner. Tout ce qu'il sait, c'est qu'un bataillon est sur le point de partir.

Après avoir promis à mon chef de venir lui faire mes adieux le lendemain, nous allons, le *doï-boum* et moi, retrouver les autres sous-officiers à la popote, pour attendre cinq heures, l'heure de l'apéritif obligatoire.

Après le dîner, les anciens veulent entraîner le groupe du côté des petites maisons japonaises, mais je sais résister victorieusement à leurs tentatives de débauche.

Tout à coup, je me souviens de Thi-Nam ! Dans la précipitation à quitter Pursat, j'ai oublié de lui faire mes adieux. Pauvre petite *congaïe*, que va-t-elle penser ? Bah ! Souffrira-t-elle seulement ? J'ai la conviction que les consolateurs ne lui feront pas longtemps défaut. Toutefois, cette conduite à l'égard de la petite épouse annamite est peu convenable. Ma conscience a des remords, positivement.

8 septembre.

Décidément je ne connaîtrai jamais Pnom-Penh autrement que vue de loin, du pont d'un bateau. L'après-midi et la soirée d'hier ont si rapidement fui, que ma curiosité n'a pu se satisfaire au sujet de la capitale du Cambodge. Je le regrette, sans cependant m'attarder à ce détail. Mes notes de voyage trouveront une compensation en Chine. Tout est donc pour le mieux.

Les paysages vus l'an dernier n'existent plus. C'est bien toujours la même débauche de verdure, mais au delà de l'immense nappe d'eau que roule le Mékong en pleine crue. Le fleuve, à lui seul, est un spectacle imposant, splendide.

L'inondation couvre une étendue considérable. Des îlots de verdure viennent rappeler la forêt inondée, au voisinage du Tonlé-Sap.

Cette crue n'est pas le seul fait des pluies torrentielles de la saison, mais aussi et surtout le produit de la fonte des neiges des hautes régions thibétaines. Le Cambodge ne ressent les effets de cette fonte des neiges, que plusieurs mois après qu'elle a commencé. Il ne faut pas oublier, en effet, que le Mékong — qui sort bouillonnant de la Chine, en rapide torrent resserré, — s'attarde ensuite sur des largeurs prodigieuses, s'endort en caressant de ses flots des îles innombrables. Puis, impétueux à nouveau, s'engageant dans des gorges profondes, il lutte victorieusement à travers les roches, écumant de sa course vertigineuse, jusqu'au moment où la masse formidable de ses eaux contenues se répand à l'entour des îles et des îlots verdoyants et s'élargit sur vingt kilomètres environ. Majestueux, en cataractes grondantes, il précipite enfin sur Khong ses flots ocreux qui vont pénétrer au Cambodge comme en pays conquis, dans ce Royaume des Eaux où le Mékong est bien souverain maître. Plus calme, alors, il s'étend sur son empire et coule vers la mer, en apportant la richesse moissonnée un peu partout sur son long parcours de quatre mille kilomètres.

A Mytho, où nous arrivons à la nuit tombante, la marée,

qui se fait sentir jusque-là, oblige le « *Battambang* » à manœuvrer pendant vingt minutes contre le courant afin de pouvoir accoster. Les belles dames et leurs compagnons abandonnent le bateau pour regagner Saïgon par chemin de fer. Seul des Européens, je reste, pour tenir compagnie au capitaine et au commissaire du « *Battambang* ».

Aussi bien, la feuille de route ne me permet pas d'utiliser la voie ferrée. Une nuit est si vite passée, que je me console aisément de l'obligation où je suis de coucher à bord.

9 septembre.

Pour une arrivée, c'est un bon début. Je suis à l'hôpital, non pas comme malade, mais de planton à la porte. Pour un fourrier, ce n'est pas mal. Ce matin, après avoir eu toutes les peines du monde à faire transporter les quatre malles qui constituent mon bagage, j'arrive à la citadelle, flanqué de deux coolies annamites traînant une charrette. L'adjudant de semaine me cueille au passage et me commande de planton pour la relève de cinq heures. J'étais attendu ! mais tout cela n'est rien, auprès de la surprise qui m'est réservée. Jamais il n'a été question de mon départ avec le bataillon de marche qui, d'ailleurs, *a quitté Saïgon depuis quarante-huit heures*. On a rappelé tous les fourriers des postes, pour remplir les fonctions de sergents à la portion principale ! La voilà bien ma veine ! En fait de Chine, on va *briquer* du service à Saïgon. Maintenant, je peux en toute conscience tranquilliser ma famille, ce n'est pas ici que je courrai de grands dangers !

11 septembre. A bord du « *Battambang* ».

Cette fois, je n'en reviens pas et l'administration militaire a des secrets qui resteront toujours mystérieux pour mon intelligence ! Alors que je rentrais hier soir à la citadelle, après le planton terminé à l'hôpital, l'adjudant de semaine (toujours) m'informe que, par ordre du commandant-major, je retourne à Pnom-Penh par le bateau qui part le soir même à dix heures. C'est le comble ! J'ai tout juste le temps de manger en hâte la ratatouille de la cantine et de faire charger tout mon fourbi sur deux malabares. Par une pluie battante j'arrive à l'appontement des Messageries fluviales où le « *Battambang* » procède à son chargement. Si j'avais su

PNÔM-PENH. La pagode royale du Pnôm.

reprendre passage aussitôt je ne me serais certes pas embarrassé des bagages maudits.

Le petit commissaire qui m'aperçoit, semble ahuri :

— *Comment, vous voilà? Vous retournez à Pnom-Penh?*

— *Vous voyez, il paraît que ma présence est nécessaire au Cambodge.*

C'est à se rouler. Ainsi, pour un prétexte que j'ignore, on trouve utile d'imposer quatre jours de voyage à un sous-officier, pour le renvoyer, vingt-quatre heures après, dans l'endroit où il aurait pu rester !

12 septembre.

A Pnom-Penh aussi, je suis attendu ! Les sous-off's me passent à la... Chine. Pour trivial qu'il soit, le mot est de circonstance.

Enfin, il faut en prendre son parti, j'aurai du moins la consolation de visiter Pnom-Penh en détail, puisque le capitaine vient de dire qu'il me gardait. Encore heureux qu'on ne me mette pas à la porte de tous les côtés à la fois !

28 septembre.

Voilà un an, à pareil jour, nous débarquions à Saïgon, après vingt huit jours de traversée. Encore une année à passer, et, à moins de circonstances imprévues, nous serons de retour en France.

Depuis quinze jours que je suis à Pnom-Penh je regrette Pursat et la vie tranquille de ce poste, perdu, il est vrai, mais où nous vivions en famille.

Maintenant que je connais la capitale cambodgienne rien ne me retiens plus ici. Et puis, je ne fais pas très bon ménage avec le sergent-major. D'autre part, les sous-off's ayant tous des maîtresses annamites sont rarement au poste le soir, si bien que je suis un peu isolé. Les Européens de Pnom-Penh (je parle des fonctionnaires), étant en assez grand nombre, forment un clan fermé où le capitaine lui-même ne fréquente guère. En définitive, je m'ennuie ferme.

∴

Pnom-Penh, capitale actuelle du Cambodge et résidence royale (1), est une ville de construction récente. En 1896, encore, il n'y avait, sur cet emplacement admirable, que des cases annamites ou cambodgiennes, à l'entour du palais royal à l'architecture banale. Avec un phare et un pont-levis inutiles, voilà quelles étaient les curiosités. Phare et pont-levis avaient servi à enrichir des entrepreneurs européens peu scrupuleux, aucune de ces constructions ne répondant à un besoin. Depuis cette époque, des monuments et des habitations à l'européenne se sont élevés. Un hôtel des Douanes et Régies, un palais pour les Postes et Télégraphes et un hôtel de ville imposant ornent, maintenant, les plus beaux quartiers de la grande cité qui ne compte pas moins de quarante mille habitants.

La situation merveilleuse de Pnom-Penh était d'ailleurs un sûr garant que les efforts tendant à l'organisation d'un grand centre commercial ne seraient pas inutiles. Placée, comme nous l'avons déjà dit, au confluent du Mékong et du Tonlé Sap, la ville se trouve en communication constante avec le Laos, le Siam et la Cochinchine. Son développement est appelé à devenir considérable.

Un monument retient surtout l'attention lorsqu'on visite la capitale du Cambodge. C'est le *Pnom*.

Les Parisiens ont pu voir, à l'Exposition de 1900, la reconstitution de cet édifice dont nous reproduisons d'ailleurs une photographie. Le Pnom a donné son nom à la ville qu'il domine du haut d'une colline, au sommet de laquelle on accède par un fort bel escalier de pierre. Le jardin d'acclimatation qui se trouve au pied du Pnom est très intéressant, bien tracé et sert de promenade à la colonie européenne.

---

1. L'ancienne capitale du Cambodge était Oudong (la ville sacrée), située à 40 kilomètres environ de Pnom-Penh.

On s'y rend par la rivière du Tonlé Sap jusqu'à Compong-Luang et, de ce point, par une chaussée élevée couvrant les 8 kilomètres qui séparent Oudong de la rivière.

La visite de Oudong ne présente pas un intérêt considérable, maintenant que la résidence royale est, depuis 1886, transférée à Pnom-Penh.

L'endroit est tout à fait ravissant.

Le palais de S. M. Norodom Ier se trouve à l'extrémité de la ville, presqu'en face de l'endroit du Mékong appelé les *Quatre bras*.

Un mur énorme, crénelé, tout blanc, entoure les bâtiments disparates qui composent la résidence royale. Rien ne peut

PNOM-PENH. L'entrée du Palais Royal et le mur d'enceinte

faire supposer qu'un souverain habite en ces lieux abandonnés et malpropres. C'est une succession de cours malodorantes où l'on voit quelques Cambodgiens misérables accroupis par terre. Le pavillon qui sert d'habitation au roi est un vilain petit chalet couvert en zinc, n'ayant aucun caractère cambodgien. Comme demeure royale, c'est tout simplement piteux.

Dans une immense cour dallée, se dresse, encore inachevée, une pagode d'un luxe criard, qui a dû coûter fort cher au monarque cambodgien. L'intérieur est d'une banalité révoltante. Les fresques, exécutées par des artistes indigènes, n'ont aucune beauté et les scènes représentées sont loin d'avoir la signification qu'on a cherché à leur donner. Pour comble d'anachronisme, le sol de cette pagode se trouve recouvert avec des dalles d'argent ornées de motifs empruntés à l'art décoratif occidental.

Dans cette même cour se trouve la statue équestre de Norodom. La façon dont le souverain eut sa statue est assez piquante pour que nous reproduisions le passage du livre de M. Doumer (1) qui a trait à cette fantaisie royale (2) : « Un des commerçants français établis au Cambodge persuada au souverain qu'il devait, pour assurer sa glorieuse renommée, avoir à Pnom-Penh sa statue, une statue monumentale, équestre pour être digne d'un puissant monarque. Muni d'une commande en forme, pour un prix forcément très élevé, et de plusieurs photographies de l'auguste modèle à reproduire, il se rendit en France. On était aux environs de 1872. Notre commerçant découvrit chez un fondeur une statue équestre de Napoléon III, achevée au moment où éclata la guerre et restée en magasin.

« On pouvait se la procurer à bon compte, au prix de la matière. Mais, comme Napoléon ne ressemblait pas du tout à Norodom, la tête de la statue fut sciée : une tête pouvant passer pour celle d'un Cambodgien fut modelée d'après les photographies, fondue et soudée sur le corps de l'ex-empereur des Français. Quelques mois plus tard, la statue arrivait à Pnom-Penh ; elle fut trouvée magnifique et élevée devant le palais royal, en face du fleuve majestueux. L'énorme cheval et le corps de Napoléon III, surmonté de sa tête d'emprunt, portent dès aujourd'hui jusque vers le ciel et diront aux âges futurs la gloire du roi Norodom. Ils diront aussi, aux gens informés, que la destinée des hommes et des choses est parfois bien étrange. »

La fameuse salle des fêtes, où évolue le non moins fameux corps de ballet (3) n'a pas plus de majesté que les autres parties du palais.

1. *L'Indo-Chine française*. Paris, 1905 (Vuibert et Nony, éditeurs).
2. Le roi Sisovath qui a succédé à Norodom, a, lui aussi, depuis quelques mois, sa statue au milieu de la ville de Pnom-Penh. La France a décidément la manie d'élever des statues. Depuis longtemps. on n'attend plus que les gens soient morts pour les couler en bronze ou les sculpter dans la pierre.
3. Corps de ballet que les Parisiens ont pu voir ces dernières années à Paris.

C'est un grand hangar ouvert à tous les vents, sauf du côté où se dresse le trône du haut duquel le roi assiste aux représentations.

Les récits qu'on a faits de ces séances chorégraphiques sont très exagérés et n'ont rien de la splendeur relatée par certains auteurs moins soucieux de vérité que d'étonner le lecteur. Certes, le spectacle est suffisamment curieux, mais la richesse des costumes des danseuses n'est pas mise en valeur sous la clarté falote des lumignons fumeux de la salle des fêtes de Pnom-Penh. La présence du roi ne rehausse pas, non plus, l'éclat de ces réjouissances. Vêtu le plus souvent d'un sampot et d'une veste de propreté douteuse, le monarque, tout en s'intéressant aux évolutions de ses danseuses, chique le bétel et crache aussi malproprement que le dernier de ses sujets.

Danseuse royale au Cambodge

Les contorsions du corps, des bras et des mains, plus que les mouvements des jambes, caractérisent la danse cambodgienne qui demeure incompréhensible pour le profane ignorant la signification des scènes du *Ramayana* (1), généralement représentées par le corps de ballet.

L'entrée du harem — où Norodom entretient trois cents femmes — étant interdite, il ne nous reste plus qu'à sortir du palais et à visiter la curiosité qui se trouve juste en face.

Dans une case aux toits retroussés, selon la mode cambodgienne, se trouve l'animal sacré : l'éléphant blanc.

Le pachyderme que nous voyons n'est pas précisément blanc, mais puisque les indigènes le considèrent comme tel

1. Le *Ramayana* est le poème sanscrit de Valmiki relatant les aventures de Rama, divinité qui, dans la mythologie indienne, représente la septième incarnation de Vichnou, époux de Sita.

nous ne voyons aucun inconvénient à lui accorder cette couleur. D'après Bouinais et Paulus (1), l'animal « doit réunir un certain nombre de qualités déterminées par le rituel traditionnel. Les taches blanches qui ont fait donner à l'animal le nom d'*éléphant blanc* doivent être disposées dans un certain ordre ».

Il faut être initié, ou regarder bien attentivement le pachyderme vénéré, pour découvrir les taches blanches qui l'ont

La nouvelle pagode du Palais-Royal (Pnom-Penh, CAMBODGE)

élevé jusqu'à la quasi-divinité. N'ayant pu approcher l'éléphant de Pnom-Penh d'assez près, il m'est impossible de dire si les taches existent véritablement ; il semble toutefois que l'objet de la vénération des Cambodgiens possède une couleur moins foncée que ses congénères (2).

Le « tour d'Inspection » existe à Pnom-Penh, comme à Saïgon. La route, fort bien entretenue, suit toute la longueur des quais, pendant plusieurs kilomètres, jusqu'à un pont singulier situé en amont de Pnom-Penh et de l'autre côté duquel s'étendent la mission catholique et le village indigène. Ce

1. Bouinais et Paulus. *Le Royaume du Cambodge*. Paris, 1884.

2. Le culte de l'éléphant blanc vise sans doute Bouddha qui, d'après la légende, aurait annoncé sa venue sur la terre en prenant la forme d'un éléphant absolument blanc.

pont, dont nous avons déjà parlé, est tout au plus bon à rendre ridicule l'architecte qui l'a conçu.

Cette construction affreuse, qui veut être un pont-levis, n'en a pas l'apparence ni même l'utilité, puisque quelques tombereaux de terre eussent suffi pour combler le petit fossé sur lequel il est jeté. Comme pour le phare et la statue, on a abusé, là, de la vanité du vieux Norodom.

On poursuit la promenade de l'Inspection en contournant la ville jusqu'aux murs du palais royal, pour rentrer dans Pnom-Penh par les quartiers commerçants, où Chinois et Indiens tiennent des magasins bien achalandés. Après avoir traversé un pont métallique jeté sur un arroyo, on se trouve dans la ville européenne qui s'étend au pied de la colline du Pnôm.

Voulant me rendre compte des résultats obtenus par la mission catholique, j'ai fait une visite au village indigène situé, comme je l'ai dit, en amont de Pnom-Penh. L'église est la première construction que l'on aperçoit en arrivant. Quant au village il ressemble à toutes les agglomérations annamites, les cases y sont cependant plus propres que partout ailleurs. On ne voit pas de Cambodgiens dans ces parages. L'Annamite n'a pas, comme le Cambodgien, le respect de ses *bonzes,* il est donc plus facile à nos missionnaires de catéchiser les premiers alors que les seconds ne donnent que peu ou pas d'adeptes. D'autre part, l'Annamite est paresseux (le Cambodgien aussi) et je ne serais pas éloigné de croire que sa conversion au catholicisme cache un but intéressé.

Entraînés par leur zèle et leur désir de convertir le plus d'indigènes possible, les missionnaires améliorent la condition sociale de ceux qui viennent à eux, leur donnant même des subsides, Seront-ils récompensés de ces efforts et de leur générosité ? Je n'oserais l'affirmer.

Pnom-Penh. Retour d'une promenade à dos d'éléphants,
(on voit, dans le fond, le Pnom, cône de pierre qui surmonte la pagode royale.)

3 octobre.

Comme je quittais le poste, hier soir, pour faire une promenade en ville, grande fut ma surprise en apercevant, non loin de la demeure du Résident supérieur, Thi-Nám (la *congaïe* délaissée de Pursat) paraissant guetter le passage de quelqu'un. Je vis bien que ce quelqu'un devait être moi, car Thi-Nam s'avança aussitôt à ma rencontre. Pourquoi se trouvait-elle à Pnom-Penh et qui l'avait renseignée sur ma présence dans cette ville ? Mystère. Toujours est-il que la petite *congaïe*, toute souriante, marchait maintenant à mes côtés, bavardant comme si nous ne nous étions jamais séparés.

D'abord surpris en la voyant, je lui dis néanmoins :

— *Bonjour ! Thi-Nam ! y en a toi quoi çà faire Nam-Vian ?* (1)

— *Y'en a chercher doï te laï* (2).

En la questionnant, j'appris que, sous le prétexte de retourner auprès de ses parents qui habitent Banam, elle avait quitté Pursat avec des pêcheurs cambodgiens.

Ne pouvant obtenir de renseignements auprès des camarades, elle avait questionné les soldats du poste de Pursat ; voilà comment, sachant où j'étais, l'idée de venir me rejoindre, germa dans la cervelle de Thi-Nam.

L'intention était louable ; mais, en vérité, je ne me souciais guère de renouer des liens avec la petite Annamite et, cela, pour de multiples raisons, dont une seule était suffisante : la fidélité douteuse de Thi-Nam. A Pursat, quelques soupçons s'étaient implantés en moi qui avaient eu pour conséquence de me détacher peu à peu de la *congaïe*.

Je me souvenais que certain soir où nous rentrions de la chasse avec René B***, notre attention avait été attirée par un bruit suspect venant de la paillotte habitée par nos *congaïes*.

La nuit nous empêcha de distinguer le *nhaqué* qui s'enfuyait dans la brousse, après avoir traversé un des panneaux de feuilles de latanier constituant la paroi de la paillotte. Thi-Nam

1. Nam-Vian, en annamite, désigne Pnom-Penh.
2. Sergent-fourrier.

et sa compagne accusèrent bien le *ma-koui*, mais, pour nous, ce mauvais génie n'était qu'un amoureux. La certitude que nous portions des cornes, l'un ou l'autre (peut-être tous les deux), était aussi évidente pour René que pour moi. Malgré les serments de Thi-Nam, je tenais donc son affection pour suspecte. D'autre part, l'expérience faite de l'amour annamite, n'avait pas eu le don de me charmer. Certaines habitudes des *congaïes*, que je ne pouvais réformer chez Thi-Nam étaient pour moi l'objet d'une répulsion invincible. C'est ainsi que je ne pouvais supporter la vue de cette bouche rendue sanguinolente par l'usage de la chique de bétel. L'odeur de l'huile de coco, dont les femmes annamites font usage pour lustrer leur chevelure, me déplaisait également.

Un autre point, tout intime, celui-là, contrariait mes idées sur la femme ; il s'agissait du soin que les *congaïes* prennent de s'épiler... exagérément. Cette coquetterie.... spéciale, donne lieu à des... surprises, auxquelles les Européens ne sont pas habitués par les femmes françaises.

Et puis, faut-il le dire ? L'amour annamite devient par trop monotone à la longue. On se lasse de l'indolence des *congaïes*, de leurs gestes puérils et gnians-gnians.

Evidemment, leurs manières amoureuses ne sont pas désagréables, au début. Mais on désirerait, par la suite, un peu plus de fougue, plus d'élan aux minutes où, d'ordinaire, les baisers se changent en morsures...

Après lui avoir donné quelques piastres, en guise de cadeau d'adieu, je fis comprendre à Thi-Nam que le luxe d'une *congaïe* pour « moi tout seul » me semblait superflu.

— *Y'en a doï te laï concotott. Thi-Nam faire tièt* (1).

Avec un sourire incrédule, je la congédiai, sur ces paroles en langage sabir :

— *Y'en a toi oublier doï te laï maoulen* (2).

Trottinant vite et détournant la tête, comme pour cacher des larmes.... qui ne venaient pas, Thi-Nam, arrivée au bord

1. Sergent-fourrier pas gentil, Thi-Nam mourir.
2. *Maoulen*, très vite.

de la rivière, disparut... dans un sampan, le même sans doute, qui l'avait amenée à Pnom-Penh.

∴

On vient d'inaugurer en grande pompe le réseau qui, désormais, distribuera la lumière électrique dans Pnom-Penh. A cette occasion, le Gouverneur Général, M. Doumer, est venu tout exprès de Saïgon pour rehausser l'éclat de cette solennité par sa présence. Le vieux Norodom était aussi de la fête, nous avons pu le voir aux côtés des représentants de la France et au milieu de tout un état-major de ministres cambodgiens en sampots. Le monarque se désignait à l'attention par un costume de général français. Quand je dis costume, il s'agissait tout simplement du képi et de la tunique, car il avait conservé le *sampot* national en guise de pantalon. Des bas blancs et des souliers à boucles d'argent complétaient, avec un grand sabre orné de pierreries, cette tenue... militaire. C'était tout simplement grotesque, mais le brave Norodom avait l'air très satisfait de son uniforme. La musique royale vint, dans l'après-midi, donner une aubade au Gouverneur Général qui logeait à la Résidence supérieure.

Je ne crois pas avoir entendu jamais pareille cacophonie. La musique exécutée dans de semblables conditions est un supplice pour ceux qui l'écoutent, mais Norodom voulait honorer M. Doumer. Je doute, toutefois, que celui-ci ait été sensible à cette attention du Souverain.

Les rapports du Gouverneur Général avec le roi du Cambodge n'ont pas toujours été empreints de cordialité. Si certains actes accomplis par M. Doumer ont pu plaire à Norodom, il en est d'autres, par contre, que notre protégé n'a pas trouvés de son goût. La suppression des jeux, dont nous avons déjà parlé, rentre dans cette deuxième catégorie.

Ce pauvre souverain a dû faire, d'ailleurs, d'amères réflexions au sujet du protectorat français, tel qu'il était compris il y a quelques années.

En 1897, un résident supérieur, qui se croyait omnipotent

au Cambodge, trouve tout naturel de retirer les sceaux et, de ce fait, le peu d'autorité qui restait à Norodom.

M. Doumer, faisant une œuvre de justice, s'attira la reconnaissance royale en déplaçant le résident supérieur et en restituant les sceaux à qui de droit. Toutefois, le Gouverneur Général sut profiter de la situation en faisant signer au roi une convention qui donnait pleins pouvoirs à la France pour l'organisation nouvelle du Protectorat.

Pour saisir toute l'importance des réformes introduites au Cambodge, par la France, il n'est peut-être pas inutile de dire, qu'au moment de son intervention dans les affaires de ce royaume, en 1862, il n'y avait, d'après Doudart de Lagrée, « que des mandarins arbitrairement choisis par le roi, ne travaillant pas et une population misérable exploitée à outrance... ».

Alors que nous avions trouvé, à notre arrivée en Cochinchine, une monarchie organisée constitutionnellement et dotée d'institutions ayant un caractère démocratique, au Cambodge, nous voyions le despotisme d'un roi exercer son pouvoir absolu, sans contrôle d'aucune sorte.

Bien que l'historique de notre intervention au Cambodge soit bien connu, j'en retracerai néanmoins rapidement les différentes phases.

La possession des bouches du Mékong apparaissant nécessaire au Gouvernement français pour assurer l'organisation de la Cochinchine, on décide d'entrer en pourparlers avec le Cambodge.

Norodom, chassé par son frère Ang-Sor, vient d'être remis sur le trône par le Siam, lorsque le capitaine de vaisseau Doudard de Lagrée, envoyé par la France, se présente à Oudong en 1862. Secondé par le chirurgien Hennecart, très versé dans la langue cambodgienne, M. Doudard de Lagrée, avec beaucoup d'habileté, capte la confiance du roi. Voulant s'affranchir du Siam qui le tient en tutelle et prétend à sa reconnaissance pour les services rendus, Norodom cède aux conseils de notre ambassadeur et, en 1863 signe le traité de protectorat avec la France. Le mandarin Chao-Koun-Darat, placé par le Siam auprès du souverain, est alors renvoyé à Bangkok. Toutefois, Norodom croit devoir signer une convention secrète avec le Siam, en échange de quoi ce pays adresse au souverain les insignes royaux pour son couronnement.

La cour de Bangkok obtient, un peu plus tard, en 1867, et par la faute d'un diplomate français, la reconnaissance de ses droits sur les provinces de Battambang et de Siem-Réap, prises au Cambodge avant notre intervention. A ce moment, si le protectorat français s'exerce au Cambodge, les résultats de notre occupation ne sont pas très brillants.

Provoquée par les ambitions de la Cochinchine, qui rêve alors de conquêtes, l'insurrection de 1884, à la tête de laquelle se trouve Si-Votha, un des frères du roi, sème l'anarchie et la misère sur tout le royaume. Il ne faut rien moins que les conventions de 1891 et 1892 pour donner, enfin, un peu d'organisation au Cambodge qui n'en avait pas jusque-là.

C'est cet édifice que M. Doumer cherche à consolider lorsque, profitant de la restitution des sceaux qui avaient été enlevés à Norodom, il lui fait signer l'ordonnance royale du 11 juillet 1897 qui donne une Constitution nouvelle au Cambodge.

Les grandes lignes de cette Constitution sont les suivantes :

Sous la présidence du Résident supérieur, représentant la France, un conseil, composé des six ministres cambodgiens précédemment en fonctions, délibère et gouverne le pays.

« Il soumet à la signature du roi toutes les ordonnances, décisions politiques et administratives, nominations et révocations de gouverneurs, de juges, de fonctionnaires. Ces mesures sont contresignées pour exécution par le Résident supérieur. En droit, comme en fait, ce dernier est bien le chef du Gouvernement cambodgien. Son pouvoir n'est limité que par les instructions qu'il reçoit et le contrôle que le Gouverneur Général exerce sur lui. L'administration cambodgienne, surveillée en son centre par le Résident supérieur, l'est encore, dans les provinces, par nos résidents étroitement liés à leur chef de Pnom-Penh. Les résidences de provinces, qui existaient à peine en 1897, furent multipliées, organisées, pourvues de bons administrateurs (1). »

L'administration générale est aussi déterminée par la même ordonnance. Malgré la résistance de Norodom qui voit encore dans ces réformes une source de revenus lui échapper, l'ancienne juridiction cambodgienne, remplie d'abus, est transformée et placée sous la surveillance et le contrôle des tribunaux français. *L'esclavage pour dettes* (2) se trouve aussi aboli par la nouvelle organisation.

Pendant cette année passée au Cambodge, j'ai pu me rendre compte des effets du Protectorat. Les renseignements recueillis auprès de certains résidents auraient dû confirmer mon opinion que la France poursuivait au Cambodge une œuvre moralisatrice et de civilisation qui serait dans l'avenir, féconde en heureux résultats. Eh bien, des craintes hantent mon cerveau, j'ai peur pour le Cambodgien qui, en se donnant un protecteur, n'a peut-être pas songé qu'il acceptait l'autorité d'un maître souvent exigeant.

Il faut espérer cependant que nous n'aurons pas à déplorer, ici, les erreurs commises dans l'administration de la Cochinchine.

Le peuple cambodgien vient à nous, confiant dans notre loyauté. Essayons de nous concilier ses bonnes grâces, en ne

1. Doumer. *L'Indo-Chine française*, p. 236. Paris, 1905. (Vuibert et Nony, éditeurs.)

2. Toutefois, certains crimes ou délits soumis à la juridiction cambodgienne entraînent toujours l'esclavage, l'ordonnance de 1897 n'ayant supprimé, je crois, que l'esclavage pour dettes.

M. Adhémar Leclère, ancien résident de France au Cambodge, distingue quatre catégories d'esclaves dans ce pays :

« 1° Les esclaves du roi qui ne peuvent ni se racheter ni être vendus et dont les descendants seront esclaves à perpétuité ;

« 2° Les esclaves des particuliers qui sont vendables et rachetables ;

« 3° D'autres esclaves des particuliers qui sont vendables, mais ne sont pas rachetables et dont les descendants seront esclaves à perpétuité ;

« 4° Les esclaves de pagode qui ne sont ni vendables ni rachetables et dont les descendants seront esclaves à perpétuité. »

Ne pouvant énumérer toutes les façons dont on devient esclave, je renvoie les curieux et les chercheurs au très intéressant ouvrage de M. Adhémar Leclère : *Recherches sur la législation cambodgienne (droit privé)*. Paris, Challamel, 1890.

cherchant pas à modifier par trop ses conditions d'existence, ses mœurs et ses coutumes, encore plus enracinées que celles des Annamites. Il ne faut pas qu'on puisse dire, un jour, que le Cambodge en tutelle n'a fait que changer de despote.

*
* *

Comme nous nous promenions hier soir dans la rue principale qui traverse Pnom-Penh dans toute sa longueur, l'idée nous vint d'entrer au théâtre chinois. Simple curiosité, car, nous ne pouvions guère avoir la prétention de comprendre le spectacle.

PNOM-PENH. La Résidence Supérieure du Cambodge

A en juger par l'affluence, les Fils du Ciel doivent avoir un goût prononcé pour le théâtre.

La salle où nous pénétrons, sans bourse délier, et avec la plus grande facilité, peut contenir de cinq à six cents personnes. Tout ce monde fume, boit du thé et paraît prendre le plus grand plaisir au jeu des acteurs. Après avoir traversé toute la longueur de la salle, nous montons sur la scène par un petit escalier de quelques marches, sans que notre irruption gêne le moins du monde la représentation. Couvert d'oripeaux éclatants et armé d'un grand sabre, le personnage qui se trouve en scène gesticule, vocifère en poussant des cris aigus qui nous rappellent un peu le jeu des acteurs annamites.

Bien entendu, les décors manquent absolument, le spectateur est obligé de se représenter, s'il le peut, le palais ou la forêt où se déroule l'action.

L'orchestre, placé sur un côté de la scène et composé de cymbales, de tam-tam, de gongs, de petites clarinettes, de fifres et d'une sorte de violon monocorde, fait un vacarme assourdissant.

L'accès des coulisses n'est pas plus difficile que celui de la scène. Celles-ci se trouvent au fond de la scène, dissimulées au public par des portes ornées de glaces ou de broderies chinoises ; c'est en même temps le magasin d'accessoires, le foyer et les loges d'artistes.

Les boîtes de maquillage traînent un peu partout à la disposition de la troupe, uniquement composée de jeunes hommes. J'ai cru remarquer, que contrairement à ce qui se passe dans le théâtre annamite, le spectacle était très coupé. Il s'agit surtout dans ces représentations de petites pièces et de tours de force ou d'adresse. Pour le profane, le mieux est de quitter le théâtre sans chercher à approfondir l'art dramatique chinois ; ce que nous fîmes, d'ailleurs.

24 octobre.

Le capitaine a décidé mon départ pour Pursat. Je dois rejoindre le poste avec le lieutenant R*** qui va relever le commandant actuel. Nous partons dans huit jours.

Le nouveau lieutenant, arrivé de Saïgon depuis quelques jours, est un charmant garçon. Sachant que je connais le pays, il se renseigne sur le poste et m'informe de son intention de visiter Angkor, avant de gagner Pursat. Que ne puis-je l'accompagner aux ruines Kmères ! Après tout, il m'est facile de solliciter une permission. Le lieutenant appuie cette demande auprès du capitaine. Il ne reste plus qu'à connaître la décision du colonel.

1er novembre.

Le titre de permission revient, signé du colonel. Il arrive à temps, car nous partons demain matin. La question des passeports (1) réglée par le lieutenant, rien ne s'oppose plus désormais à l'excursion d'Angkor qui sera forcément rapide, « *L'Attalo* » devant nous reprendre au retour de Battambang, à l'entrée de la rivière de Siem-Réap.

Nos bagages transportés à bord, il ne reste plus qu'à attendre l'instant fixé pour le départ du bateau.

***

Depuis quelque temps, un vieux sergent, qui ne compte plus ses campagnes en Indo-Chine et attend philosophiquement ses galons d'adjudant à Pnom-Penh, m'emmenait passer les soirées chez des petites dames japonaises... très accueillantes.

Tout en dégustant du thé ou de la bière, nous fumions là, assis sur des nattes, à l'orientale, d'innombrables cigarettes. Nous étions de la maison, pour ainsi dire, et la vieille *yarité* (2) ne faisait plus aucune difficulté pour laisser les petites *mousmés* s'asseoir à nos côtés pendant leurs instants de loisirs. A défaut du langage *yamato* (3), mon compagnon causait admirablement l'anglais et pouvait lier conversation avec la plupart des *djoros* (4). A ce jeu, je me trouvais dans l'obligation de faire une gymnastique de mémoire pour me rappeler ce que j'avais appris d'anglais au collège, ou de ne pas comprendre ce qui se disait autour de moi.

Ne connaissant de la Japonaise que ce que les livres avaient bien voulu m'enseigner, mon but, en fréquentant ce milieu libertin, était surtout de recueillir de *visu* quelques documents intéressants.

1. Les provinces cambodgiennes de Battambang et de Siem-Réap étaient encore, à cette époque, en territoire siamois, et il fallait un passeport signé de la Résidence supérieure pour aller à Angkor.
2. Sous-maîtresse de l'endroit.
3. Japonais.
4. Nom donné aux courtisanes japonaises. On s'étonnera peut-être, comme nous, de voir les Japonaises causer plus volontiers l'anglais que le français. Il y a dans ce fait, insignifiant en apparence, la preuve de l'influence anglaise au Japon.

La curiosité est peut-être un défaut, mais pour le voyageur avide de notes, n'est-ce pas une qualité ? N'ayant pas le choix des moyens pour procéder à mes investigations, n'était-il pas naturel de pénétrer dans les *maisons de thé* de Pnôm-Penh ? Un militaire n'a pas les scrupules d'un séminariste et, partant, peut tout voir. *Veni, vidi... ;* quant à la victoire, — les *djoros* ne la disputant qu'à ceux dont l'escarcelle ne s'ouvre pas aux libéralités, — je ne me glorifie pas d'avoir su l'obtenir contre espèces sonnantes.

Les quelques *maisons de thé* dont Pnom-Penh est pourvue ne ressemblent pas à celles du *Yoshiwara* (1) de Tokio. Ici, pas de rez-de-chaussée grillagé où l'on peut, de la rue, apercevoir les *mousmés.* Les logis des *djoros* exilées au Cambodge ne diffèrent en rien, vus de l'extérieur, des maisons chinoises de Pnom-Penh. Où l'étonnement du visiteur commence, c'est, lorsque pénétrant dans la demeure, on découvre que tout y est d'une propreté extraordinaire. Le plancher se trouve recouvert de nattes fines sur lesquelles on ne marche que déchaussé. L'Européen qui pénètre dans une maison japonaise avec ses chaussures, ne connaît pas les usages ; les *mousmés*, elles, ne manquent jamais de laisser leurs *gétas* (2) sur le seuil. L'absence de meubles frappe aussi le nouvel arrivant qui doit se contenter de la natte pour s'asseoir. La position n'est pas toujours commode, mais on finit par s'y habituer.

Les Japonaises s'asseoient en se mettant à genoux, le haut du corps reposant sur les mollets.

Nous ne sommes plus en présence de la petite *congaïe* annamite au costume simple, à la toilette sommaire. La *djoro* étonne par sa coiffure compliquée, appelée *chinjocha*, et par son costume aux couleurs bariolées, généralement voyantes. Le *kimono* est plus ou moins riche, mais la ceinture, l'*obi*, réclame tous les soins de la coquette mousmé.

1. Quartier réservé aux courtisanes.

2. Sorte de semelle en bois assujettie sur deux petits cubes également en bois. Le pied se trouve maintenu à cette chaussure au moyen d'une lanière se croisant sur le cou-de-pied.

La pièce de soie qui constitue l'*obi* s'enroule autour de la taille, suivant des règles spéciales, pour former enfin un nœud énorme en avant. Les petites *geishas*, les danseuses, placent le nœud de l'*obi* en arrière, ce qui les distingue des courtisanes. Les plis de la ceinture servent de poches à la Japonaise. Le rouge est la couleur préférée des mousmés; cette teinte s'harmonise d'ailleurs parfaitement avec leurs cheveux d'ébène.

La Japonaise est plus grande que la femme annamite et son visage diffère sensiblement de celui de la *congaïe*.

Une des mousmés de la maison que nous fréquentons est particulièrement jolie; dès le premier soir, je l'avais remarquée... plus spécialement que ses compagnes.

Elancée, sans être trop grande, les yeux, largement fendus et relevés, éclairent, sous un front plutôt bas, un visage d'une blancheur d'Européenne.

Le nez, petit, d'une ligne harmonieuse ; la bouche, menue, découvre des dents soignées et des lèvres appétissantes comme une grenade. C'est un joli joujou d'amour, autrement séduisant que Thi-Nam, la petite *congaïe*, si vite oubliée.

Ce soir, je viens faire mes adieux.

Fleur de Pêcher, ainsi s'appelle la *djoro* préférée, me fait, une dernière fois, les honneurs de sa chambrette, petite case dont les parois de planches ne rejoignent pas le plafond.

Depuis que je la connais, le sourire n'a pas quitté ses lèvres. Attentive à mes gestes, elle semble aller au-devant de désirs encore inexprimés, préoccupée seulement de garantir le savant édifice de sa coiffure.

Curieux, j'examine le petit autel dressé au fond de la maison de poupée, comme si je le voyais pour la première fois. Des statuettes, des bougies de bois odorant, des feuillets de papier aux caractères bizarres, sont disposés sur un petit meuble de laque ou épinglés à la cloison. Un petit chat de porcelaine, cravaté de rouge, trône en bonne place, c'est le bon génie. On est superstitieux chez les Japonaises, aussi les mousmés cherchent-elles à conjurer les mauvais sorts par des pratiques étranges et des offrandes aux dieux. Ceci explique la présence d'un petit reposoir jusque dans la chambre d'une courtisane. Aux parois, encore, des kakémonos, aux peintures vives, étalent leurs oiseaux jolis, ibis ou flamands roses.

Le lit, enfin, très vaste, caché sous la fine moustiquaire hermétiquement close, met une énorme tache blanche dans le logis d'amour.

C'est la seule note discordante de cette chambrette où les moindres objets paraissent précieux et toujours de bon goût. Le grand lit européen n'est pas à sa place ici, on voudrait y voir les *phoutons* (1) carrelés de blanc et de bleu, empilés en couche douillette.

La couleur locale disparaît avec la manie de vouloir moderniser ou européaniser tout ce que nous approchons. A quand les Japonaises en costumes tailleurs ? Cela ne saurait tarder, Tokio a déjà donné l'exemple. Oh petites mousmés mignardes, fragiles comme les pétales des fleurs dont vous prenez les noms, gardez toujours vos kimonos et vos savantes coiffures transpercées d'épingles si longues !...

. . . .

Fleur de Pêcher, blottie tout près, guide maintenant mes mains inexpertes dans l'art du déshabillage. Ses lèvres, entr'ouvertes, s'offrent au baiser et, humides, s'agrafent aux miennes, éperdument.... Soigneuse, la mousmé, toute blanche en son kimono de nuit léger comme un nuage, suspend sa parure d'extérieur et revient bien vite se cacher dans mes bras.

Son sourire ne l'à pas abandonnée...

. . . .

Las du festin d'amour, les yeux mi-clos, je revois la mousmé, la poupée délicieuse, pareille à une enfant, et si femme cependant. Elle, — son éternel sourire tendu vers moi, ses mains, si fines qu'on craint de les briser, maniant l'éventail de latanier au-dessus de ma tête — veille sur le repos de son amant, voulant qu'il emporte de la *djoro* le meilleur souvenir ! ... Mais elle s'enfuit, preste comme un papillon, pour le grand

1. Matelas japonais.

bain purificateur, d'où elle revient, quelques minutes après, fraîche et parfumée. Elle tend, souriante encore, une tasse de thé presque lilliputienne, en même temps que ses lèvres mendient un nouveau baiser. Assise maintenant sur le grand lit, sérieuse, ses doigts aux ongles peints offrent la cigarette qu'elle vient d'allumer. Elle semble dire, la petite mousmé aux grands yeux bridés, que je suis un ingrat de la quitter ainsi pour partir dans la brousse.

Anéanti sur la couche d'ivresse, je songe aussi à ce départ sur lequel je ne comptais pas et qui va me séparer de l'affolante poupée.

Ceux qui n'ont pas connu la Japonaise s'étonneront qu'une courtisane puisse troubler l'Européen, au point de lui faire commettre mille folies. Il faut avoir goûté aux lèvres de la *djoro* pour en connaître les ivresses ; il faut avoir vécu auprès d'elle, pour comprendre que jamais on ne pourra l'oublier. Tout est grâce dans la mousmé : ses gestes, son sourire et la musique de sa voix de caresses. La courtisane japonaise ne ressemble pas à nos prostituées de France, la vilenie et la grossièreté lui demeurent inconnues. Fleur de Pêcher était l'idéale maîtresse.

Lorsque je la quitte, à l'aube, pour rejoindre le poste, mon cœur se gonfle d'une infinie tristesse.

Son sourire, un peu contraint cette fois m'accompagne jusqu'au seuil. Alors je pense au *chadaï* (1) préparé dans un petit sachet de crépon parfumé. Reconnaissante et ravie de l'attention, elle renoue l'étreinte de folie... Il faut partir, le réveil sonnera bientôt derrière la colline du Pnom.

Adieu petite mousmé, petite Fleur de Pêcher qui, dans mon exil, jeta un rayon de soleil.

Encadrée dans la baie largement ouverte, ses menottes envoient des baisers encore, cependant qu'elle m'adresse en un murmure très doux, presque tendre, le *soronaya* (2) d'espérance.

---

1. Présent d'adieu.
2. Au revoir.

31 octobre.

«*L'Attalo*» lève l'ancre à huit heures du matin. Le courant nous portant vers les lacs, le petit bateau avance rapidement. Je revois les forêts déjà traversées ; les mêmes paysages se renouvellent jusqu'au Grand-Lac où les jonques de Pursat viennent prendre le courrier et nos gros bagages. Avec le lieutenant, nous avons décidé de ne conserver que nos cantines et la petite malle d'osier où les provisions de bouche sont préparées pour trois jours, nos moustiquaires et les matelas cambodgiens. Les sous-officiers de Pursat ont eu la bonne idée de nous envoyer le cuisinier Daô pour servir d'interprète à Siem-Réap et Angkor. L'Annamite me fait fête et se montre tout réjoui de l'emploi qui lui est réservé.

Les nouvelles de Pursat sont excellentes, tout le monde va bien. Les camarades nous souhaitent bon voyage, paraît-il.

« *L'Attalo* » a repris sa route vers Battambang ; c'est une région nouvelle que nous allons connaître.

D'après H. Mouhot, cité par Bouinais et Paulus, « le Tonlé-Sap a la forme de la section longitudinale d'un violon ».

Nous remarquons, en effet, aussitôt après avoir dépassé le *Stung-Pursat*, que le lac s'élargit dans de notables proportions. C'est une petite mer intérieure (1), l'illusion se trouve même complétée par un mouvement de roulis assez prononcé.

Le vent s'élevant après le dîner que nous prenons sur le pont, à la table du capitaine, force nous est de gagner nos cabines.

Samedi, 1er novembre.

Au petit jour, Daô vient me réveiller. Nous sommes, paraît-il, en face de la rivière de Siem-Réap.

1. Le Tonlé Sap mesure 130 kilomètres de long sur une largeur moyenne de 25 kilomètres qui, en certains endroits de la partie supérieure, atteint 40 kilomètres environ. Pendant la crue du Mékong, la profondeur du lac est de 12 à 15 mètres. En saison sèche, cette profondeur se trouve réduite à 0 m. 50. Elisée Reclus estime à 35 milliards de mètres cubes le volume d'eau déversé dans le Tonlé Sap par la crue du Mékong.

Voilà qui m'est bien égal, par exemple. Je dors. Daô insiste tellement pour me faire lever que je le gratifie d'une taloche sur son beau turban.

— *Tià mé,* fait Daô que j'envoie à tous les diables.

Ma toilette terminée, me voilà à la recherche du lieutenant. Celui-ci n'est pas encore levé, Daô n'ayant pas jugé à propos de le réveiller.

— *Y'en a yeut'nant dormir.*

Cet animal de cuisinier a voulu jouer un tour, ses yeux pétillent de malice et je devine que l'envie de rire lui tenaille les côtes.

L'air courroucé, mais amusé, maintenant que je suis debout, je riposte à Daô :

— *Et moi, y'en a pas dormir même chose ?*

— *Doï, y'en a pas même chose yeut'nant. Lui* (le lieutenant) *dormir beaucoup longtemps.*

Le bateau a stoppé et ne paraît pas disposé à repartir. Le capitaine, le commissaire de « *L'Attalo* », suivent l'exemple du lieutenant. Ils dorment.

La forêt inondée s'étend en face du bateau ; Daô indique de sa main tendue, la direction de Siem-Réap, mais je ne vois toujours pas arriver les sampans destinés au transport.

Enfin, voici le lieutenant, suivi du capitaine de « *L'Attalo* » ; ce dernier conseille de prendre le petit déjeuner, en attendant que les sampans arrivent. C'est une bonne idée. Toutefois, « l'amiral » des Messageries fluviales ordonne de lancer quelques appels de sirène pour que les rameurs se pressent (s'ils ne sont pas trop éloignés pour entendre).

Le commandant de « *L'Attalo* », tout en donnant quelques indications pour l'excursion, dit qu'il nous reprendra mardi matin à onze heures, au même endroit, et demande comme une grâce de ne pas le faire trop attendre..., il aime bien déjeuner à l'heure. Après lui avoir promis solennellement que nous aurions pitié de son estomac, nous songeous à quitter « *L'Attalo* », les sampans se décidant enfin à paraître au milieu de la verdure des rives inondées.

Sept heures et demie, dans la rivière de Siem-Réap. — Un merveilleux soleil éclaire la forêt submergée. Des vols d'aigrettes font frémir le lieutenant qui brûle du désir d'essayer sa carabine. Je calme son ardeur en lui disant que l'aigrette (1) n'a pas ses belles plumes à pareille époque. J'ajoute, pour le consoler, qu'il pourra se dédommager pendant son séjour à Pursat. Avec une sage lenteur, les rameurs cambod-

Sur la rivière de Siem-Réap (2)

giens nous guident vers le nord. Le paysage est merveilleux. A la forêt succèdent des rizières, puis les bois reparaissent. Des cocotiers touffus ou des palmiers géants, des banians et des yaos bordent l'arroyo qui s'allonge toujours devant nous. La chaleur se fait sentir de plus en plus et la station sous la paillote du sampan commence à devenir fatigante. Vers midi, enfin, les premières cases de Siem-Réap

1. L'aigrette, comme le marabout, ne possède que quelques plumes ayant une valeur commerciale assez grande.

Nous avons tué en avril et mai des aigrettes possédant les plumes recherchées, à d'autres époques nous avons remarqué que ces oiseaux n'avaient pas leur parure au complet. Nous signalons simplement le fait sans conclure à une règle absolue.

2. Gravure extraite de l'ouvrage de P. Doumer. *L'Indo-Chine française* (Vuibert et Nony, édit.)

se montrent de chaque côté de la rive, juchées sur leurs pilotis.

Notre arrivée fait sensation ; il faut croire que les Européens ne viennent guère excursionner jusque-là.

Guidé par Daô, je gagne la sala, à la recherche du gouverneur siamois ; cependant, le lieutenant s'attarde à prendre des instantanés, sans réussir, d'ailleurs, à immobiliser les femmes indigènes qui tentent son objectif.

En désespoir de cause, l'officier navré rejoint la sala où j'attends que Daô ramène le gouverneur.

Les sampaniers s'occupent de leur côté à transporter jusque-là nos modestes bagages. Le dignitaire siamois arrive enfin, comme je commence à installer le couvert en vue du déjeuner. Le cuisinier annamite est un homme précieux, il a déjà tout expliqué au gouverneur. Celui-ci fait de grandes salutations et s'époumonne avec force gestes. Bien que ne comprenant rien du tout, cela ne nous empêche pas d'acquiescer de la tête.

Daô traduit que des charrettes à buffles vont être mises à notre disposition pour gagner Angkor.

Allons, tant mieux. Pour l'instant, ce qui presse le plus, c'est le déjeuner. Nous avons l'estomac dans les talons. Le brave gouverneur, majestueux comme un souverain, dans son beau sampot, le torse sanglé dans un dolman blanc, le chef couvert d'un casque pareil aux nôtres, semble vouloir prendre racine dans la sala. Le lieutenant propose de déboucher une bouteille de champagne en son honneur.

Notre Siamois, tout ému de cette prodigalité, ne cache pas sa satisfaction. L'expression de son visage rappelle celle des gouverneurs cambodgiens rassemblés pour l'apéritif sur le champ de courses de Pursat au 14 juillet dernier. Mais le bonhomme ne part toujours pas. A son aise ; sa présence ne nous empêche pas de dévorer les provisions à belles dents et d'installer ensuite les matelas pour la sieste, en attendant nos véhicules qui arriveront, peut-être, avant la nuit. Il faut s'armer de patience, dans ce pays où la lenteur caractérise tous les mouvements des indigènes. Les gens nerveux et irritables feraient de bien mauvais touristes en se rendant à Angkor.

Le gouverneur siamois, jugeant sans doute le moment opportun, se décide à nous quitter un peu après deux heures pour revenir, enfin, accompagné de quatre charrettes à bœufs grinçant terriblement. Depuis que j'habite la brousse, l'occasion ne s'était pas présentée d'utiliser la charrette comme moyen de transport. A vrai dire cela ne tente guère. La voiture cambodgienne, plus curieuse que confortable, se compose d'une sorte de coque étroite en bambous tressés, reposant à même les essieux. Les ressorts ont été oubliés. Tout est en bois dans ce véhicule extraordinaire; les roues, très écartées, se trouvent maintenues, extérieurement, par un cadre de bois, d'une forme spéciale, ressemblant à un balancier.

Daô se multiplie pour faire charger les bagages et installer nos matelas cambodgiens qui, en l'occurrence, vont être d'une grande utilité pour amortir les cahots de la route. Au bout d'une demi-heure, tout est prêt pour le départ.

Le lieutenant, fort amusé, cherche une position commode pour occuper sa charrette et décide enfin de s'asseoir en tailleur.

Je suis obligé de reconnaître, un peu plus tard, que ce moyen est le seul pratique.

Nous voilà donc partis à travers la forêt immense, dans un chemin où les roues des charrettes enfoncent jusqu'au moyeu, tantôt d'un côté, tantôt de l'autre.

M. R*** ouvre la marche. Il semble plus préoccupé de ne pas être précipité hors de la charrette, que d'admirer la puissance de la végétation qui nous environne. Il faut près de deux heures pour couvrir les quelques kilomètres qui séparent Siem-Réap d'Angkor-Watt. On y arrive exténué de fatigue, absolument fourbu. Mais quel spectacle prestigieux vous attend ! A un détour, la forêt s'éclaircit tout à coup et la masse grise, énorme d'Angkor-Watt se dresse majestueusement devant nos yeux agrandis de surprise et d'admiration.

Au bout d'une vaste chaussée de pierre traversant des fossés d'une largeur considérable, trois tours gigantesques indiquent l'entrée principale, émergent de l'enceinte du temple d'Angkor. Cette enceinte, rectangulaire, a 3.600 mètres de développement environ. Quatre portes, regardant les quatre points cardinaux, donnent accès vers l'édifice proprement dit.

Les ruines d'Angkor.

L'entrée principale, celle par laquelle nous arrivons, est tournée vers l'ouest, comme tous les principaux ornements du temple, d'ailleurs.

C'est, de suite, une débauche de sculptures. Des fenêtres, aux barreaux de pierre finement ouvragés, sont figurées dans la masse du mur d'enceinte. La galerie d'entrée traversée, on retrouve aussitôt la chaussée qui se prolonge pendant plusieurs centaines de mètres, entre deux petits temples effondrés et des bassins marécageux, jusque sur un terre-plein que des colonnes sculptées supportent.

Puis, de terrasses en terrasses, de galeries en galeries, on s'élève jusqu'à la tour centrale, sanctuaire du Bouddha, dominant les trois grands rectangles d'étages concentriques.

De quelque côté que l'on vienne, c'est fatalement au sanctuaire qu'on aboutit. On sent que la pensée de ceux qui élevèrent ce temple colossal et merveilleux, s'est concentrée tout entière vers ce point. La destination uniquement religieuse de l'édifice ne fait d'ailleurs aucun doute ; on chercherait en vain, parmi les galeries, un vestige d'habitation.

Angkor. Le temple.

Il paraît impossible d'exprimer ce que l'on ressent devant ces ruines grandioses, alors que le soleil couchant enveloppe les hautes tours de ses lueurs d'incendie. Quiconque a pu admirer ce spectacle ne l'oubliera jamais.

Le mur de la galerie extérieure, qui forme le premier rectangle de l'édifice, a 750 mètres de tour. La vie des khmers, des scènes religieuses, sont représentées là, en des bas-reliefs sculptés dans la pierre avec un art surprenant. Il n'est pas un endroit qui n'ait été fouillé par le ciseau. Guerriers au combat, brahmanes, danseuses, esclaves, chevaux, éléphants, etc,. etc,. couvrent la pierre de leurs profils enchevêtrés.

De toutes ces pierres, de toutes ces sculptures accumulées, se dégage une intensité de vie inimaginable.

Les autres rectangles, qui forment le second et le troisième étages, ont des colonnades et des tours aux angles. On s'élève

Angkor. Bas-relief khmer.

aux différents étages par des galeries parallèles, aux paliers successifs, dont les toits sculptés se superposent les uns au-dessus des autres, jusqu'à la tour centrale. Là, quatre statues regardent les quatre points cardinaux.

Et maintenant, après avoir admiré, nous nous demandions comment, par quels moyens les constructeurs du temple avaient pu, à l'époque si lointaine où il fut édifié, soulever à de pareilles hauteurs des blocs de pierre semblables, pesant, pour la plupart, des milliers de kilos ? C'est un mystère qui restera peut-être à jamais impénétrable pour nous.

On se demande même s'il serait possible, aujourd'hui, de mener à bien une pareille entreprise.

Le mode de construction est bien aussi pour surprendre. Tous ces blocs énormes sont, en effet, simplement posés les uns sur les autres. Aucun ciment, aucun mortier, n'a paru nécessaire pour assurer leur parfait assemblage.

Si la construction des Pyramides d'Egypte a pu surprendre le monde, on est en droit de rêver davantage encore devant

Les ruines d'Angkor. Escalier et Tour.

ces masses imposantes qui viennent rappeler la splendeur des Khmers.

L'ancienneté du temple remonterait aux premiers siècles de l'ère chrétienne, à l'époque où l'empire des Khmers était dans toute sa splendeur. Il paraît assez difficile d'être très affirmatif à cet égard, dans l'état actuel des recherches épigraphiques entreprises sur les monuments d'Angkor-Watt et d'Angkor-Thom. On peut supposer, par contre, que les efforts pour construire l'édifice d'Angkor-Watt ont été considérables et persévérants. Plusieurs générations d'hommes ont dû apporter leur contribution à l'œuvre colossale, car si la religion brahmanique a laissé des empreintes suffisantes pour montrer que le temple devait s'élever en l'honneur de ses divinités, il n'est pas moins vrai que l'édifice s'est achevé à la gloire de Bouddha. Une telle évolution dans la religion du peuple khmer n'a pu se produire spontanément et c'est pourquoi nous croyons qu'il a fallu beaucoup d'années pour achever ces merveilles.

Malheureusement, ces ruines superbes s'écroulent sous l'envahissement destructeur de la forêt. Certains endroits sont même inaccessibles. Les arbres, les lianes de rotin ont renversé les blocs de grès et, si la main de l'homme n'intervient pas rapidement, la forêt vierge couvrira bientôt le temple millénaire et grandiose.

La faune a suivi la conquête de la flore. Des bandes de singes gambadent dans la cime des arbres et pas plus que les innombrables chauves-souris, qui des galeries du temple ont fait leur repaire, ne respectent la majesté de ces lieux sacrés. On ne peut, à ce propos, s'empêcher d'être désagréablement impressionné par les émanations qui se dégagent des pierres souillées de la fiente des immondes bestioles. Non seulement l'odeur incommode au cours de la visite des ruines, mais on glisse encore, quand on n'enfonce pas dans les couches épaisses d'immondices. Inutile d'insister.

L'excursion d'Angkor ne saurait convenir aux estomacs susceptibles.

Il ne fallait pas songer à gagner Angkor-Thom ce même jour, aussi avions-nous décidé de passer la nuit dans la sala de la bonzerie.

Après un frugal dîner, roulés dans nos couvertures, sous l'abri des moustiquaires indispensables, nous nous endormions profondément sur les précieux matelas cambodgiens.

2 novembre.

Habitué aux bruits de la brousse, mon sommeil n'a pas été troublé le moins du monde.

Le soleil paraît à peine que je m'éveille, absolument dispos pour l'excursion nouvelle.

Le lieutenant R*** se plaint des chants des bonzes qui l'ont tenu éveillé une partie de la nuit. Manque d'habitude. Lorsque ce nouveau chef aura séjourné quelques mois à Pursat, la mélopée des bonzes en prières ne l'empêchera plus de dormir.

Voilà plusieurs fois que l'occasion se présente de parler des bonzes sans que nous ayons jamais songé à dire ce que ces religieux sont au Cambodge. En face du temple d'Angkor symbolisant la religion qu'ils pratiquent, le moment paraît bien choisi pour réparer cette omission.

Très vénérés, ne ressemblant en rien aux ministres annamites qui, eux, sont peu recommandables, les bonzes du Cambodge paraissent indifférents à tout ce qui touche l'Etat, les biens terrestres et les hommes. La religion seule, le culte du Bouddha, les intéresse. Les codes cambodgiens ordonnent aux bonzes de prier pour le royaume et aussi pour les hommes. Comme autres obligations ils sont chargés d'instruire les jeunes gens, d'élever et d'entretenir une *sala*, ou maison commune, dont les voyageurs ont la libre disposition. Ils sont, en échange, exonérés de tous les impôts et du service militaire. Leur puissance est très grande. Le roi, lui-même, les

Un bonze au Cambodge (1)

1. Cliché Vuibert et Nony (Doumer. *L'Indo-Chine Française*).

vénère. C'est parmi les hommes libres que s'opère le recrutement des bonzes, il n'est pas rare de trouver parmi eux des anciens dignitaires du pays. Adhémar Leclère (1), déjà cité, s'exprime de la façon suivante à l'égard des bonzes : « Les religieux sont tous égaux entre eux et la règle est la même pour tous, quelles que soient leur famille ou la dignité dont ils ont été revêtus dans le monde. On ne peut pas entrer dans les ordres avant vingt ans, et les vœux que font les bonzes ne sont ni éternels ni temporaires. Ils quittent ou reprennent le froc à volonté.

« Les hommes mariés peuvent se consacrer au Bouddha, si leur femme y consent, qu'ils soient pères de famille ou non, mais les bonzes n'encouragent pas de pareilles vocations. »

Le même auteur ajoute encore : « Les bonzes observent le célibat ; ils sont moraux, doux, très religieux et très tolérants. »

Les *luc-sang* (2) habitent de petites cases, ou cellules, élevées sur pilotis, s'alignant derrière la pagode de la bonzerie. L'enceinte sacrée du *Watt* est marquée par des pierres en forme d'ogive, placées suivant les points cardinaux.

Se conformant à la volonté de Bouddha, les bonzes portent le vêtement jaune composé d'une pièce d'étoffe ceignant les reins, d'une robe et d'un manteau drapé à l'antique sur l'épaule gauche, la droite restant nue. Ils ne portent aucune coiffure, ont le crâne rasé et s'épilent la barbe.

Levés au point du jour, après avoir procédé à leur toilette, les bonzes vont à la pagode réciter les prières en commun. Puis, en file indienne, portant tous une écuelle recouverte par un pan du manteau, ils partent mendier leur nourriture devant les cases où ils n'entrent jamais sans y être invités expressément.

Il n'est pas un Cambodgien qui refuse le riz cuit aux *luc-sang* et ne vienne lui-même procéder à la distribution.

Le retour à la bonzerie s'effectue lorsque l'écuelle de cha-

1. *Recherches sur la législation cambodgienne*, p. 31 et suiv.
2. Nom donné aux bonzes par les Cambodgiens.

que bonze est suffisamment remplie, mais toujours avant midi, car, après cette heure, il est interdit au prêtre d'absorber autre chose que de l'eau ou du thé jusqu'au prochain lever du soleil. Les bonzes doivent refuser comme aumône l'or, l'argent et toutes les monnaies.

Bien que fort rigide, la règle des bonzes est scrupuleusement observée ; il est vrai que ceux qui ne peuvent ou ne

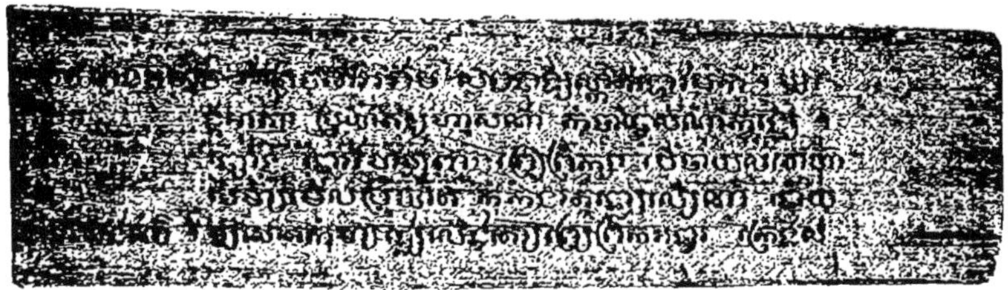

Fragment d'une page de livre sacré

veulent pas s'y plier ont toujours la faculté de quitter la robe.

Tous les livres, sacrés ou non, se trouvent entre les mains des ministres du culte qui, tout en les conservant précieusement, en font des copies (1). Il était donc tout naturel qu'ils fussent chargés de l'instruction des jeunes hommes, mais cette instruction est souvent limitée aux seuls livres sacrés qui transmettent les religieuses traditions. La femme, au Cambodge, reste dans l'ignorance la plus complète, elle ne reçoit aucune instruction.

Parler des bonzes, incite à causer du bouddhisme bien que cette doctrine ait été modifiée, ou plutôt transformée par eux en une religion peu conforme aux idées que le grand Ascète enseigna.

Bien qu'il soit généralement admis que le bouddhisme est

1. C'est d'après une de ces copies que nous reproduisons un fragment de page de livre sacré écrit sur feuilles de latanier. Le livre auquel j'emprunte ce fragment de page comprend 22 feuilles de palmier percées d'un trou par où passe une corde de soie reliant les feuillets qui mesurent 60 centimètres de longueur sur 4 centimètres de largeur. Ces livres sont écrits avec un stylet de forme spéciale ; après quoi on passe l'encre, faite de noir de fumée et d'huile, sur la feuille, et celle-ci se dépose dans les caractères tracés en creux par le stylet.

la conception d'un personnage appelé Gautama, Çakya-Mouni ou Somana-Çudom, je ne pense pas que cette réforme du brahmanisme ait été spontanée, du seul fait de la volonté de son prétendu fondateur.

Il me paraît préférable de supposer qu'une secte de philosophes, consciente des aspirations nouvelles et du désir des peuples de l'Inde de se soustraire à la tyrannie des brahmanes et à la hantise de la métempsycose, se soit constituée pour transformer l'ancienne religion.

Qu'il se soit trouvé alors, plus tard, un ascète suffisamment écouté, d'une grande vertu, décidé à prêcher et à répandre la doctrine nouvelle, c'est possible. J'admets l'hypothèse de son existence. Mais il n'a été alors que le propagateur de l'idée que d'autres avaient fait germer lentement. Cela nous paraît plus logique ; parce que, si l'on ne saurait admettre qu'une religion, quelle qu'elle soit, puisse être imposée *ex abrupto* et recueillir aussitôt des adeptes, on ne peut nier qu'il est indispensable à toute religion de posséder l'apôtre convaincu, sachant former des disciples et répandre les doctrines dans la masse.

Çakya-Mouni, propagateur du bouddhisme, a donc existé et incarné le Bouddha. La légende, racontée dans les livres sacrés du Cambodge, explique la naissance et la vie de Somana-Çudom (1) de la façon suivante :

Arrivé par cinq cents existences successives à un degré de perfection presque absolue, Viçvantara, que le Dieu Indra vient de mettre à l'épreuve, prêche l'éternelle Loi aux dieux du Touchita, séjour céleste. Il est maintenant Bodhisattva et aspire au rang suprême de Bouddha.

L'instant paraît proche où il prendra cette dernière incarnation sous la forme humaine.

Le futur Bouddha sera fils de roi et verra le jour sur la terre de l'Inde. Ainsi en ont décidé les Dieux.

Ces événements se préparent vers l'an 624 avant Jésus-Christ.

1. Nom donné à l'incarnation du Bouddha par les Cambodgiens et qui vise le personnage appelé Çakya-Mouni dans l'Inde.

Ayant choisi la famille royale qui aura la gloire de le posséder comme fils, celui qui deviendra Çakya-Mouni désigne son successeur (1) et, *sous la forme d'un éléphant blanc*, apparaît, en songe, à la reine Màyà, femme du roi Çouddhodana. La reine, qui n'a pas encore enfanté, accomplit alors une religieuse retraite dans un temple.

L'éléphant blanc pénètre en elle d'une manière merveilleuse.

Réveillée, aussitôt après ce miracle, la reine raconte la vision extraordinaire au roi. Les brahmanes devins, assemblés en consultation pour exprimer leur avis sur ce songe, déclarent que l'auguste souveraine donnera le jour à un enfant mâle lequel sera Bouddha, c'est-à-dire que ses vertus et sa science profonde le conduiront sûrement au Nirvâna.

Vient l'époque fixée pour la naissance du Bouddha futur. La reine, en promenade aux environs de Kapilavastou, se sent tout à coup délivrée sans aucune souffrance.

Les cieux et la terre sont ébranlés aussitôt, pendant qu'une foule de danseuses et de musiciennes du paradis d'Indra offrent le nouveau-né aux divinités.

L'enfant qui vient de naître reçoit le nom de Siddhartha et les devins brahmanes déclarent qu'il commandera à l'Univers tout entier ou sera le Sauveur du monde, s'il accepte la vie de renoncements pour arriver à la connaissance de la Vérité et de la Loi éternelle. Le roi voulant que son fils soit le roi des rois le fait instruire et, dans la crainte qu'il n'embrasse la vie religieuse, le fait marier à seize ans. Mais le destin doit s'accomplir. Le prince Siddhartha, se promenant un jour, rencontre d'abord un vieillard, puis un malade et enfin un cadavre ; il demeure soucieux à la vue des misères humaines. C'est alors qu'un mendiant religieux se présente devant lui et qu'il comprend que la félicité est dans le renoncement au monde. Sa voie désormais tracée, il quitte son père (2).

1. Lequel ne sera élevé à la dignité de Bouddha qu'après 5000 années de Nirvâna de Çakya-Mouni.

2. Sa mère était morte presque aussitôt après sa naissance.

sa femme, son enfant. Suivi d'un écuyer, il fuit le palais, monté sur son cheval *Kanthaka*.

Arrivé au bord d'une rivière, il troque ses vêtements princiers contre un costume de religieux que les Dieux lui envoient. Renvoyant alors son écuyer et son cheval, il va trouver les brahmanes qui lui enseignent leurs doctrines. Comprenant que la Vérité n'est pas là, il abandonne ces maîtres pour aller méditer pendant six années dans la forêt d'Ourouvilvâ.

Siddhartha venait d'avoir trente-cinq ans, lorsque s'arrêtant un soir au pied d'un banian, il sent qu'il est arrivé à la Perfection absolue, qu'il est Bouddha. La compréhension de toutes les lois régissant l'Univers est pour lui immédiate. Alors, comme au jour de sa naissance, les cieux et la terre sont agités, l'allégresse devient générale et nombre de miracles s'accomplissent.

Bouddha réfléchit alors à la façon dont il fera connaître et comprendre la Loi de vérité. Résolu à faire triompher ses doctrines, il rassemble des religieux. Par des sermons remplis d'éloquence et de grand savoir, il arrive à les convaincre. Les premiers disciples sont trouvés.

Pendant quarante-cinq années le Bouddha va prêcher la Loi nouvelle que 300 millions d'êtres doivent observer plus tard.

Quelle est l'idée dominante dans le bouddhisme ?

Cette doctrine dit que l'être humain doit expier, dans des existences successives et nombreuses, toutes les fautes ou péchés commis dans une existence précédente et cela jusqu'à ce l'on ait mérité le *nirvâna*, c'est-à-dire l'état d'apathie absolue, la délivrance de l'âme qui, cessant de renaître, n'aura plus à expier.

Le brahmanisme admet l'immortalité de l'âme, le bouddhisme, au contraire, n'y croit pas. Puisque le corps se désagrège après la mort, la philosophie bouddhiste dément qu'il puisse subsister quelque chose d'immortel dans l'être humain périssable qui ne *paraît* lui-même exister que par suite d'une illusion engendrée par l'ignorance de la Vérité.

Mais alors, qui recevra la récompense ou le châtiment des fautes si, après la mort, il n'existe plus rien. Comment admettre, d'autre part, les *existences* successives et nombreuses qui, justement, d'après la doctrine, doivent expier avant de mériter le nirvâna ? Les lois bouddhiques de la transmigration tendent à expliquer ce qu'il est assez difficile de comprendre, à savoir : que l'être qui vient de mourir ne cesse pas d'*exister* puisqu'il *renaît* aussitôt dans un autre individu, et ainsi de suite, jusqu'à l'anéantissement final.

Ce que l'homme prend pour la mort n'est d'ailleurs qu'une *illusion*, puisque nous avons vu que le corps humain étant périssable, son existence ne pouvait être réelle. (Étrange théorie, et qui déroute, on en conviendra.)

On peut supposer cette *individualité nouvelle* comme n'étant pas de même essence que la précédente dont elle assure la succession ; elle expierait donc des fautes qu'elle n'aurait pas commises ? Non, car cela serait injuste et aucune religion ne pourrait subsister avec de pareils principes. Pour les bouddhistes, tout être organisé possède cinq *qualités* physiques ou mentales (forme, sensation, perception, impressions, conscience). Après la mort, c'est la dernière de ces cinq qualités qui renaît, mais sous une autre « *forme* », une autre « *sensation* », une « *perception* », des « *impressions* » nouvelles ; *qualités* différentes des anciennes, ayant cessé d'exister.

Tout ceci est compliqué. En définitive, car il faut bien conclure, le bouddhisme veut prouver que le *néant* seul est désirable, que *l'illusion* de l'existence signifie souffrance et qu'il faut y échapper au plus vite, en acquérant les vertus qui mènent au nirvâna.

Bouddha a voulu que la souffrance ne fût pas éternelle, que la transmigration ait une fin.

Cette *doctrine* a donc une supériorité sur le brahmanisme qu'elle réforme. En effet, l'immortalité de l'âme étant admise par les fidèles de Brahma, qui croient aussi à la métempsycose, les souffrances de ceux-ci peuvent être indéfinies, alors que la doctrine du Bouddha laisse au moins l'espérance qu'elles se termineront un jour.

Par quelles vertus, à la suite de quelles pratiques, les souffrances pourront-elles cesser ? En un mot, comment arriver au *nirvâna*, à cet état idéal où l'on ne souffre plus et auquel l'homme peut parvenir même *pendant la vie sur la terre?*

C'est, ma foi, fort simple. Vous souffrez, enseigne le Bouddha, parce que vous prétendez exister.

Or, la doctrine dit aussi que l'homme commet une erreur grossière en croyant qu'il existe : *ce n'est qu'une illusion*, l'ignorance de la Vérité. *Tout ce qui est périssable n'existe pas réellement.*

Instruisez-vous de cette vérité, croyez que vous n'existez pas, ne pensez plus à vous, par conséquent, à votre personnalité, *puisque vous n'existez pas*. Anéantissez-vous ; que les sens et la pensée s'abolissent au point de vous rendre indifférent à tout.

Arrivé à cet état de *sagesse* où l'absorption de votre personnalité sera complète, *puisque vous aurez compris enfin que vous n'existez pas*, les souffrances ne pourront plus vous atteindre. Vous ne revivrez pas davantage, la dernière *qualité* qui *renaît* après la mort (la conscience), vous manquant désormais. Vous n'êtes plus rien et c'est pour vous le nirvâna.

Mais pour en arriver là, — et voici la morale de cette doctrine, — il faut la Foi, ne pas perdre cette foi ardente. Etre doux et poli pour tous ses semblables. Etre honnête et pur, ne point songer à soi, mais aux autres êtres qui souffrent et soulager toutes les infortunes. Gagner sa vie honorablement. Etre charitable sans espoir de récompense mais dans le but d'être utile aux malheureux. Cette charité deviendra d'autant plus facile que vous serez plus *sage* et que *l'illusion d'exister* sera moins grande en vous. Observer toujours et sans cesse la doctrine, en retenir tous les préceptes et, par la méditation profonde, absolue, arriver à la Vérité, c'est-à-dire *croire qu'on n'existe pas.*

La morale bouddhiste puise la plupart de ses préceptes dans la morale brahmanique. Chaque être est ainsi personnellement responsable de ses actions bonnes ou mauvaises.

Toute faute entraîne son châtiment qui éloigne le coupable du nirvâna libérateur et toute bonne action reçoit sa récompense.

Défense de tuer, de voler, de commettre l'adultère, de mentir et de s'enivrer, tels sont les cinq commandements de la morale bouddhique.

Toutefois le nirvâna ne s'acquière pas en observant seulement ces commandements. L'aumône, la moralité absolue et beaucoup d'autres qualités sont exigées.

Mais tout ceci ne suffit pas encore et seuls, les religieux qui se consacrent entièrement au Bouddha et observent scrupuleusement la Loi, peuvent prétendre au nirvâna. Eux seuls arriveront peut-être à comprendre cette philosophie abstraite incompréhensible pour le peuple, qui, d'ailleurs, ne saurait acquérir toutes les vertus exigées par le Maître puisqu'il faut avant tout renoncer au monde. Cependant, à défaut du nirvâna, celui qui observe les commandements peut améliorer sa vie future, son *Karma*, et goûter dans les cieux inférieurs, les délices réservées aux êtres méritants.

Voilà donc sommairement exposées, la légende et la *doctrine* du Bouddhisme.

On ne peut s'empêcher de remarquer que l'amour du prochain et la charité poussée à l'extrême distinguent surtout sa morale qui est d'une grande élévation et, par certains côtés, se rapproche du christianisme.

La cosmogonie des Cambodgiens est suffisamment étrange pour que je ne la passe pas sous silence.

Point d'intervention divine dans la création du Monde. L'ensemble des mondes, l'Univers — matière impérissable et par conséquent éternelle — a été créé « en raison des mérites d'êtres animés qui ont existé de toute éternité, l'influence de ces mérites étant assez puissante pour donner à la matière sa force de cohésion et d'organisation. Dans ce chaos s'est formé un brouillard qui est devenu un nuage de pluie de plus en plus grand ; un vent violent s'est élevé et a imprimé à la masse des eaux un mouvement de rotation. Une partie de l'eau s'est écoulée, évaporée, et la Terre est apparue, maintenue en équilibre sur les eaux par ce vent impétueux » (1).

Les autres mondes se sont formés de la même manière et tous possèdent un système solaire pareil à celui que nous avons sur la Terre. Partant de ces idées, tout l'Univers serait peuplé, comme notre planète.

La Terre « fut peuplée d'anges ou génies dont les corps resplendissaient de lumière et ne prenaient pas de nourriture matérielle ; mais l'un de ces anges ayant goûté d'une terre odorante, les *sept mille nerfs du goût* furent tellement surexcités en lui qu'il ressentit désormais un irrésistible appétit pour cette nourriture. Ses compagnons l'imitèrent. Dès lors leur corps cessa d'être lumineux ; ce jour-là parut le Soleil, globe de cristal cerclé d'or.

« Puis la Lune, globe de cristal cerclé d'argent, vint éclairer les ténèbres. Enfin brillèrent les planètes et les étoiles.

« Dans la suite, ces esprits dégénérés mangèrent un grain d'une saveur particulière. De là vint le complément et le fonctionnement des organes et la distinction des sexes. Le sentiment de honte qui s'attache à la nudité engendra le besoin des vêtements.

« Il existe, suivant les Cambodgiens, d'accord sur ce point avec les sciences modernes, d'innombrables systèmes de mondes. Chacun de ces systèmes a pour centre une immense montagne appelée *Préa-Somé* dont le sommet est à un million de kilomètres au-dessus du niveau des eaux et la base à une égale profondeur sous les eaux. Ces mondes ont pour limites sept autres montagnes circulaires. Le soleil, la lune et les étoiles tournent autour de *Préa-Somé*. De là le jour et la nuit. Les astres sont guidés dans leur course par des anges; mais ceux-ci ont pour ennemis des anges rebelles qui habitent sous terre. Ils ont assez de puissance pour mettre la main sur le soleil et la lune, ce qui produit les éclipses ; mais le roi des anges rétablit l'ordre des choses.

1. Lemire. *Cochinchine française et royaume du Cambodge*, p. 393 et suiv.

«La surface plane de ce monde est divisée en quatre parties. Celle située au sud est habitée par l'espèce humaine et les trois autres par des races d'hommes aux formes bizarres (1). »

En ce qui concerne les séjours destinés à récompenser ou punir les actions bonnes ou mauvaises des êtres qui ne sont pas encore parvenus à l'état de *nirpéan* (*nirvâna* des Indiens) — et c'est le plus grand nombre, puisque, seuls, les religieux, par leur renoncement, peuvent y prétendre — « les Cambodgiens admettent une série de cieux inférieurs, habités par les anges (*tiwadas*). Au-dessus de ces cieux, il y a neuf autres séjours de félicité (*borôm*), dont les bienheureux habitants ont des corps. Enfin, il y a quatre cieux supérieurs peuplés d'esprits ayant des formes immatérielles, lumineuses, resplendissantes. Dans les cieux inférieurs on goûte des plaisirs sensuels ; mais à mesure que l'on s'élève, les jouissances deviennent de moins en moins matérielles, et l'on arrive enfin au parfait repos...

« A cent cinquante mille kilomètres sous terre est une série de huit enfers principaux. Le huitième, le *Noroc avichey*, est le plus terrible. Là sont punis l'adultère et l'ivrognerie. Il y a un juge à chacune des quatre portes de ces enfers, qui ne sont pas éternels. Les peines peuvent y être rachetées ou adoucies par les aumônes que les vivants font aux religieux. Les fautes commises contre les religieux ou la personne de Bouddha sont seules passibles d'un châtiment indéfiniment long et lorsque le huitième enfer sera détruit, les coupables seront transférés dans un enfer *avichey* dépendant d'un autre système de mondes, pour continuer à y être torturés...

«... Outre ces enfers, il y a encore de nombreux purgatoires et des lieux obscurs et froids où l'on achève d'expier des fautes légères (2). »

Le bouddhisme qui prit naissance dans l'Inde a été introduit au Cambodge vers le IVᵉ siècle de notre ère. Des prêtres bouddhistes venant de Ceylan auraient apporté les livres

1. Lemire. *Loc. cit.*
2. Lemire. *Loc. cit.*

sacrés qui furent plus tard traduits en langue cambodgienne. Du Cambodge, le bouddhisme s'étendit jusqu'à la Chine et au Japon. D'après la légende cambodgienne, Bouddha serait venu lui-même au Cambodge prêcher la Loi nouvelle. Une montagne de la province de Battambang est désignée comme ayant reçu la visite de Somana-Çudom. Des pèlerinages à cette montagne ont lieu chaque année. Ces hommages rendus au Bouddha peuvent surprendre. Il y a lieu de s'étonner aussi des temples et des statues élevés à la gloire du Maître qui enseigna la Sagesse infinie.

Bouddha n'a-t-il pas nié la Divinité ? Rien, dans la Loi prêchée par lui, n'indique qu'il ait jamais voulu être autre chose qu'un *homme* arrivé à la perfection absolue.

On ne peut dire que Somana-Çudom indiqua une *religion*. Le but du Grand Ascète a été de répandre une doctrine philosophique ayant pour objectif idéal la fin des souffrances que la métempsycose brahmanique rendait éternelles. Ne dit-il pas à son lit de mort qu'il va au Néant ? La Loi seule, la doctrine philosophique enseignée, doit survivre.

Le culte rendu au Bouddha, contraire à la doctrine, ne peut donc s'expliquer que par la reconnaissance de ses disciples. D'ailleurs, la masse des fidèles aurait-elle pu comprendre une morale sans Dieu ? Il fallait au peuple une idole ; l'église bouddhique a déifié Bouddha. Après l'adoration des reliques, vint l'adoration des statues dont toutes les pagodes sont pourvues. Les statues de Bouddha que l'on voit au Cambodge le représentent généralement assis, les jambes croisées.

Mon excellent ami Arthur B*** a rapporté en France une merveilleuse idole, sculptée dans un énorme bloc de bois de *track*, représentant Bouddha coiffé du *pnom* symbolisant la royauté et protégé, comme d'un parasol, par les *sept* têtes du serpent *naja* qui, de son corps enroulé, soulève le « Dieu » assis selon les rites (1).

1. Cette façon de représenter le Bouddha doit rappeler la tentative du génie du Mal voulant faire périr Somana-Çudom sous des torrents d'eau, tentative contrariée par l'intervention du Serpent Sauveur qui, d'après la légende, soulevant Bouddha au-dessus des flots, le protège encore de sa tête.

D'après le culte institué par l'Eglise bouddhique, on honore le Bouddha en récitant les livres sacrés où sont célébrées ses vertus; les offrandes lui sont agréables comme elles sont goûtées de tous les autres Bouddhas antérieurs à Somana-Çudom et des dieux inférieurs.

En définitive, la *religion* remplaçant la *doctrine*, par la volonté des prêtres, — commande d'adorer non seulement Bouddha, mais *les Bouddhas* supposés et les dieux secondaires.

Que ce culte est loin des enseignements du Grand Ascète Çakya-Mouni (Somana-Çudom)! Le mysticisme, voire la magie et la sorcellerie se mêlent aujourd'hui au bouddhisme, au point d'en transformer presque complètement la philosophie primitive. Au surplus le brahmanisme, religion première du Cambodge, a laissé des empreintes profondes, la masse du peuple n'ayant pu saisir les nuances qui distinguent les deux religions.

***

L'intérêt du sujet m'a entraîné plus loin que je ne l'aurais voulu dans cet exposé du bouddhisme qui, pour être complet, demanderait cependant un tout autre développement et, surtout, une étude mieux approfondie.

Pour causer de la doctrine du Bouddha il faudrait une initiation qui nous manque. Il faudrait aller puiser aux sources sûres, pénétrer auprès des théosophes de l'Inde qui méditent et enseignent cette philosophie abstraite si contraire aux aspirations chrétiennes.

Mais à quoi bon? Serions-nous pour cela disposés à nier l'existence d'un Dieu, et à déclarer l'inutilité de la prière à la divinité ?

Je reprends mon journal de route au point où il a été délaissé, c'est-à-dire au lendemain de la visite d'Angkor-Watt.

Les charrettes à buffles étant prêtes, nous quittons la sala vers cinq heures et demie du matin, pour gagner Angkor-Thom, avant que le soleil ne soit par trop brûlant.

Angkor-Thom, l'ancienne capitale de l'empire des Khmers, n'est pas fort éloignée d'Angkor-Watt. La forêt oblige malheureusement à faire des détours et ce n'est qu'après plusieurs heures de charrette que les ruines de la cité disparue, presque ensevelie sous la végétation, se découvrent à nos yeux.

Je renonce à décrire Ankgor-Thom. Des ruines partout, mais peu ou pas de monuments intacts. L'archéologie trouverait certainement à s'instruire ici ; le touriste demeure stupide et désillusionné devant ces éboulis où l'on manque parfois de se rompre les membres.

La forêt envahit tout, détruit tout ce que l'art khmer, arrivé au suprême degré, avait accumulé d'édifices merveilleux.

D'après la plupart des auteurs — car il est impossible de s'en rendre compte aujourd'hui — l'enceinte d'Angkor-Thom ne mesurait pas moins de quinze kilomètres de fortifications dont les murailles étaient de purs chefs-d'œuvre de sculpture. L'importance de la ville était donc considérable. Tours, ponts, portes et murailles devaient avoir l'aspect le plus imposant.

Comment tout cela a-t-il pu disparaître ? Comment cette puissance colossale de l'Empire Khmer dont les ruines d'Angkor sont un témoignage, a-t-elle pu sombrer assez rapidement pour que l'histoire n'ait pas eu le temps d'enregistrer cette chute ? Mystère que tout cela. « Cette ville était dans toute sa splendeur en 1295, d'après un écrivain chinois, et vers la fin du XVIe siècle, deux siècles et demi après, elle était le repaire des bêtes sauvages (1). »

Le temple, que le lieutenant R*** signale comme étant le Baïon, est encore en assez bon état de conservation et rappelle Angkor-Watt, bien que la forme de l'édifice soit différente. Nous retrouvons là, les trois étages concentriques convergeant vers le sanctuaire du Bouddha aux quatre têtes regardant les points cardinaux.

Les cinquante-deux tours qui couronnent le temple ont toutes le Bouddha à quatre têtes.

Le temps manque, pour visiter ces ruines en détail. Au surplus, nous ressentons déjà une grande fatigue à mar-

1. Lemire. *Cochinchine française et Royaume du Cambodge*, p. 407.

cher parmi les blocs effondrés, les lianes et les arbres enchevêtrés, après l'escalade et la descente des escaliers escarpés et branlants.

Il faut d'ailleurs rejoindre la *sala* d'Angkor-Watt où nous devons passer la nuit. Le lieutenant, furieux de n'avoir pu prendre des photos, regrette de s'être embarrassé d'un appareil inutile en raison des difficultés à trouver un emplacement permettant d'opérer avec quelque chance de succès.

Les bonzes d'Angkor-Thom nous regardent partir comme ils nous ont vu arriver, c'est-à-dire avec la plus complète indifférence.

Le supplice de la charrette recommence. En certains endroits, le chemin est si mauvais que les roues enfoncent jusqu'à l'essieu, tantôt d'un côté, tantôt de l'autre, en grinçant terriblement (1). Je me suis toujours demandé comment ces véhicules pouvaient supporter des chocs pareils sans se briser ; il est vrai que mon étonnement était aussi grand de ne pas être précipité sur le fût des arbres contre lesquels la charrette venait se heurter toutes les cinq minutes. Quel voyage !

A quand l'excursion d'Angkor en sleeping-car ? Cela sera préférable à bien des points de vue, mais, à ce moment, on regrettera peut-être l'original moyen de transport dont nous disposons aujourd'hui. L'homme n'est jamais satisfait.

Comme nous finissions de dîner, un peu remis des fatigues de la journée, nos regards se tournèrent vers la masse d'Angkor-Watt que l'ombre du soir envahissait rapidement. A moitié couchés sur nos matelas cambodgiens, le cadre nous portait tout naturellement à causer des origines des grands constructeurs d'Angkor, des habitants de cet empire des Khmers à jamais disparu, enseveli, semble-t-il, sous les ruines d'Angkor-Thom, ville géante devenue nécropole...

Les monuments et les ruines que nous venons de voir et

1. Les indigènes se gardent bien de supprimer le grincement des roues des voitures. Je crois même qu'ils cherchent à le rendre plus insupportable encore, *pour éloigner le tigre*, paraît-il.

d'admirer, sont trop empreints du caractère hindou, pour que l'on puisse douter un seul instant de l'origine aryenne des constructeurs d'Angkor.

Le peuple khmer serait donc venu de l'Inde, comme la tradition l'assure.

Cet envahisseur aurait traversé la Birmanie. Parvenu dans la vallée du Mékong il se trouve obligé de limiter sa domination au Cambodge, les Thiams, autres envahisseurs de la presqu'île indo-chinoise, étant les souverains maîtres de la partie qui constitue aujourd'hui la Cochinchine.

L'invasion khmère, au Cambodge, a dû avoir lieu au commencement de l'ère chrétienne, mais ce n'est là qu'une hypothèse. Pas plus que l'on ne peut affirmer le début de la domination de ce peuple, on ne peut fixer l'époque exacte où il parvint à l'apogée de sa gloire. Souhaitons que l'étude des monuments khmers permette de soulever un coin du voile épais de l'histoire d'un peuple dont la disparition spontanée, l'anéantissement complet, nous frappe de stupeur.

Que sont devenus les derniers Khmers échappés à l'effroyable hécatombe ? Il paraît peu probable que des Khmers aient subsisté au Cambodge après l'effondrement du puissant empire. Si cela était, le souvenir de cette race serait plus vivant chez les Cambodgiens d'aujourd'hui. Or les habitants actuels du Cambodge ne comprennent rien aux caractères tracés sur les pierres d'Angkor et demeurent stupides devant la splendeur des monuments en ruines.

Ne doit-on pas plutôt penser que les rares survivants ont été emmenés captifs par les vainqueurs ? Au surplus, les Cambodgiens d'aujourd'hui, tout en ayant les caractères ethniques des races aryennes, ne paraissent pas devoir être les descendants des puissants Khmers. Quant aux *Penongs*, aux Samrès, aux Pors, etc., etc., sauvages qui vivent actuellement à l'écart, retirés dans les forêts ou sur les montagnes, ils sont considérés comme des races autochtones, sans que l'on puisse être affirmatif à cet égard. Mais ce ne sont pas là des descendants du grand peuple. Ces sauvages aborigènes (?) durent fuir sans doute devant les conquérants khmers, au moment de l'invasion. Ils se sont conservés, jusqu'à nos jours, dans un tel état d'infériorité que les Cambodgiens et les Annamites les méprisent (1).

Non seulement le Cambodgien actuel ignore le sens des inscriptions d'Angkor, mais il n'a aucun souvenir de ses prétendus ancêtres. Et puis, devons-nous voir dans ces êtres simples, placides et peu courageux, les représentants de ceux qui élevèrent la ville géante d'Angkor-Thom, le splendide et majestueux Angkor-Watt ? Je ne le pense pas. Qu'une nouvelle émigration indienne ait eu lieu après l'anéantissement des Khmers, que cette émigration se fixant dans la vallée du Mékong se soit mélangée avec les races autochtones de la région laotienne, c'est fort possible.

Les points de ressemblance physique entre Laotiens et Cambodgiens sont assez accentués pour que l'on puisse accorder quelque valeur à cette hypothèse.

Le docteur Baurac, cité par le comte Barthélemy (2), décrit le Cambodgien de la façon suivante : « Plus grand, plus élancé que l'Annamite, bien proportionné, ses formes développées ne se dessinent pas à l'extérieur, n'a point de saillies musculaires, pas de contours arrêtés. D'une couleur jaunâtre, il présente quelquefois une teinte plus foncée, qu'il emprunte sans doute à *ses nombreux métissages*. Cette teinte varie avec les diverses parties du corps. Le Cambodgien est généralement vêtu ; il ne travaille pas le torse nu, comme l'Annamite de l'intérieur. Néanmoins, il s'expose au soleil. Les parties découvertes, le visage, la face dorsale, les mains et les jambes sont plus foncées.

« Le crâne est allongé, ovoïdal, dolichocéphale, les cheveux n'offrent pas une coloration bien franche ; châtains chez l'en-

1. Les Cambodgiens appellent ces sauvages *Penongs* et les Annamites *Moïs*, quels que soient leurs noms véritables.

On distingue parmi eux :

Les Pors (Province de Pursat).

Les Samrès (Province d'Angkor).

Les Penongs (au nord, sur la rive gauche du Mékong).

Les Stiengs (dans les forêts).

Les Prous (montagnes proches de l'Annam), etc., etc.

2. Barthélemy. *En Indo-Chine*, p. 58, Paris, 1899.

fant, ils deviennent rarement très noirs ; ils sont abondants et serrés, tantôt plats, tantôt légèrement ondulés ; leur implantation descend très bas sur les tempes et le front ; elle se fait chez les uns suivant une ligne assez régulière, chez les autres par une série de points qui donnent naissance à de petites touffes droites et disgracieuses. Le système pileux est peu développé sur le reste du corps ; point ou peu de barbe qu'ils épilent ; quelques villosités ornées de deux ou trois poils très longs et très soignés par celui qui les possède.

« L'ensemble du visage est ovale, le front est plat et bombé, *fuyant sur les côtés* ; les bosses frontales peu développées, *les sourcils légèrement arqués, fins et déliés*, les yeux obliques, souvent même droits, *la paupière supérieure toujours baissée* sous l'angle externe de l'œil ; l'*iris est foncé*, la sclérotique ictérique, *le nez épaté*, les *narines ouvertes*, la bouche moyenne, les dents petites et déchaussées, *noires* et projetées en avant à la mâchoire supérieure, *par l'usage continu du bétel*. Le menton est rond, fuyant, les oreilles souvent un peu basses et trop écartées des parois osseuses ; le cou est normal, les épaules horizontales et larges, *la poitrine bombée*, les *pectoraux saillants*, *les bras forts*, la main large et osseuse, les doigts longs, les *attaches grossières*, contrairement à l'Annamite et au Chinois. La taille est bien prise, le *buste court*, le *bassin normal*, les jambes droites mais *courtes*, le pied *large*, le gros orteil est toujours dépassé par le deuxième doigt. Le Cambodgien est paresseux, ses mouvements sont lents, le teint ne s'anime que rarement, mais il est dur à la fatigue et à la douleur ; il craint le froid ; sa voix est grêle et d'un timbre guttural. »

Le Cambodgien n'habite pas sur les montagnes, dont il considère le séjour comme dangereux. Il est d'ailleurs très superstitieux.

Quelles que soient ses origines, force nous est bien de constater que le peuple khmer, ou plutôt cambodgien, d'aujourd'hui, est un peuple déchu, incapable de se défendre par lui-même et destiné à l'asservissement. Nous doutons que le Cambodge puisse jamais retrouver son ancienne splendeur et sa puissance.

Parlant de Pnom-Penh (1) j'ai rapidement glissé sur l'historique de l'établissement du Protectorat français au Cambodge et dit quelques mots sur l'administration actuelle, en soulignant qu'avant notre intervention, le *despotisme d'un roi exerçait un pouvoir absolu, sans contrôle d'aucune sorte.*

L'origine hindoue des Cambodgiens se révèle donc encore dans la puissance royale, l'omnipotence et le despotisme du souverain faisant songer aux radjahs de l'Inde.

A tort, peut-être, j'ai omis d'indiquer les règles établies par les codes cambodgiens pour la succession au trône.

La noblesse héréditaire n'existe pas au Cambodge ; les *Prea-Vong*, les *Préans* (2) et les *Bakous* ne pouvant être considérés que comme faisant partie de castes privilégiées constituant une classe à part dans le royaume. C'est la caste des *Bakous* qui fournit le roi, et qui jouit, au Cambodge, des plus grands privilèges. Les *Bakous* seraient les descendants directs des Brahmanes qui auraient émigrés de l'Inde il y a deux mille ans. Cette caste puissante dut combattre longtemps les efforts des bouddhistes, mais, vaincue par ces derniers, elle supporta la religion nouvelle tout en conservant les anciennes idoles de Vichnou et de Siva, idoles qui existent toujours au Cambodge et qui sont vénérées par le roi et aussi par le peuple.

D'après les traditions, la famille du roi Norodom, de la caste des Bakous, aurait pour origine Bénarès.

Après le roi, vient l'*obbareach*, frère du souverain qui doit recueillir la succession du trône avant les princes fils du roi (3).

L'*obbareach*, tout en étant second roi, d'après l'usage, n'exerce aucun gouvernement.

1. Page 196.

2. Les *Préa-Vong* désignent les princes et leur descendance. Les *Préans*, eux, prétendent descendre de Brahma.

3. La France s'est réservé le droit de désigner dans l'avenir l'ordre de succession au trône du Cambodge.

Si l'on en juge par le nombre des enfants que le roi et son frère ont actuellement, le gouvernement français n'aura que l'embarras du choix pour assurer la succession de la couronne après la mort de Norodom et de l'*obbareach*.

Norodom qui a onze femmes légitimes est aujourd'hui le père de quatorze princes et d'une vingtaine de princesses. Son frère réunit dans son logis une douzaine de fils et presque autant de filles.

La population cambodgienne comprend deux autres classes qui viennent après celle des privilégiés ; dans l'une sont groupés les *libres*, les *mandarins* et les *bonzes*, dans l'autre, les *étrangers* et les *sauvages*.

Au lendemain de notre visite à Angkor-Thom nous étions encore courbaturés.

Malgré les matelas cambodgiens, nous ne goûtions, il est vrai, dans la *sala*, qu'un repos relatif et peu conforme à nos habitudes de bien-être. Pour de pareilles excursions, il faudrait un matériel complet d'explorateur, la brousse offrant peu de ressources. Il faudrait aussi des armes, le tigre n'étant pas rare dans la contrée. Ce blagueur de Daô prétendait même avoir entendu, pendant la nuit dernière, le seigneur tigre *(ong cop)* (1) chasser dans le voisinage.

Nous ne devions rejoindre Siemreap que dans la soirée, aussi revîmes-nous avec plaisir, et plus en détail, le majestueux temple d'Angkor-Watt. Le lieutenant en profita pour prendre des photos dont quelques reproductions sont faites au cours de ces notes.

Un séjour de plusieurs mois à Angkor serait nécessaire pour étudier toutes les merveilles qui s'y trouvent. Mais il ne nous était pas permis de rester aussi longtemps.

A quatre heures du soir, nous remontions dans nos peu confortables véhicules pour regagner Siemreap où nous par-

---

1. *Ong cop* est le terme employé par les annamites pour désigner le tigre. Ong-cop signifie, dans leur langue, *seigneur-tigre*. Le tigre chassant dans la brousse fait entendre un cri : *cop..*, *cop...*, de là le nom que lui ont donné les indigènes.

venions vers six heures. C'était encore une nuit à passer dans une *sala*.

4 novembre.

Dix heures et demie du matin.

En avance sur l'heure indiquée par le capitaine, nous retrouvons « *L'Attalo* » au Grand Lac, à l'endroit même où nous l'avions quitté trois jours auparavant. Pendant le déjeuner nous parlons d'Angkor, naturellement. Toutefois, le commandant de « *L'Attalo* » n'est pas friand du sujet ; connaissant de longue date les opinions, aussi nombreuses que variées, des touristes ayant pris passage à son bord. Les ruines recevant la visite d'une centaine de voyageurs chaque année, on conçoit que le vieux colonial, tout en avouant n'avoir jamais vu Angkor, pouvait connaître tout cela mieux que nous, simplement par ouï dire.

La sieste nous réclamant, c'est avec reconnaissance que nous acceptons, après le café, les cabines que l'obligeant capitaine met à notre disposition pour quelques heures.

Après ce repos salutaire, nous nous trouvons dans de meilleures dispositions pour terminer le voyage vers Pursat...

Nous approchons du Viam. Au coup de sirène, la petite flottille de sampans se dirige vers le bateau à force de rames. Je reconnais les miliciens chargés d'accompagner le courrier et ses sacs de dépêches.

Afin d'arriver plus tôt nous devons prendre la pirogue de la poste, beaucoup plus rapide que le sampan où le *bep* Dao est chargé d'installer et d'accompagner nos cantines.

Après un dernier adieu au capitaine de « *L'Attalo* », couchés sous le rouf de notre fragile embarcation, nous gagnons la forêt inondée, pendant que le vapeur s'éloigne rapidement vers Kompong-Chnang et Pnom-Penh.

Le lieutenant et moi renonçons à toute conversation, trop fatigués que nous sommes l'un et l'autre. Après une heure de navigation nous dormons sur les étroites banquettes de la pirogue...

... Lorsque je m'éveille, le soleil est depuis longtemps couché. Dans la crainte d'éveiller mon compagnon qui ronfle en face de moi je n'ose bouger. Au bout d'un quart d'heure cependant, les piqûres de moustiques devenant intolérables, je gesticule tant et si bien que le lieutenant s'éveille à son tour en maudissant les terribles insectes.

Il faut songer au dîner, mais on n'y voit goutte sous le rouf ; ni l'un ni l'autre n'avons prévu l'éclairage de notre salle à manger flottante.

Un des miliciens nous tire d'embarras avec une torche résineuse qui donne plus de fumée que de clarté. C'est mieux que rien ; grâce à cette « illumination » nous pouvons déballer les provisions achetées à bord du providentiel « *Attalo* ». Jambon, poulet froid, pain frais, tel est le menu. Les assiettes faisant défaut, ainsi que les fourchettes, on fabrique des sandwichs, c'est plus commode. Par bonheur nous avons songé à prendre les gobelets de métal de la malle aux provisions restée avec Dao ; cette précaution nous vaut de ne pas être contraints de boire à même la bouteille.

A la sala de la bonzerie de Kanthior nous pouvons nous dégourdir un peu les jambes.

Les miliciens ont courageusement ramé, car nous arrivons à ce point vers dix heures du soir, alors que les sampans n'y parviennent guère ordinairement qu'à deux heures du matin.

La dernière partie du voyage est assez bien supportée. Malgré les attaques des moustiques nous dormons jusqu'à l'aube. A huit heures nous accostons à l'appontement du poste, juste au moment où le détachement rentre d'un exercice de service en campagne.

Je revois avec plaisir le lieutenant M***, mes camarades Arthur et René et les soldats du poste. A Pursat, je me retrouve en pays de connaissance. Ce que M. G***, l'aimable fonctionnaire de Saïgon, disait à propos de la vie de brousse me revient à l'esprit. Cette existence est bien, en effet, le rêve pour un colonial. Plus de préjugés, plus de conventions dans les postes. C'est la belle existence libre, en face de l'imposante nature tropicale.

J'aurais fait un excellent colon, c'est certain. A quoi tient la destinée ? L'avenir devait démontrer que mon chemin de Damas était ailleurs.

12 novembre.

Le lieutenant M*** vient de quitter Pursat pour rejoindre Saïgon et la France.

Son désir d'aller combattre en Chine n'a pas été plus exaucé que celui de tous les marsouins du petit poste cambodgien. C'est un régiment d'infanterie de ligne que le ministre désigna pour aller recueillir en Chine les lauriers auxquels l'infanterie coloniale avait droit ! A quoi sert l'infanterie coloniale alors ? Est-ce pour faire simplement l'exercice comme en France que nous sollicitons tous l'honneur de servir aux colonies ? A cette besogne nous ne tenons guère cependant et si nous quittons la métropole pour les colonies lointaines c'est surtout avec l'espérance que nous pourrons servir la Patrie autrement qu'au terrain de manœuvres.

C'est sans doute pour favoriser l'armée de terre que fut modifiée l'appellation des troupes de la marine en 1900 et qu'on plaça ces mêmes troupes sous les ordres du ministre de la Guerre.

Le fait d'envoyer un régiment de ligne en Chine, alors que des milliers de volontaires de l'infanterie coloniale étaient là, prêts à partir, est une injustice flagrante et aussi une maladresse. N'a-t-on pas vu le 40e régiment d'infanterie arriver à Port-Saïd sans casques et s'étonner du soleil des tropiques ! ! On a raconté que le colonel de ce régiment avait acheté tout le stock de casques nécessaires à ses hommes dans une *maison anglaise* de Port-Saïd ! Lorsque cette troupe arriva à Saïgon il fallut l'équiper de fond en comble. Comme on avait oublié les casques pour le voyage, on avait oublié d'emporter des vêtements de drap et des ceintures de flanelle. Et ces troupes allaient arriver en Chine pour l'hiver qui est particulièrement rigoureux !

Encore une fois, pourquoi s'adresser aux régiments de ligne, puisqu'il existe une *infanterie coloniale ?* Le souvenir du

200e Régiment qui perdit presque tous ses hommes à Madagascar devrait être une leçon profitable. Il faut croire qu'en France on aimera toujours bien amonceler des difficultés là où il n'y en a pas. Glissons.

24 décembre.

Le réveillon s'annonce mal. Un vent d'anarchie souffle sur le poste, depuis que le lieutenant R*** en a pris le commandement.

A quoi attribuer ce fâcheux état de choses ?

Nous croyons deviner que le mécontentement vient surtout de ce que le détachement ne sera pas relevé cette année. Conséquence des événements de Chine dont nous ne profitons guère. Au lieu d'un an de séjour, c'est deux années que nous devrons passer à Pursat.

Et c'est cela qui énerve tous ces hommes jeunes privés de tout ce qui fait, pour eux, le charme des villes. Pour être marsouin on n'en est pas moins homme. On n'est pas de bois, et dame, à Pursat, ce n'est pas précisément le beau sexe qui domine !!...

Tous les marsouins, dans l'espoir du retour à Saïgon, avaient fait des économies. Ceux qui ont droit à la haute paie (et ils sont nombreux), possèdent même, aujourd'hui, des sommes importantes.

L'argent devient inutile dans la brousse, mais à Saïgon, que ne peut-on avoir avec des piastres !!... La perspective de nouvelles *privations*, après avoir longtemps espéré les joies saïgonnaises n'était certes pas de nature à réjouir le cœur des troupiers de Pursat.

En de pareilles circonstances, mes deux camarades et moi apprenons avec tristesse la nouvelle du départ du lieutenant rappelé à Saïgon par télégramme du colonel. Qui viendra le remplacer ? C'est la question que nous nous posons intérieurement tous les trois. Par une chance extraordinaire nous venions d'avoir successivement deux officiers charmants. Le troisième sera-t-il aussi bon que ses prédécesseurs ?

Et puis, dans l'état d'esprit des hommes, n'allons-nous pas

être obligés, en l'absence de tout officier, de sévir contre les fauteurs de trouble de plus en plus nombreux?

Ces craintes exprimées au lieutenant, celui-ci cherche à nous rassurer, tout en nous donnant ses derniers ordres, conseils d'ami plutôt. Rappelant notre voyage aux ruines d'Angkor, M. R*** me fait promettre de continuer pour lui la collection d'armes cambodgiennes qu'il a commencée. Enfin, après avoir vidé une dernière fois nos coupes, nous disons adieu au lieutenant qui doit se trouver demain au Grand-Lac, pour y prendre la chaloupe spécialement envoyée de Pnom-Penh.

Suivant les instructions du lieutenant R***, les marsouins fêteront le réveillon à leur guise ; quant à nous, l'expérience de l'année dernière suffit et nous ne songeons pas à recommencer.

31 décembre.

Comme étrennes le colonel nous adresse l'adjudant Alexandre. Voilà donc le nouveau commandant d'armes destiné à Pursat !

Devant son refus de prendre les repas avec nous, nous jugeons de suite le bonhomme.

1er janvier.

Le nouveau commandant d'armes, *alias* Alexandre l'adjudant, n'a pas cru devoir nous accompagner aujourd'hui dans les visites officielles aux fonctionnaires européens. Inutile d'ajouter que le résident, le chancelier, etc. se trouvent déjà, de ce fait, bien disposés à l'égard du nouveau venu qui manque si légèrement au savoir-vivre le plus élémentaire.

Bien entendu, Alexandre n'assiste pas davantage au dîner de la Résidence.

Hâtons-nous d'ajouter que son absence n'enlève aucun éclat à cette réunion charmante qui se termine le plus gaiement du monde à deux heures du matin.

2 janvier.

Alexandre fulmine et veut nous « boucler » parce que nous

sommes rentrés à deux heures du matin, *sans permission*. Diable, diable, nous avions oublié que le poste possédait, *maintenant*, un vrai commandant d'armes et qu'il fallait lui demander la permission de sortir.

La vie du poste allait être gaie avec cet « oiseau ».

Jusqu'à ce jour la plus grande liberté avait été octroyée par les divers commandants d'armes, ceux-ci ayant reconnu l'extrême discrétion avec laquelle nous sortions le soir. L'adjudant, lui, ne paraît pas disposé à suivre cet exemple.

20 février.

A vrai dire, ce brave Alexandre n'était pas méchant, mais il était littéralement « épaté » de se trouver grand « manitou » d'un poste de quarante hommes. Du jour où il mit son paraphe à côté du cachet de commandant d'armes, il crut, de bonne foi, que « c'était arrivé », qu'il n'y avait plus qu'à prendre des airs de dictateur et jouer au petit Napoléon. Ce pauvre adjudant! S'il ne devint pas fou au cours de ses cinquante jours de commandement, ce ne fut vraiment pas de la faute des marsouins.

Mais aussi, Alexandre se croyait encore en France, dans son régiment de « biffins ».

Exercices, marches, revues, corvées, emplissaient maintenant le tableau de service; seulement il n'y avait personne pour l'exécuter.

Sur quarante hommes, lorsque le clairon sonnait e rassemblement, il s'en présentait dix: trois sous-officiers, quatre caporaux, le clairon, et deux soldats de 1re classe; tout le reste était ou malade, ou indisponible.

L'adjudant, — non, le commandant d'armes — menaçait alors de tout briser et d'employer tous les moyens coercitifs en son pouvoir. Rien n'y faisait.

N'étant pas médecin, il se voyait chaque jour obligé de « reconnaître » comme malades ceux-là même qui ne l'étaient pas; les « carottiers » ne demandant rien moins que leur évacuation sur l'hôpital de Pnom-Penh, si on ne les exemptait pas de service!

Alexandre, rendant les sous-officiers responsables de cette anarchie, l'existence devenait intolérable à Pursat. Nous nous étions décidé, après un mois passé sous la férule, à écrire au lieutenant R***, à Saïgon, pour lui exposer la situation et lui signaler les effets du nouveau mode de commandement. En réponse, un télégramme nous engageait à obéir et une lettre, très amicale, nous informait, quelques jours après, que le colonel, surpris des punitions prononcées à Pursat, venait de signer le rappel du trop zélé commandant d'armes.

Le courrier officiel de ce matin contenait, en effet, l'ordre enjoignant au bel Alexandre de regagner Saïgon par les voies les plus rapides.

Je renonce à dépeindre l'expression du visage de l'adjudant à la lecture de l'ordre qui lui apprenait sa disgrâce. Le pauvre homme était anéanti, écrasé, ne sachant comment annoncer la nouvelle.

Dans l'attitude réglementaire du « garde à vous », je savourais délicieusement l'effet produit par la prose du colonel, attendant les pièces administratives concernant mon service de fourrier.

Au bout de cinq minutes, Alexandre put enfin parler :

— Fourrier, le colonel me rappelle à Saïgon.

Froidement, escomptant l'effet que mes paroles vont produire, je réplique :

— Je le savais, mon adjudant.

Un coup de fouet, lui cinglant les mollets, n'eût certainement pas produit un sursaut plus grand chez le sous-off'.

— Vous le saviez ? Par qui et comment ?

— Je ne puis vous répondre sur ce point, mon adjudant.

— Vous connaissez sans doute aussi les motifs de mon rappel, n'est-ce pas ?

— Oui, mon adjudant.

— C'est bien, vous pouvez vous retirer.

— Dois-je réquisitionner les charrettes nécessaires à votre départ, mon adjudant ?

Scrutant mon regard, Alexandre, blême de rage, se lève d'un bond :

— Faites attention fourrier, votre ironie pourrait vous coûter cher !

— Je ne comprends pas, mon adjudant.

— Ne m'obligez pas à vous rappeler que vous devez attendre mes ordres et ne pas interroger. Rompez.

Satisfait, je me retire pour ne pas éclater de rire au nez du pauvre Alexandre qui appelle son boy pour préparer ses bagages.

22 février.

C'est fait, nous sommes débarrassés de la bête noire. Alexandre, affalé dans une charrette, « la dernière charrette », a quitté le poste où il eût mieux fait de ne jamais mettre les pieds.

Tout le monde est dans la joie. Arthur B*** a pris le commandement comme étant le plus ancien sous-officier. Toutefois, il est décidé que les mauvaises têtes vont être signalées au commandant de la compagnie avant l'arrivée d'un nouveau chef de détachement.

27 février.

Le lieutenant M*** vient d'arriver, monté sur un des éléphants de la Résidence envoyés à sa rencontre à Kompong-Chnang.

La physionomie du nouveau commandant d'armes est plutôt sympathique, le premier contact avec notre officier de détachement donne bon espoir sur nos futures relations.

Résumant les paroles d'arrivée il ressort que recommandés par le lieutenant R***, les sous-officiers peuvent compter sur la bienveillance de leur nouveau chef tout comme ce dernier se trouve assuré de notre plus entier dévouement.

4 mars.

Voir les indigènes au dehors est insuffisant pour se faire une idée bien exacte de leurs mœurs.

Croyant pénétrer les secrets de la vie familiale des Cambodgiens nous avions accepté avec plaisir l'invitation qui nous était faite de dîner chez un *mès-roc* des environs de Pursat à qui, jadis, j'avais acheté un cheval.

Pour plus de commodité dans la conversation, nous avions résolu d'emmener le fidèle Daô comme interprète, car si notre hôte n'entendait pas beaucoup le français, nous comprenions encore moins la langue cambodgienne si différente de l'annamite et du chinois (1).

La demeure de notre amphitryon, distante de 3 kilomètres du poste, se trouvait construite en face du *Stung Pursat*, au sein d'une jolie palmeraie. Juchés sur pilotis, la case très vaste et les communs y attenant, s'élevaient au-dessus d'un sol battu, semblable à une aire de grange, dont l'extraordinaire propreté nous surprit.

Après avoir fait admirer ses plantations d'aréquiers et un superbe champ d'ananas, le *mès-roc*, dont la figure rayonnait, nous fit pénétrer dans son habitation de paillotte, vraiment confortable pour le pays.

La grande pièce où nous pénétrons mesure 7 mètres sur 5. Le plancher recouvert de nattes très fines est aussi pourvu de plusieurs matelas pliés qui attendent d'être utilisés par les fumeurs d'opium.

Le couvert est dressé à même les nattes. Le mobilier cambodgien ne comprenant ni tables ni chaises, nous nous plaçons en cercle, assis en tailleurs, devant les assiettes d'un service de marque française récemment acheté par le *mès-roc* à la

1. Alors que l'annamite et le chinois sont des langues chantantes, le cambodgien, au contraire, est une langue rauque, gutturale, n'ayant pas de tons, mais des accents. L'établissement des phrases est assez compliqué par suite de l'absence d'articles, de déclinaisons, du singulier et du pluriel. Les genres, les nombres et les conjugaisons font également défaut.

« L'écriture est phonétique. L'alphabet se compose de vingt-quatre caractères primitifs qu'on emploie seuls, et de trente-trois lettres ou caractères qui se modifient d'une trentaine de façons pour former des syllabes au moyen de caractères uniformes affectés à chacun de ces caractères. Le cambodgien s'écrit de gauche à droite comme les langues d'Europe. Il ressemble au pali carré. Quelquefois on arrondit les caractères. Les Cambodgiens peuvent lire le pali, mais sans comprendre le sens des mots. La langue s'apprend en bien moins de temps qu'il n'en faut pour la langue annamite. » (LEMIRE. *Cochinchine française et royaume du Cambodge*, p. 430 et suiv.)

vente du matériel de notre regretté camarade Lagnel. Le Cambodgien se montre très fier de cette acquisition qu'il se disputa avec des Chinois, pour le payer fort cher, d'ailleurs, (45 piastres, je crois, soit environ 115 fr. alors que ce service de table avait bien coûté, tout neuf, 60 fr. au maximum).

Quatre esclaves, accroupis derrière chacun des convives, manient de grands éventails de plumes qui remplacent ici le panka.

Deux autres esclaves, remplissant les rôles de maîtres-d'hôtel, apportent sans cesse des mets bizarres auxquels nous nous efforçons de faire honneur, sans y parvenir.

Daô, resté à l'écart, nous explique la façon dont ces mets sont préparés et bien qu'il affirme leur excellence, notre appétit demeure réfractaire à la cuisine cambodgienne par trop épicée et tout à fait répugnante à l'œil. Poisson séché assaisonné de *nuoc-mam*, porc et poulet bouillis, tout cela est présenté en morceaux gros comme des dés qu'il faut aller pêcher dans le plat avec de petits bâtonnets de bois très difficiles à manier. Le brave *mès-roc* s'étonne de voir que nous ne mangeons pas. Lui, paraît se régaler extraordinairement, les bols de riz disparaissent comme par enchantement lorsqu'il les approche de ses lèvres gourmandes. Le *choum-choum*, comme boisson ordinaire, nous paraît absolument détestable.

Mais le repas nous inquiétait fort peu. Nous aurions voulu voir à ce dîner les femmes du dignitaire cambodgien et celles-ci ne paraissaient pas. Nous étions volés. Daô, chargé de demander des explications, converse longtemps avec le maître du logis dont la face s'obscurcit subitement. Les mots de *propone* (1) reviennent souvent, enfin notre *bep* annamite finit par nous expliquer que les femmes ne mangent jamais avec leur mari quand celui-ci a des invités. Fâcheuses coutumes !

Les Cambodgiens seraient-ils jaloux ? Pas du tout ; l'explication est tout autre. Au Cambodge, la femme est considérée

1. Femme cambodgienne.

comme l'inférieure de l'homme, aussi ne saurait-on l'admettre à un festin où des étrangers sont conviés.

Daô, qui habite le Cambodge depuis fort longtemps, s'était bien gardé de nous renseigner sur les usages familiaux du pays. Nous constations, un peu tard, que notre visite au *mès-roc* avait eu surtout pour résultat de nous faire absorber un mauvais dîner dont nous complimentons cependant notre hôte. Souriant largement, celui-ci nous reconduit cérémonieusement jusqu'à la route, nous gratifiant d'une foule de salamalecs avant que nous ne prenions congé.

15 mars.

La vie du poste a repris son beau calme. Mon ami Arthur B*** vient de partir pour la France et René a été rappelé à Saïgon. Deux nouveaux camarades sont venus les remplacer dans leurs emplois, mais non pas comme amis.

Notre trio était si étroitement uni que de pareilles amitiés se retrouvent difficilement.

Aussi je commence à m'ennuyer, à désirer plus ardemment que jamais mon retour en France.

Tant que la vie de brousse présentait de la nouveauté, de l'inconnu, tout était parfait. Maintenant, aujourd'hui est la répétition d'hier, les jours se suivent et se ressemblent à peu de chose près.

Je songe à ce que j'écrivais il y a peu de temps encore sur le charme de l'existence des postes. De tout on se lasse, il faut croire, car je n'ai plus la même opinion. La brousse ne me séduit plus comme jadis et je sens la nostalgie s'emparer de moi très souvent. Réagir devient pénible et les anciennes distractions, comme la photographie (1), la chasse ou l'équi-

1. Trop de déboires attendent d'ailleurs l'amateur photographe. Sous ces latitudes, ce n'est qu'au prix des plus grandes précautions de laboratoire qu'on peut obtenir quelques bons clichés. L'obligation de développer la nuit, lorsque la chaleur est moins forte, la grande difficulté éprouvée, pour maintenir les bains à une température suffisamment basse et se procurer de l'eau à peu près propre, suffisent souvent à décourager les meilleures volontés.

tation sont sans intérêt maintenant. La lecture serait un refuge, mais depuis longtemps j'ai dévoré toute la bibliothèque.

Par habitude, je vais tous les soirs chez le commis des Douanes qui s'abrutit d'opium et qui finit par ne plus m'amuser du tout.

J'assiste chaque jour aux progrès des ravages que la terrible drogue occasionne dans l'organisme du malheureux fonctionnaire. Emporté par sa passion funeste, le pauvre diable ne songe même pas à manger, rien n'existe plus pour lui, en dehors de la « pipette »...

A dix heures, je m'achemine lentement vers le poste, regagnant ma couche, ou m'attardant parfois à regarder, de loin, les lueurs fantastiques de la brousse incendiée dont les hautes herbes crépitent en brûlant avec un bruit de feu d'artifice.

20 avril.

Je m'étonne de ne pas poursuivre mon journal avec plus de régularité, mais, vraiment, les événements sont si rares, qu'à moins de répéter ce que j'ai déjà écrit, il n'y a rien à dire, le plus souvent.

La visite d'un missionnaire arrivé ce matin me donne l'occasion de reprendre les papiers trop souvent délaissés.

Le bon Père est tout joyeux de se trouver auprès de quelques compatriotes, après plusieurs mois passés dans la brousse. Toutefois, ce digne ecclésiastique se plaint du petit nombre de conversions recueillies ; le Cambodgien est ancré dans sa foi et Jésus ne saurait remplacer Bouddha au Cambodge.

Tout en préparant un apéritif copieux qui s'opalise doucement, le Père ne cesse de raconter anecdotes sur anecdotes.

C'est un vieux broussard, habitué à la vie rude; son langage se ressent quelque peu de son genre d'existence ultra-libre. Mais quel brave homme! De tels prêtres sont trop rares qui, sans s'inquiéter de politique, ne songent qu'à faire aimer leur Dieu et la France..... C'est par lui que nous apprenons les mœurs cambodgiennes et que nous sommes initiés aux croyances des indigènes. Comme les annamites, les cambodgiens ont des bons et mauvais génies. Le missionnaire déplore toutes ces erreurs chez ses catéchumènes difficiles à convaincre des beautés du catholicisme. Nous passons avec lui quelques heures charmantes, mais trop courtes ; l'infatigable pasteur va s'enfoncer à nouveau dans la jungle pour y porter la bonne parole. Je crains, pour lui, l'amertume des prédications non couronnées de succès.

Nous l'accompagnons pendant quelques kilomètres, dans la direction de Soï don Kéou, pour revenir ensuite à travers les rizières où les indigènes, juchés sur de petits miradores de bambous assemblés, gardent la récolte en poussant continuellement des cris perçants destinés à chasser les corbeaux et autres oiseaux destructeurs.

La culture du riz n'a pas, au Cambodge, la même importance qu'en Cochinchine (1).

---

1. Cette culture serait cependant d'un excellent rapport, le Cambodge étant très fertile. Comme autres productions naturelles les Cambodgiens récoltent encore le maïs, la canne à sucre, l'igname, la patate, le sagou et le manioc. On trouve aussi des cultures de choux, de tomates, d'aubergines et de potirons.

Le palmier à sucre est encore une des richesses du Cambodge. Le poivre et la cannelle récoltés dans la province de Kampot sont des sources de revenus très importants pour le pays.

Parmi les nombreux arbres fruitiers on rencontre à profusion le cocotier et l'aréquier. Le caféier, le mangoustanier, le manguier, le goyavier, l'oranger, le citronnier, le pamplemoussier, le bananier et le papayer, abondent également et sont cultivés concurremment avec l'arbre à pain, le jujubier, le grenadier et l'ananas.

Il est regrettable que la culture du coton ne soit pas faite avec plus de méthode, car de beaux bénéfices pourraient en résulter. L'abacca réussirait à merveille si la culture en était introduite au Cambodge par des colons avisés.

Les arachides récoltées ici sont de bonne qualité et donnent une proportion d'huile importante.

Les plantes tinctoriales convenablement exploitées donneraient d'excellents résultats, l'*indigotier*, le *chompu*, le *leac*, le *sbeng*, le *sambac-prahut*, se rencontrent en abondance.

Le tabac se cultive au Cambodge avec la plus grande facilité et sa qualité est de beaucoup supérieure à celle du tabac de Cochinchine.

Le cardamome, que l'on trouve à l'état sauvage et en grande abondance sur les montagnes de la province de Pursat, se vend à un prix très élevé (35 fr. le kilogramme).

La vanille pousse également à l'état sauvage et il y aurait là une culture rémunératrice à exploiter par des colons français.

L'indigène n'exploite pas le riz. Pourvu qu'il récolte ce qui est nécessaire à la nourriture de sa famille pendant une année, cela lui suffit. On voit même des Cambodgiens assez paresseux pour ne pas récolter le riz qui, selon eux, serait en excédent de leur consommation annuelle. Ces singuliers cultivateurs laissent alors pourrir sur place tout ce qu'ils ne croient pas pouvoir manger. On n'est pas plus philosophe !

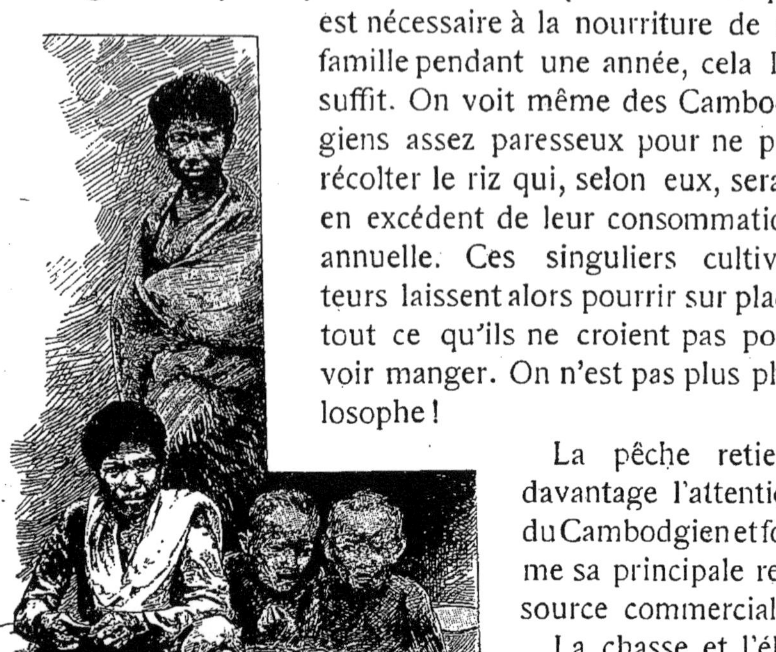

Coin de marché au Cambodge (1)

La pêche retient davantage l'attention du Cambodgien et forme sa principale ressource commerciale.

La chasse et l'élevage pourraient être très productifs, mais l'indigène se désintéresse de tout cela. Les Européens devraient profiter des richesses inexploitées du Cambodge. L'agriculture,

---

Moins paresseux, le Cambodgien pourrait utiliser toutes les richesses de son sol, et elles sont nombreuses.

En dehors des plantes alimentaires, des épices, des arbres fruitiers, des plantes textiles, oléagineuses, tinctoriales ou autres, les forêts offrent encore des ressources extraordinaires.

Le *kaki*, le *kblong*, le *trach*, le *knor-prey*, le *tralack*, etc., etc. sont particulièrement recherchés pour la construction des bateaux. D'autres espèces pourraient être utilisées pour la menuiserie et l'ébénisterie.

Il y a aussi les arbres sacrés comme le *tatrau*, employé seulement pour la sculpture des idoles ou la construction des pagodes, le *tum-chec* qui sert à fabriquer des baguettes pour brûler devant les idoles, et le *banian* qui est consacré à Bouddha.

1. Cliché Vuibert et Nony (Doumer. *L'Indo-Chine française.*)

l'élevage, le commerce des bois étant autant de branches susceptibles de retenir leur attention et de les enrichir.

5 mai.

Les pluies sont revenues avec leur vilain cortège d'ennuis. Des vols de fourmis énormes viennent nous incommoder presque chaque jour.

Les fourmis abondent à Pursat, mais c'est la première fois que je vois des fourmis ailées en aussi grande quantité. Depuis longtemps je ne songe plus à m'étonner des seaux de sable apportés par les migrations de ces insectes traversant ma chambre à certains jours.

On croirait voir de véritables compagnies, des bataillons en marche, tant les groupes sont compacts et bien alignés. Hier, j'ai vu passer ainsi, pendant plus de deux heures, sans interruption, des milliers et des millions de fourmis. Où allaient-elles ? Sans doute fonder une colonie comme celles que nous voyons à chaque pas dans la brousse, bosselant le sol, s'élevant en tumuli ou bien encore garnissant de terre les arbres à plus de deux mètres du pied.

Bouinais et Paulus (1), rapportent que les indigènes utilisent les nids de fourmis blanches pour la cuisson de la chaux en pratiquant, dans les tumuli coniques construits par les insectes, « une ouverture circulaire de 1 mètre de diamètre qui représente la cheminée. Un homme pénètre dans le nid, élargit la cheminée à sa partie inférieure pour former la chambre du four et enfin il pratique à l'extérieur la bouche. Ces fours ont jusqu'à 3 mètres de hauteur » (2).

Avant que les pluies ne rendent la brousse et les forêts impraticables, nous profitons des derniers beaux jours pour chasser l'aigrette et le marabout dont les dépouilles feront des heureuses en France. Il n'est pas de lettre qui me parvienne

1. Bouinais et Paulus. *Le Royaume de Cambodge*. Paris, 1884, p. 62.

2. Les fourmis ne procurent pas que des avantages, les inconvénients qui résultent de leur présence sont certainement plus nombreux ; c'est ainsi que les denrées alimentaires doivent être protégées de leur invasion en les isolant dans des meubles dont les pieds trempent dans des vases remplis d'eau renouvelée aussi souvent que possible.

sans réclamation à propos de ces gracieux ornements. Mais il n'est pas toujours facile de satisfaire toutes les demandes des dames de ma famille désireuses de garnir leurs chapeaux avec les beaux plumages blancs si légers et si rares.

Un pont dans la forêt

Pour cette chasse intéressante, nous nous tenons volontiers à proximité d'un petit pont en dos d'âne traversant un arroyo qui serpente dans un paysage délicieux, au milieu de la verdure des bambous, des yaos, des palmiers et des banians sacrés.

Les aigrettes, parties le matin dans la direction du Grand-

Lac, rentrent en bande vers six heures du soir ; c'est l'instant que nous choisissons pour leur envoyer du plomb pas assez meurtrier à notre gré. Par des sentes presque impraticables, nous revenons au poste après un arrêt à une bonzerie où les prêtres sont particulièrement affables et nous invitent parfois à *boire l'eau coco.*

Une pagode dans la brousse.

La première fois qu'ils nous firent cette politesse, leur proposition, énoncée en un français incompréhensible, nous laissa perplexes. Un bonzillon était venu à notre rencontre dans la clairière et, tendant le bras dans la direction de la bonzerie qui s'abrite sous les palmiers et les cocotiers géants, ce petit bonhomme, enveloppé de la longue tunique jaune, avait dit, croyions-nous, « *voir l'ococo* ». Immédiatement, nous pensâmes qu'il s'agissait d'un dignitaire quelconque et, déjà intéressés, nous suivions le moinillon, lorsqu'à notre profonde surprise, nous vîmes celui-ci ramasser d'énormes noix de coco qu'un esclave juché au faîte d'un cocotier détachait à grands coups de coupe-coupe. On nous offrait simplement de nous rafraîchir avec le lait renfermé dans les noix.

Depuis lors, nous ne manquions jamais de nous arrêter quelques instants parmi les bonzes. L'un d'eux causait assez bien notre langue pour fournir des renseignements sur les usages religieux, les mœurs et les coutumes cambodgiennes.

Bon nombre de cérémonies que j'eus l'occasion de voir et qui seraient demeurées incompréhensibles pour moi, me furent expliquées avec beaucoup de bonne grâce par le bonze en question.

15 mai.

Les travaux de construction des routes entrepris depuis six mois sont désormais interrompus par la mauvaise saison. Je crains bien que tous les efforts de la Résidence pour mener cette œuvre à bonne fin, n'aient été inutiles. De telles routes, construites sans pierres — (on n'en trouve pas dans la région) — n'ont aucune solidité. Le foulage de toutes ces terres rapportées est insuffisant et l'on ne peut raisonnablement croire que le gazon des talus maintiendra toute la masse. Les pluies ont si bien détrempé ce bel ouvrage que nous risquons l'enlizement sur la route où le chancelier conduit les éléphants. Les pachydermes enfoncent comme s'ils marchaient dans du beurre. Il faut gagner la brousse pour rentrer à Pursat. La route a vécu. Qu'à cela ne tienne; il est probable qu'on la reconstruira dans les mêmes conditions pendant la saison prochaine et qu'elle sera de nouveau détruite par les pluies. A quoi servirait le budget, s'il n'en était pas ainsi ?

25 mai.

Informé des fêtes qu'un gouverneur cambodgien donne à l'occasion du mariage de sa fille, je n'hésite pas à demander au lieutenant l'autorisation de suivre les cérémonies d'assez près.

Parti au petit jour, j'arrive à cinq heures auprès d'un hangar où se trouvent déjà rassemblés une trentaine de personnes accroupies sur des nattes, à côté d'une quantité de paniers renfermant des chiques de bétel.

Un jeune homme, le fiancé sans doute, est assis au milieu d'un espace libre, ayant auprès de lui un homme et une femme qui, à n'en pas douter, sont le père et la mère du futur époux.

Trois vieillards aux cheveux blancs, taillés en brosse, se tiennent auprès d'eux.

A un moment donné ces trois patriarches se dressent et, comme s'ils détenaient le Saint-Sacrement, s'en vont, vers une case toute proche, porter des boîtes remplies de feuilles de bétel, de noix d'arec, de chaux, de tabac et aussi de choum-choum. A leur suite, et au risque d'être indiscret, je pénètre dans l'intérieur de la paillotte remplie d'indigènes, en habits de gala, assis sur des nattes et formant cercle autour du père et de la mère de la fiancée et d'un vieux Cambodgien à figure vénérable.

Le gouverneur, en m'apercevant, fait mine de se lever, mais, devant mes gestes de protestation, se rassied en m'indiquant de la main une place sur les nattes tout près de lui, place que je refuse également.

S'inclinant devant ces personnes, les trois porteurs de chiques de bétel commencent une distribution en règle. On chique et on boit avec frénésie pendant qu'éclate, dans un coin de la paillotte, le tintamarre d'un orchestre de cloches, de tam-tams et de fifres.

C'est en vain que je cherche à découvrir la fiancée ; celle-ci demeure invisible.

Abasourdi par le bruit de la musique et des rires de l'assistance en liesse, j'abandonne l'intérieur de la paillotte où tout le monde s'apprête à manger. Le brave gouverneur cambodgien s'élance à ma poursuite et veut me retenir malgré mes protestations. Sous le hangar, la fête bat aussi son plein. Le choum-choum a l'air de surexciter joliment tous les convives.

Le repas se prolonge pendant plus d'une heure, la quantité de victuailles absorbée me semble considérable.

Interrompue pendant le déjeuner, la musique reprend de

Types cambodgiens en costumes de gala.

plus belle et paraît devoir continuer jusqu'au soir. Le petit boy panka m'a rejoint avec des provisions et me rappelle que l'heure du déjeuner est arrivée. La sala voisine va nous servir de salle à manger...

Assourdissant, le bruit des gongs et des tam-tams parvient jusqu'ici ; malgré mon envie de faire la sieste, je dois y renoncer. D'ailleurs, mon petit boy fait de tels signaux avec ses bras qu'il doit se passer quelque chose d'extraordinaire chez le gouverneur.

J'arrive à temps pour assister au défilé de la famille du fiancé qui, du hangar, se dirige vers la demeure de la future épouse. Les hommes ont revêtu le grand costume national, c'est-à-dire la veste blanche aux boutons d'or, très courte et moulant le torse et le magnifique sampot de soie aux couleurs changeantes, les bas blancs et les souliers à boucles d'or ou d'argent. Mais ce sont là de riches Cambodgiens ou des dignitaires amis de la famille, car si nous remarquons, en tête, quelques hommes à coiffures dorées, aux vestes chocolat rehaussées d'une écharpe de soie, par contre nous voyons venir à la suite la foule des invités tête et pieds nus.

Pareilles à des statues de bronze animées, les *propones* s'avancent majestueusement tête nue, les cheveux taillés ras, à la Bressant, comme les hommes, les épaules et les bras découverts, les reins, la poitrine et les seins sanglés dans une écharpe de soie dont les pans retombent jusque sur le sampot de riche tissu qui recouvre le corps dans sa partie inférieure. Les jambes, bien musclées, sont nues. Quelques jeunes filles se mêlent aux épouses et se distinguent de celles-ci par leurs longs cheveux d'ébène ; elles traînent par la main des bambins embarrassés de leurs sampots neufs. Ces enfants excitent la curiosité avec leur coupe de cheveux ; le crâne est presque complètement rasé à l'exception d'une touffe qui s'enroule en un minuscule chignon sur le sommet de la tête, comme un petit pnom (1).

---

1. Dans leur ouvrage *Le Royaume du Cambodge* (p. 48 et 49), Bouinais et Paulus, parlant de la tonte des cheveux des enfants, ou *cat-sac*, qui a lieu de onze à treize ans, empruntent à Moura les lignes suivantes :

« De nos jours, les Khmers rasent les cheveux aux enfants dans le premier mois de leur naissance, en choisissant un jour et un moment propices. On fait, à cette occasion, une petite fête d'intérieur à laquelle on convie quelques bonzes qui récitent des prières et donnent leur bénédiction.

« Cette première cérémonie porte le nom de *cat-sac-prey* (la coupe des cheveux sauvages). On donne alors à l'enfant son premier nom. A partir de ce

Dans des corbeilles ou dressés sur des plats se trouvent les cadeaux du fiancé à la famille de sa future femme.

Je compte au passage soixante-quinze présents dont trente poulets, autant de gâteaux, tous différents, sur un nombre égal de plateaux et enfin quinze superbes canards.

A grand'peine, je me fraye un passage et peut voir du seuil de la case où viennent de pénétrer les parents et les ambassadeurs du fiancé, la réception des cadeaux par le vieillard qui assiste le père et la mère de la fiancée. La musique tintamaresque éclate encore pendant que circulent les chiques de bétel parmi l'assistance et que les parents et les invités de l'époux regagnent le hangar pour le repas du soir.

Il est environ cinq heures lorsque de nouvelles visites ont lieu à la demeure de la fiancée pour saluer encore la famille et lui offrir le bétel, avant de se séparer pour la quatrième fois.

Mais voici que les deux familles se rassemblent au dehors, auprès d'un petit autel dressé entre le hangar et la canha de la fiancée. Un Cambodgien se détache et porte vers l'autel un panier de riz cuit mélangé avec de la viande en morceaux. C'est l'offrande aux génies protecteurs auxquels on demande le bonheur pour les époux.

La mariée demeure toujours invisible, où est-elle ?

L'ignorance où je suis de la langue cambodgienne me plonge une fois de plus dans un cruel embarras. La plupart des

---

moment, les cheveux sont rasés une fois le mois, afin sans doute d'en fortifier la racine.

« A deux ou trois ans, on laisse pousser sur le sommet de la tête un toupet de forme circulaire ; et lorsque les cheveux ont atteint, à cet endroit, une certaine longueur, on les tortille, on les noue et on les arrête au moyen d'une grande épingle en or, en argent ou en cuivre, suivant le rang et le degré de fortune des parents. L'autre partie de la tête est rasée tous les mois régulièrement et c'est dans la coupe de ce petit toupet que consiste le *cat-sac*. Les cheveux rasés en cérémonie avec des pratiques minutieuses qui rappellent la nomination de M. Jourdain à la dignité de Mamamouchi ou celle du Malade imaginaire au grade de docteur, le néophyte revêt un costume léger pour le rite de l'eau. Il est aspergé, essuyé, oint d'huile consacrée et parfumée. Enfin on fait avaler au jeune homme quelques cuillerées d'eau de coco et de riz. »

rites de la cérémonie m'échappent ou, ne les comprenant pas, me laissent indifférent, Mieux vaudrait pour moi regagner le poste avant la nuit. Comme ces réflexions me viennent, l'arrivée du chancelier de la résidence de Pursat me tire d'embarras. Suivi du nouveau garde principal et du lieutenant indigène de milice, le chancelier commence par se moquer de ma patience en apprenant que, depuis le matin, les fêtes nuptiales me retiennent dans ce coin de brousse. Pendant qu'il fait réquisitionner un cheval pour me permettre de rentrer à Pursat en sa compagnie, l'aimable fonctionnaire veut bien m'expliquer que je perds mon temps en cherchant à comprendre tout seul les formalités du mariage cambodgien. Ce que j'ai vu pendant cette journée ne forme que les préliminaires des fêtes. Il faudrait demeurer pendant deux journées et deux nuits pour assister à toutes les cérémonies auxquelles le mariage donne lieu.

Après l'offre du bétel, après le repas, le don des cadeaux et l'offrande aux génies protecteurs, il reste encore à régler pour cette première journée le repas du soir et la ligature des bras du fiancé et de sa future.

Le cérémonial de la ligature des bras est des plus curieux.

La fiancée, qui depuis le matin n'a point quitté sa chambre, se tient, parée de ses atours de gala, assise et les jambes croisées, ayant devant elle un bol rempli d'eau d'où émerge une petite bougie de cire allumée. Un dignitaire pénètre alors dans la chambre, accompagné par le vieillard qui veille à l'exécution stricte de tous les rites.

Le haut personnage, s'asseyant en face de la fiancée, reçoit des mains du vieillard sept brins de coton.

Après avoir présenté dix-huit fois de haut en bas les brins à la flamme de la petite bougie du bol, il brûle ces brins de manière à en faire deux parts dont l'une tombe dans le récipient appelé *ptal*.

Avec l'autre moitié, la même présentation des ligatures est faite à la flamme dix-neuf fois de bas en haut et autant de fois de haut en bas. La jeune fille présente alors son bras gauche pour que le dignitaire lui fasse un bracelet au moyen des brins de coton.

Le fiancé reçoit, dans les mêmes conditions, un bracelet semblable.

C'est, en quelque sorte, l'équivalent de l'anneau nuptial de nos mariages catholiques.

La ligature des bras terminée, le dignitaire choisi présente ses souhaits aux époux en élevant devant lui deux plateaux entre lesquels une poule a été placée.

Les cérémonies de la première journée se terminent après le souhait de bonheur, mais les parents et amis des époux n'en continuent pas moins à festoyer jusqu'à une heure avancée de la nuit pour s'endormir ensuite, le plus souvent, sur le lieu même des ripailles.

La seconde journée des noces n'est pas moins chargée que la première.

Dès l'aurore, tout le monde se lève au bruit du gong et suit le marié, monté à cheval, jusqu'au pied de l'escalier de la paillotte où la fiancée attend toujours enfermée.

Descendant de son coursier, l'époux se livre aux mains d'un enfant qui, après lui avoir lavé les pieds, le conduit auprès du vieillard chargé du protocole et ensuite le fait asseoir non loin de sa future famille qu'il salue en présentant d'abord à chacun des trois premiers parents une fleur d'aréquier, puis les sampots et enfin l'argent représentant le prix du lait tété par la femme qu'il a choisie.

Enfin on introduit la fiancée qui vient s'asseoir à la gauche de son mari pour que soient renouvelées, une fois encore, les cérémonies de la ligature des bras et du souhait de bonheur.

Puis, sept Cambodgiens formant cercle autour des époux font circuler une bougie allumée, sept fois de suite.

La fête continue toute la journée et le soir le mari peut enfin rejoindre sa femme pour lui offrir, devant sa famille, le riz, la banane et la chique de bétel, symboles de l'obligation qu'il contracte d'entretenir son épouse.

Pendant que nous chevauchions dans la direction du poste, le chancelier complétait ses intéressantes explications, l'allure modérée des chevaux permettant de causer facilement.

Après qu'il eut tout raconté sur les formalités du mariage cambodgien, l'aimable causeur, répondant à une de mes nombreuses questions, vint à parler des fiançailles, de la femme cambodgienne et de sa condition sociale, suivant que celle-ci est première, seconde ou troisième épouse. Il serait trop long de reproduire tout ce qui fut dit au cours de cette conversation. Je ne consigne ici que le résumé.

En ce qui concerne les fiançailles, quelques-unes des formalités ressemblent assez à nos usages.

Le jeune homme qui distingue une jeune fille et désire l'épouser en cause d'abord à ses parents ; si ceux-ci agréent la fille choisie ils envoient, auprès de la famille, des amis communs chargés de connaître les intentions de cette famille à l'égard du prétendant.

La demande en mariage n'est faite que quelques jours après et c'est à ce moment que les ambassadeurs du prétendant remettent les cadeaux à la famille de la jeune fille. Aussitôt après les accordailles, le fiancé est admis dans la demeure de sa future, il travaille avec ceux qui seront ses beaux-parents. Désormais il habitera sous le même toit que sa fiancée, mais dans une partie éloignée de la chambre de celle-ci.

La fréquentation des jeunes gens a pour but de mieux les faire connaître l'un à l'autre. La vie journalière démontre si le jeune homme a bon caractère, s'il est courageux et s'il possède une bonne santé. C'est à ces conditions que le mariage pourra avoir lieu au bout d'un temps plus ou moins long, variant de quelques semaines à plusieurs années.

La polygamie existe au Cambodge, mais on rencontre beaucoup d'indigènes n'ayant qu'une femme. La loi admet trois sortes d'épouses ayant chacune un rang bien distinct dans le ménage et au point de vue légal.

La première femme, appelée *propone thom* ou grande épouse, est celle que l'on a obtenue des parents après toutes les cérémonies d'usage. On la considère comme la mère de toute la progéniture du mari, quel que soit le nombre des femmes de celui-ci. C'est la *propone thom* qui dirige la maison et jouit de tous les honneurs.

La *propone candal* est l'épouse de secong rang obtenue des mains de sa famille, mais sans que les cérémonies soient nécessaires.

La troisième épouse, nommée *propone chong*, est prise aussi dans sa famille, après assentiment des parents, mais sans cérémonies.

Une « *propone chong* »

Bien que la loi autorise trois sortes d'épouses, le mari ne peut prendre plusieurs femmes que si la *propone thom* y consent et si les femmes choisies, pour le second ou le troisième rang, lui conviennent. La première femme a toujours droit au respect des autres femmes de son mari. *Propones candal* et *propones chong* doivent servir les *propones thom*.

L'adultère n'est pas fréquent chez les Cambodgiens dont les mœurs sont plutôt pures.

La loi est, d'ailleurs, très sévère pour ce crime qui entraîne pour la femme coupable l'affront public (1) et l'amende. Son complice est condamné à l'amende.

1. Les femmes adultères, condamnées par le tribunal, sont promenées à travers le village pour confesser leur faute. Elles ont le visage caché derrière un treillis de bambou, en forme de panier, où pendent des fleurs rouges.

Le divorce existe au Cambodge, mais, en général, les époux qui se séparent sont peu nombreux ; il faut des motifs particulièrement graves pour amener la dissolution du mariage.

Il était plus de huit heures lorsque nous arrivâmes au poste. Malgré la longueur du chemin, le temps avait paru bien court.

Après avoir remercié le chancelier comme il convenait, je m'empressai de rejoindre les camarades qui m'attendaient pour dîner, non sans inquiétude au sujet de mon retard.

Le lieutenant indigène de milice, qui avait pris en croupe le jeune boy panka, devait se charger de retourner le cheval réquisitionné. Pour le récompenser de ses bons soins, je lui fis remettre comme cadeau deux bouteilles de tafia dont les Cambodgiens sont particulièrement gourmands, en le priant, toutefois, de vouloir bien en réserver une pour le propriétaire du cheval. Cette commission risque fort de ne pas être faite.

5 juin.

Un à un les fonctionnaires quittent Pursat. Vais-je demeurer seul « ancien » au milieu des nouveaux venus? Partis le Résident, le commis principal des Douanes et le receveur des Postes.

Plus de réunions charmantes, plus de séances musicales à la Résidence où chacun produisait son talent (!) Mes seules joies viennent maintenant des lettres qui arrivent de France. Il faut être isolé du monde, pour comprendre vraiment toute la portée d'une missive. On a écrit et la réponse attendue parvient, enfin, après trois mois d'espérance !...

La pensée du broussard n'a pas quitté la lettre qui partait vers la France, comme elle n'a pas quitté la réponse. Car tout est calculé. On suppute les jours de départ et d'arrivée du courrier. Combien de fois aussi se leurre-t-on d'espoirs chimériques ! La poste n'apporte rien ou bien ce n'est pas ce que l'on attendait. Alors, triste pendant un jour, on renaît à l'espoir les jours suivants et ainsi de suite, jusqu'au moment béni où la lettre chère arrive toute imprégnée de tendres pensées...

17 juin.

Le spectacle auquel nous venons d'assister est bien un des plus curieux qu'il m'ait été donné de voir.

Dans la journée d'hier nous avions capturé, avec l'aide du bouvier cambodgien, un caïman de belle taille endormi sur le bord de l'arroyo.

Embarrassés de cette capture, nous avions jugé que le saurien, muselé et solidement attaché, trouverait sa place dans le bassin du parc à bestiaux. Mais la présence de cet hôte était si peu du goût des bœufs d'approvisionnement que ceux-ci gagnèrent la brousse pendant la nuit et qu'il fallut faire une battue pour les retrouver.

En présence du peu de sympathie que le caïman rencontrait au poste, sa mort fut décidée pour ce matin, le lieutement nous ayant, d'ailleurs, admonesté vertement au sujet de cette fantaisie extravagante.

Le boucher du poste, un gascon vantard, fut désigné pour mettre l'animal à mort. Ce brave type n'avait plus la belle faconde qui le signalait d'ordinaire à l'attention de ses camarades, il était vert. Mais il fallait en finir. Après que trois hommes se furent assis sur la queue du crocodile retourné sur le dos, pendant que deux hommes maintenaient la tête immobile au moyen d'un long bambou placé en travers du corps de l'animal, le sacrificateur se mit à l'œuvre.

Le ventre fut ouvert largement, de la tête à la queue, et le caïman vidé complètement, cœur et poumons y compris. Ceci fait, comme le boucher déjà satisfait de son œuvre se mettait en devoir de dépouiller la victime, celle-ci, d'un violent coup de queue, se débarrasse des trois hommes qui se trouvaient sur cette partie du corps. Notre gascon abandonne précipitamment la place. Les deux hommes qui maintenaient la tête exécutent le même mouvement de retraite. Par bonheur, l'alligator se trouve encore enchaîné par une patte ce qui ne l'empêche pas de se remettre debout et de devenir effrayant. Le rotin qui muselait l'énorme gueule cède sous les efforts de la bête qui devient menaçante et lance à droite et à gauche des coups de queue terribles.

Un moment désemparés par la surprise, nous ne songeons plus, médusés par le spectacle de cette vitalité incompréhensible chez un animal que nous croyions privé des organes essentiels à l'existence. Mais les boys indigènes ont plus de sang-froid. Prenant un gros bambou de 5 à 6 mètres de longueur, ils l'enfoncent hardiment dans la gueule démesurément ouverte, jusqu'à ce que l'une des extrémités ressorte par le ventre béant. Embroché de la sorte, le caïman trouve encore assez de force pour briser le bambou qu'il faut remplacer par un autre, de même grosseur, avant de pouvoir remettre le saurien sur le dos. La mort ne survient qu'une heure après ce manège.

Cette résistance est vraiment surprenante. Nous n'aurions jamais cru qu'un animal pouvait conserver autant de force après avoir été mutilé de telle façon.

On nous avait bien raconté, qu'à Mytho les caïmans capturés étaient immédiatement amputés de la queue, puis lâchés dans un vivier; que, loin de mourir de cette opération, on les retrouvait, au bout d'un certain temps, pourvus d'une queue nouvelle dont on les amputait à nouveau (1).

Mais il n'y avait là rien de très surprenant, si l'on considère que les lézards se trouvent dans les mêmes conditions et que, privés de leur appendice caudal, ils n'en continuent pas moins à se bien porter. Ce que nous venions de voir était autrement curieux et de nature à déconcerter bon nombre de personnes.

1. La chair de cette partie des caïmans est fort recherchée des gourmets annamites et se vend couramment sur les marchés indigènes. Nous avons voulu goûter à ce plat exotique et cela n'a pas été un régal. La viande très ferme ressemble assez comme aspect à celle du veau, tout en étant plus blanche, mais certainement moins savoureuse.

En définitive, nous ne nous sentons pas plus de goût pour la queue de caïman que pour la trompe d'éléphant qui est un mets détestable.

17 juillet.

Ces lignes seront les dernières que j'écrirai de Pursat. Dans quelques jours, l'instant du départ aura sonné pour moi. C'est par faveur qu'il me sera permis de regagner Saïgon bien avant mon embarquement pour la France. Tenant à visiter quelques points de la Cochinchine, j'ai sollicité une permission que le colonel a bien voulu m'accorder. Je pars donc dans cinq jours, par le second courrier d'eau.

Le 14 Juillet n'a pas eu, cette année, le même attrait que l'an dernier. Pas de représentation théâtrale et moins de divertissements pour les indigènes.

On sent que M. R*** était l'âme de ces réjouissances ; lui parti, c'en est fait des fêtes officielles comme des petites réunions privées.

Mon successeur étant arrivé par le dernier courrier, je peux à loisir préparer mes bagages. Ce n'est pas une petite affaire. Bien que possédant d'énormes caisses, je ne sais si mes collections d'armes et de bibelots, trouveront place...

Pnom-Penh, 24 juillet.

Ramené ici le malheureux commis des Douanes, incapable de tenir plus longtemps à Pursat. Maigre à faire peur, le pauvre diable n'a cependant pas cessé de fumer l'opium qui le tue. Dans le sampan qui nous conduisait au Grand-Lac, sa *congaïe* préparait patiemment et sans trève les pipes terribles et meurtrières que le fumeur aspirait avec avidité, les yeux agrandis regardant dans l'Au-delà. Quel effrayant spectacle !

Ce compagnon de route doit entrer ce soir à l'hôpital de Pnom-Penh ; il ne peut songer, en effet, à poursuivre jusqu'à Saïgon, dans l'état de santé où il se trouve.

Inconscient, le malade me fait ses adieux, tout en promettant de venir me voir à son passage à Paris. Pourra-t-il tenir sa promesse ? Il serait téméraire de l'espérer. Victime de la drogue, cet amant de l'opium dormira peut-être son dernier sommeil, avant même que je ne sois à Marseille.

Combien, comme lui, ne reverront plus jamais le beau pays de France où des êtres chers attendent vainement leur retour !!

QUATRIÈME PARTIE

VERS LA FRANCE

aintenant que j'ai repris contact avec le sol de France, que deux mois se sont écoulés depuis mon retour, reprenons, au point où je les ai laissées, les impressions de route.

Deux ans plus tôt, je quittais la France, heureux de partir vers cet Extrême-Orient, si lointain, que je désirais tant connaître. Au moment de quitter la colonie, une joie plus intense encore s'emparait de moi. Pourtant, ces années passées sous le ciel d'Indo-Chine étaient remplies d'agréables souvenirs. Mais j'allais revoir la France, retrouver tous les miens, vivre enfin pendant quelques mois dans l'atmosphère d'affection familiale dont j'étais sevré depuis longtemps et qui, malgré ma nature aventureuse, me manquait je l'avoue.

Préparatifs, adieux, départ, tout cela s'accomplit avec tant de fièvre que mes impressions du moment en demeurent confuses, brouillées dans mon cerveau. La glissade en sampan, la nuit, à travers la forêt plusieurs fois traversée, le trajet des Grands-Lacs à Pnom-Penh, la soirée passée en compagnie des sous-off's de ce poste, mon embarquement et l'arrivée à Saïgon, sont autant d'événements précipités dont le souvenir est si vague que je crois presque inutile de les rappeler ici.

Un fait, pourtant, m'étonne aujourd'hui : c'est de ne pas avoir songé à faire mes adieux à la petite Japonaise de Pnom-

Penh, à *Fleur de Pêcher*. Aurais-je décidément le cœur insensible, pour oublier ainsi, après Thi Nam, la djoro si mignarde et si tendre ? Mieux vaut peut-être ne pas l'avoir revue, cependant. L'aventure demeure charmante, alors que j'en aurais sans doute emporté une toute autre impression, en revoyant la mousmé avant mon départ.

*
* *

René B***, libéré et nanti d'un bon emploi dans une maison de commerce saïgonnaise, m'attendait au débarcadère du bateau pour m'offrir l'hospitalité dans sa demeure. Le brave ami ! Sa voiture se chargeant de mes encombrants bagages, je me dirige vers la citadelle pour faire au colonel mon rapport sur les incidents de traversée.

Le paquebot de France, sur lequel je dois prendre passage, quitte Saïgon le 15 août. Profitant de ma liberté de permissionnaire pour compléter ces notes, je décide de voir quelques points de la Cochinchine et en particulier, le Cap Saint-Jacques.

M. G***, ainsi que ses deux amis ont quitté Saïgon depuis plusieurs mois. Je le regrette. Leur connaissance du pays aurait pu être précieuse pour la documentation que je voulais réunir.

12 août.

Le Cap Saint-Jacques est un endroit charmant. Les cinq journées que je viens d'y passer comptent parmi les meilleures de mon séjour dans la colonie. Des excursions faites autour de Saïgon, c'est certainement celle du Cap qui me laisse le souvenir le plus agréable.

René avait tenu à m'accompagner dans ce dernier déplacement qui lui permettait d'ailleurs de traiter quelques affaires pour le compte de la maison où il était employé et associé.

De l'hôtel où nous prenons pension, la vue s'étend sur la Baie des Cocotiers délicieusement rafraîchie par les vents du large. Sur la droite, en regardant la mer, on remarque la villa du Gouverneur Général, plus imposante que gracieuse, construite au flanc de la montagne.

A gauche, la montagne du Cap domine le paysage et dresse son phare situé à 150 mètres au-dessus du niveau de la mer.

Deux plages permettent aux baigneurs de prendre leurs ébats, tantôt sur le sable fin, tantôt parmi le chaos des roches éboulées.

De l'hôtel, il est facile de se rendre dans toutes les directions, les routes convergeant vers ce point central.

Une jolie promenade, faite à l'arrivée, est celle du débarcadère jusqu'à l'hôtel, en suivant la route de la corniche, pittoresque à souhait. Les fleurettes roses ou mauves s'étendent un peu partout, au milieu des rochers que l'écume des flots recouvre parfois en même temps que les palétuviers tordus et rabougris qui s'avancent dans la mer.

Si l'on prolonge cette promenade vers la baie de Tiwan qui se trouve à 2 kilomètres de l'hôtel environ, la route s'enfonce sous un bois ravissant de cocotiers, d'aréquiers et de bananiers, puis traverse une immense étendue couverte de lotus rouges.

Parvenus à la plage qui s'allonge sur plusieurs kilomètres en formant un croissant de dunes, nous voyons, dans le prolongement du Cap, un petit monticule surmonté d'une pagode où l'on peut accéder à marée basse, mais assez difficilement, en passant de rochers en rochers.

Nous retrouvons au Cap quelques sous-officiers rencontrés à Saïgon, et avec qui nous refaisons connaissance en prenant l'apéritif obligatoire.

La garnison du Cap Saint-Jacques comprend une compagnie d'infanterie coloniale, une batterie d'artillerie coloniale et un détachement de la 5e compagnie d'ouvriers.

*
* *

Avant de poursuivre, il ne serait peut-être pas inutile, au moment où nous allons examiner la situation militaire de la Cochinchine, de jeter un rapide coup d'œil sur la politique de ces dernières années en Extrême-Orient et d'étudier sommairement les conséquences que celle-ci peut avoir pour nos possessions indo-chinoises.

A l'heure actuelle, la question d'Extrême-Orient préoccupe toutes les puissances qui ont des intérêts de ce côté du globe et la France est du nombre. Or, nous pouvons craindre que les agissements de notre diplomatie n'aient pas toujours été vus d'un bon œil, non seulement de certaine puissance européenne, mais encore de plusieurs Etats asiatiques.

Mais il y a plus. Notre façon d'agir vis-à-vis des populations soumises à la domination française n'est peut-être pas de nature à nous attirer la sympathie des indigènes que nous criblons d'impôts sans cesse plus lourds. L'Administration n'a pas toujours la mansuétude désirable et l'on peut supposer que toutes les tracasseries des fonctionnaires finiront par nous desservir dans l'esprit des Annamites. Si elles ne conduisent pas à la rébellion, ces tracasseries pourront tout au moins nous empêcher de compter sur la fidélité de nos sujets jaunes au jour du danger.

En raison de ce qui précède, il pourrait être intéressant de se demander si notre domaine colonial de l'Asie orientale n'est pas menacé et s'il n'y aurait pas lieu de le défendre un peu mieux, en prévision de conflits possibles.

Déjà, en 1899, les généraux Borgnis-Desbordes et Delambre, élaborant les plans de défense de l'Indo-Chine, émettaient l'hypothèse d'une attaque de l'Angleterre soutenue par quelques puissances asiatiques. Ils préconisaient, dans leur rapport, la défense des côtes, l'organisation des points d'appui et des troupes, à bref délai.

Nos colonies étaient-elles donc en péril ?

Il est évident, que si des personnalités aussi importantes craignaient pour la sécurité de nos possessions, c'est que le danger n'était pas tout à fait illusoire.

En 1901, rien n'a été encore fait pour la défense et cependant nous croyons que la menace est toujours suspendue sur l'Indo-Chine.

Voyons donc les motifs qui pourraient nous attirer l'animosité des Puissances et provoquer peut-être une déclaration de guerre de leur part.

Et d'abord, quels sont les ennemis possibles? L'Angleterre? Certes, on peut être assuré que cette puissance conserve des griefs contre la France à propos de ses dernières acquisitions en Chine et aussi pour sa politique au Siam.

Si nous remontons à 1895, époque à laquelle la Chine vaincue signe le fameux traité de Simonoséki (17 avril), nous voyons la Russie, l'Allemagne, la France et aussi l'Espagne offrir leur appui aux vaincus, contre le Japon.

L'Angleterre, elle, s'abstient de manifester des intentions belliqueuses à l'égard du vainqueur dont les succès la rendent perplexe. N'intervenant pas dans le règlement du conflit sino-japonais qui se termine le 5 mai 1895, l'Angleterre voit d'un œil jaloux les défenseurs de la Chine se partager, en récompense de leurs bons services, quelques bribes de l'immense empire jaune.

Pour sa part, la France obtient des avantages sur la frontière du Tonkin et, par convention du 20 juin 1895, Ho-Kéou, Sse-Mao, Mong-tse s'ouvrent au commerce français. C'est la pénétration au Yunnan à laquelle aspire aussi l'Empire Britannique. Si l'on ajoute à cela quelques autres privilèges destinés à fortifier la situation de la France dans les régions méridionales de la Chine, c'est plus qu'il n'en faut pour susciter le mécontentement de l'Angleterre.

Du même coup, la France s'attire la rancune du Japon, celui-ci se voyant privé, un peu par notre faute, de certains avantages qu'il escomptait retirer de sa victoire sur la Chine.

Puis, c'est, en 1898, l'acquisition de Kouang-Chéou-Wan et l'extension de la concession française de Shanghaï en 1899.

Les autres nations, tout en retirant des avantages égaux, ne voient pas favorablement les progrès de notre expansion coloniale, mais ne paraissent pas, quant à présent du moins, nourrir des sentiments d'hostilité vis-à-vis de la France d'Asie.

Enfin, viennent les événements de 1900 à la suite desquels l'alliance de l'Angleterre et du Japon s'entrevoit comme prochaine. Ce rapprochement qui se dessine doit nous rendre rêveurs ou, plutôt, nous engager à défendre sérieusement nos possessions, d'autant plus qu'il faut encore tenir compte des dispositions peu bienveillantes du Siam à notre égard.

La situation actuelle révèle donc que si l'Indo-Chine a quelque chose à redouter, c'est surtout de la part du Japon, de l'Angleterre, du Siam et aussi des indigènes mécontents que la France a soumis à sa domination.

Nous avons vu le Japon à l'œuvre en 1894-1895, dans sa lutte avec la Chine. Les puissances européennes viennent, une fois de plus, de s'apercevoir qu'il faut désormais compter avec lui. Son action dans la campagne de 1900 démontre clairement la valeur de ses troupes et de son armement. Quant à l'Angleterre, il serait puéril de s'attarder à l'examen de ses forces, chacun les connaît.

Le Siam, lui, ne serait qu'un atout de peu d'importance pour nos ennemis, en cas de guerre, mais la valeur des deux premiers États suffit amplement à nous alarmer. Les flottes anglo-japonaises et les trois cent cinquante mille hommes que le Mikado peut mettre en ligne presque immédiatement, c'est plus qu'il n'en faut pour réduire au silence nos faibles effectifs d'Extrême-Orient.

Le danger est-il immédiat ? Je ne le pense pas. L'Angleterre est encore trop préoccupée par les événements du Transvaal et le Japon trop attentif aux progrès de la Russie en Mandchourie et en Corée pour que la France ait quelque chose à redouter avant plusieurs années. Mais ce danger est réel. S'il est éloigné nous ne devons pas trop nous en réjouir, mais en profiter pour prendre nos dispositions défensives. L'Indo-Chine avec ses richesses naturelles est un morceau trop tentant pour qu'il ne soit pas convoité un jour ou l'autre. La rivalité des puissances en Chine fournira, tôt ou tard, le prétexte du conflit qui nous paraît inévitable si la France, à l'exemple de la Russie et de l'Allemagne, persiste dans ses intentions d'agrandir ses possessions au détriment du vaste empire des Célestes.

*
* *

L'Indo-Chine est-elle défendue suffisamment pour résister, le cas échéant, à des ennemis comme l'Angleterre et le Japon ?

Nous ne le pensons pas. Bien que le sujet sorte quelque peu du cadre de ces notes consacrées à la Cochinchine et au Cambodge, force nous est bien de considérer, pour un instant, l'ensemble de l'Indo-Chine.

Le principe d'une guerre inévitable dans l'avenir étant admis et les ennemis connus, est-il possible de préjuger vers quels points de l'Indo-Chine l'attaque serait dirigée par nos adversaires ?

Jusqu'à présent on a toujours cru que le Tonkin serait le véritable théâtre des opérations militaires en cas de conflit avec certaines puissances asiatiques plus ou moins soutenues par l'Angleterre. Il n'est pas certain que l'on ait eu raison de penser ainsi et de concentrer le gros de nos troupes dans le Nord de l'Indo-Chine.

Si l'on considère que Saïgon, capitale de la Cochinchine, est également la capitale de l'Indo-Chine et que Saïgon aux mains de l'ennemi, le point d'appui de notre flotte serait détruit, on peut admettre que le principal objectif de l'assaillant, le premier tout au moins, paraît devoir être, serait la Cochinchine.

La flotte française privée de sa base d'opérations, l'ennemi pourrait alors se tourner vers le Tonkin et l'Annam avec plus d'assurance.

Au surplus, la Cochinchine a bien de quoi tenter l'ennemi, car si elle est avec Saïgon le refuge de nos vaisseaux de guerre, elle est aussi un immense grenier à riz. Or le riz forme, presque à lui seul, la nourriture des troupes qui viendraient nous combattre. Certes le Tonkin est également riche, mais pas au même degré que la Cochinchine. D'ailleurs l'ennemi ne le négligerait pas, mais je persiste à croire qu'il viserait d'abord le sud de nos possessions.

Ceci dit, nous nous contenterons d'examiner l'éventualité d'une attaque de Saïgon.

Dans le cas qui nous occupe, on peut être assuré que la Cochinchine ne devrait compter que sur ses seuls moyens pour résister à l'ennemi, les troupes du Tonkin étant par trop éloignées pour songer raisonnablement à secourir la capitale, soit par mer, soit par terre. D'ailleurs les troupes du Nord de l'Indo-Chine trouveraient leur emploi sur place et serviraient pour la défense des points dont elles ont la garde et qui seraient menacés presque simultanément. Il faut donc que la colonie soit bien armée et défendue par des effectifs suffisamment nombreux.

Nous ne voyons guère comme possible une démonstration contre la Cochinchine autrement que par mer, d'autant que nous persistons à considérer Saïgon comme étant l'objet de toutes les convoitises.

Or, si nous examinons la côte et le pays intérieur de la presqu'île cochinchinoise nous reconnaissons de suite qu'il serait maladroit d'attendre l'ennemi ailleurs qu'à l'entrée de la rivière de Saïgon, ou du Soirap et du Vaïco qu'il cherchera à forcer par un coup d'audace. Les obstacles qu'il rencontrerait sur les autres points de la Cochinchine sont de nature à lui faire rejeter les routes détournées avec d'autant plus de raison qu'elles lui imposeraient des fatigues inutiles.

Eviter le Cap Saint-Jacques en débarquant dans la partie comprise entre le cap Kabé et la baie de Tiwan serait peut-être possible, mais dans la marche sur Saïgon il resterait encore le Donnaï à traverser vers Bien-Hoa sans compter que la région avoisinant les côtes étant couverte de dunes et déserte offrirait bien peu de ressources au corps expéditionnaire. Quant à tenter un débarquement entre Rach-Gia et les bouches du Mékong ou encore dans le golfe de Siam on ne voit pas bien pourquoi un adversaire habile chercherait à accumuler autant de difficultés inutiles devant lui, le pays étant le plus souvent couvert de marécages en Cochinchine et dans le Cambodge de forêts ou de montagnes.

La pénétration par les bouches du Mékong n'est pas à redouter davantage ; des bancs de sable empêchant d'approcher et de débarquer autrement qu'avec des chalands qui auraient alors 8 à 10 milles à parcourir en pleine mer avant de pouvoir accoster dans une région où la marche serait entravée à chaque pas. Parvenu à Mytho l'ennemi aurait encore à franchir le Vaïco.

Rivière de Saïgon, Soirap et Vaïco voilà donc, ce nous

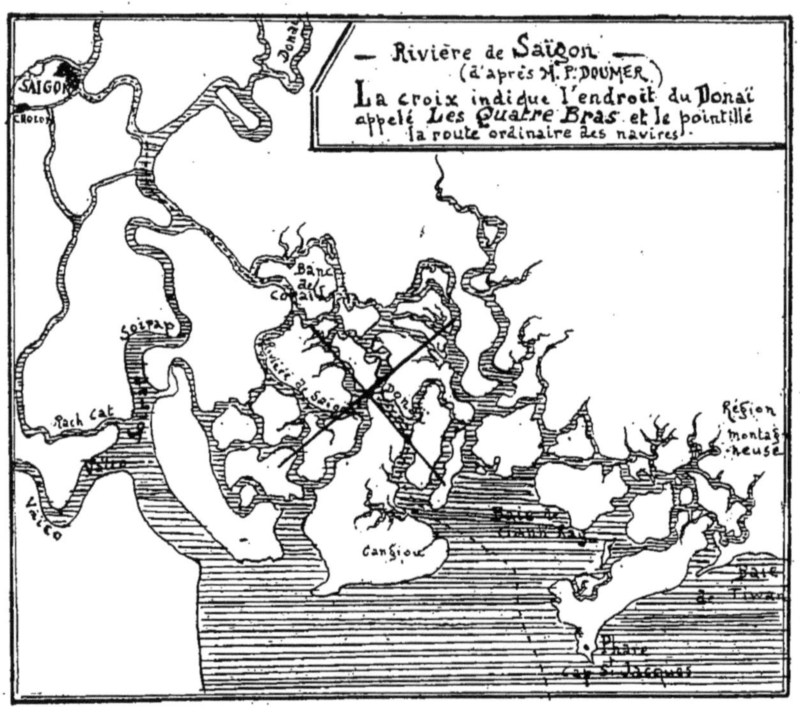

semble, les voies de pénétration qui, selon toute apparence, seraient choisies par l'ennemi désirant faire la conquête de la Cochinchine en s'emparant de Saïgon. A la vérité, nous nous rangeons à l'avis exprimé déjà par bon nombre de personnalités du monde colonial et militaire.

Quelles sont les mesures prises, à l'heure actuelle, en vue de la protection et de la défense de notre magnifique colonie de Cochinchine ?

Le point d'appui du Cap, à peine achevé, comprend sept

batteries de position interdisant l'entrée de la rivière de Saïgon à l'ennemi. C'est du moins ce que l'on prétend. A ce point de vue, je crois pouvoir affirmer que le Cap Saint-Jacques n'a pas toute la valeur défensive qu'on lui accorde, et que, d'autre part, son approvisionnement en munitions est insuffisant. Et puis, il n'est pas certain que l'ennemi, ayant pour objectif Saïgon, tenterait le passage de la rivière. Il ne serait peut-être pas inutile, comme nous l'avons dit déjà, d'envisager l'hypothèse de la pénétration par le Vaïco ou bien encore par le Soirap, autre bras du Donnaï parfaitement navigable et accessible aux cuirassés. En 1901, époque où nous visitons le Cap Saint-Jacques, la passe du Soirap n'a reçu aucun ouvrage de défense (1). L'ennemi aurait donc toute facilité pour arriver, par là, à Saïgon, sans être trop inquiété par les fameuses batteries du Cap Saint-Jacques !

Saïgon à la merci de l'envahisseur, notre base navale serait détruite. La défense du Soirap et du Vaïco s'impose donc au même titre que celle de l'entrée de la rivière de Saïgon.

A défaut de la rivière de Saïgon, du Soirap et du Vaïco l'adversaire aurait encore la facilité de débarquer dans la baie de Tiwan pendant la belle saison. De ce côté encore nous ne sommes pas défendus suffisamment.

Les obstacles naturels n'étant pas insurmontables, il faudrait à tout prix établir, au plus tôt, une défense du front de terre au Cap Saint-Jacques.

Malheureusement on tergiverse beaucoup dans nos Administrations et on ne saurait prévoir l'époque où la Cochinchine sera vraiment en état de soutenir une attaque. Les plans

1. L'édification de tourelles ayant été décidée pour barrer l'entrée du Soirap, les fondations des fortifications du Rach-Cat n'étaient pas encore terminées en 1902. Aurait-on rencontré les mêmes difficultés qu'au Nga-Bé où certaines constructions de la marine ont subi un affaissement considérable du fait de la nature du sol peu consistant ?

On ne doit pas oublier que le terrain de la Cochinchine est à peine solidifié. Avant d'entreprendre de pareils travaux, il y aurait peut-être lieu de procéder à de sérieuses expériences plutôt que d'engloutir dans la vase des millions qui pourraient, ailleurs, trouver plus utilement leur emploi.

établis par les généraux Borgnis-Desbordes et Delambre sont toujours dans les cartons et menacent d'y rester longtemps encore.

Au surplus, les ouvrages de fortifications seraient-ils terminés qu'il n'y aurait pas suffisamment d'hommes pour les occuper. D'autre part, le matériel d'artillerie est beaucoup trop ancien, il serait vite inutilisable. Les munitions feraient défaut au bout de quelques jours de combat.

Nous venons de voir que la défense du Cap Saint-Jacques était incomplète, nous examinerons un peu plus tard si Saïgon se trouve mieux protégée.

*
* *

J'aurais voulu prolonger mon séjour au Cap, mais il fallait regagner Saïgon, ma permission expirant le 13 à minuit. J'avais d'ailleurs quelques achats à faire à Saïgon et à Cholon avant le départ pour France. Que de jolies choses aperçues dans les magasins qui feront des heureux au retour dans ma famille : potiches, porcelaines, broderies, crépons, etc., etc.

Après avoir visité le Cap au point de vue militaire, René et moi consacrons la dernière journée à la flânerie et aux promenades.

De bon matin nous nous dirigeons, à pied, vers le phare, les voitures ne pouvant aller jusque-là.

Le gardien étant occupé ailleurs nous nous contentons de regarder la pleine mer et la fumée des vapeurs derrière la ligne d'horizon. Disons, en passant, que le feu du phare s'aperçoit à 40 milles en mer.

Après la sieste, une voiture nous emporte à vive allure vers Rach-Gia, sur une route plate ombragée de cocotiers aux belles palmes. La contrée est différente de la côte. La plaine de sable remplace la montagne, mais la flore est toujours superbe, ravit les yeux. A Rach-Gia quelques cases annamites ne retiennent guère l'attention du promeneur. Comme il serait trop long d'aller jusqu'à Baria située à 24 kilomètres du

Cap, le *saïs* fait tourner l'équipage dans la direction de l'hôtel où nous allons passer notre dernière soirée.

13 août.

En compagnie de quelques fonctionnaires, nous quittons l'hôtel pour gagner l'embarcadère de Bin-Dinh en voiture. C'est avec plaisir que je revois la belle campagne environnante, couverte de fleurs et d'une végétation surprenante.

Le petit village de pêcheurs qu'est Bin-Dinh contraste avec la nature merveilleuse. Quelques misérables paillottes sur les toits desquelles sèchent, en grande quantité, des poissons empestant l'air, tel est l'endroit que nous traversons avant d'arriver à l'appontement de la chaloupe chinoise faisant le service de Saïgon.

Je ne reviendrai pas sur l'aspect du pays bordant la rivière de Saïgon. Mes impressions d'arrivée, écrites il y a deux années, disent suffisamment que le trajet du Cap à Saïgon est énervant au delà de toute expression. Nous regrettons déjà la brise du bord de la mer où il faisait si bon à se promener en respirant largement.

*
* *

Avant de quitter Saïgon, examinons la défense de cette ville, puisque de sa possession dépend le sort de la Cochinchine tout entière.

De même que pour le Cap Saint-Jacques, on peut dire que Saïgon n'a pas, au moment où nous écrivons ces lignes, les moyens de lutter contre un adversaire nombreux et bien armé.

Si la ville est gardée au sud par l'arroyo chinois, à l'est par la rivière de Saïgon et au nord par l'arroyo de l'Avalanche, du côté de l'ouest, par contre, aucune barrière naturelle ne s'oppose aux entreprises de l'assaillant.

Le canal de ceinture qui rejoint l'arroyo chinois en arrière de Cholon ne peut guère, en raison de son éloignement, être considéré comme un moyen de défense propre à Saïgon.

C'est donc du côté de l'ouest qu'il y aurait lieu d'établir des ouvrages de défense. Tout un projet de fortifications était à l'étude au moment de mon départ ; nous verrons, par la suite, ce qu'il en est résulté.

En définitive, on sait peut-être ce qu'il faut faire pour protéger Saïgon, mais, jusqu'à présent, les efforts ont surtout porté sur des projets qui dormiront longtemps encore avant de recevoir un commencement d'exécution.

L'examen des fortifications du Cap Saint-Jacques et de Saïgon laisse comprendre que nous sommes bien peu préparés à soutenir une attaque rapidement menée. Si nous étudions les forces navales et militaires entretenues par la France en Cochinchine, nous voyons aussitôt que les effectifs sont plutôt insignifiants.

Mais le moment est venu pour nous de conclure et de donner une opinion sur ces forces précisément, ainsi que sur l'emploi qui pourrait en être fait en cas de guerre.

Telle qu'elle est, la division navale d'Extrême-Orient, composée de trois croiseurs cuirassés, trois croiseurs protégés, du vieux « *Redoutable* » et de deux canonnières, ne saurait prétendre à un rôle actif en pleine mer. Cependant il n'apparaît pas indispensable de renforcer cette escadre *si l'on n'envisage que la défense de l'Indo-Chine.*

Envoyer de nouvelles unités navales dans les mers de Chine et les y maintenir serait imposer des sacrifices superflus à la France, la maîtrise de la mer devant rester presque à coup sûr aux ennemis supposés. Ce que l'on pourrait désirer c'est un plus grand nombre de torpilleurs et quelques sous-marins pour la défense mobile.

L'offensive sur mer étant abandonnée, nos modestes forces navales trouveraient leur emploi dans la défense des côtes. C'est, en effet, sur terre qu'il nous sera possible de résister, croyons-nous. Pour remplir utilement le rôle qui serait assigné à la flotte, dans ce cas, l'établissement de batteries de terre est indispensable au même titre que les points d'appui où nos navires pourraient se ravitailler et au besoin procéder aux réparations nécessaires. Pour la Cochinchine, il importe donc de fortifier solidement le Cap Saint-Jacques, l'entrée du Soirap et du Vaico, d'outiller sérieusement l'arsenal de Saïgon et aussi l'approvisionner mieux en charbon.

Les mines sous-marines, convenablement disposées, pourraient suffire au Nga-Bé.

La défense mobile (sous-marins, torpilleurs de haute mer et croiseurs corsaires), serait chargée d'empêcher les débarquements en inquiétant l'ennemi par de rapides manifestations au large.

Donc, au point de vue naval, forces *presque suffisantes pour la défense,* mais préparation incomplète du point d'appui Saïgon-Cap Saint-Jacques. Lutter, dans de pareilles conditions, jusqu'à l'arrivée des renforts de France, serait difficile.

Pour les forces de terre, on peut assurer, sans crainte d'un démenti. qu'elles sont tout à fait insuffisantes, surtout si l'on considère qu'elles sont réparties sur un grand nombre de points, en des postes éloignés de Saïgon (1).

Le 11e régiment d'Infanterie coloniale, le régiment de tirailleurs annamites et les quelques batteries d'artillerie dont dispose la Cochinchine devraient être renforcés au plus tôt, car il ne faut pas trop s'illusionner sur la valeur du concours des réserves indigènes.

S'il y a lieu d'augmenter les effectifs de nos troupes de Cochinchine, il est encore plus urgent de veiller aux appro-

1. En 1901, le 11e d'infanterie coloniale se trouve réparti de la façon suivante : 2 bataillons à Takou (Chine), 2 compagnies, ainsi que l'état-major et la section hors rang, à Saïgon. Sur cet effectif sont prélevés les hommes des postes de Caï-May, Poulo-Condore, Chantaboun, Tay-Ninh et Chaudoc.

1 compagnie au Cap Saint-Jacques et, enfin, au Cambodge, une compagnie destinée aux postes de Pnom-Penh et Pursat.

Les tirailleurs annamites se trouvent tous dans les postes, à l'exception de l'état-major et de la section hors rang qui demeurent à Saïgon. 3 compagnies pour Les Mares et Thudaumot, 1 compagnie pour Cholon, 3 compagnies à Mytho, une à Vinh-Long, une pour Chaudoc et Hatien, une pour Soctrang et Rachgia et enfin 2 compagnies au Siam dans les postes de Pack-Nam et Chantaboun.

L'artillerie coloniale répartit son état-major et ses batteries entre Saïgon, le Cap Saint-Jacques, Mytho (pour la Cochinchine) et Chantaboun au Siam.

Les ouvriers de la 5e compagnie sont divisés entre le Cap et Saïgon.

visionnements de munitions et de vivres ; sur ces deux derniers points nous sommes vraiment mal préparés à une campagne.

Mais il faudrait écrire un livre entier sur cette question palpitante. Il faudrait surtout quelqu'un de plus qualifié que nous, pour présenter convenablement le sujet et examiner en détail tous les moyens propres à sauvegarder nos colonies d'Extrême-Orient.

Nous arrêterons ces réflexions en exprimant le vœu que des mesures soient prises à brève échéance pour garder à la France le superbe domaine colonial d'Indo-Chine conquis au prix de tant de sacrifices en argent et en hommes.

Un vaste champ d'exploitation est ouvert aux entreprises des colons français en Extrême-Orient, il serait déplorable que nos nationaux en soient privés aujourd'hui et c'est ce que l'on peut craindre. Souhaitons que le cri d'alarme poussé par quelques patriotes comme le regretté général Borgnis-Desbordes soit entendu et compris.

15 août.

Musique en tête, les sept cents hommes rapatriés sont conduits à l'embarcadère des Messageries Maritimes où le « *Sinaï* » complète, à quai, son chargement de cargo-boat. Il est à peine sept heures du matin lorsque cet important détachement s'arrête en face du navire. Au milieu des caisses, des malles, des ballots que déchargent sans cesse des charrettes, nous nous trouvons parqués en attendant le moment de pouvoir monter à bord. Le soleil de plomb nous brûle de ses rayons pendant des heures, et des heures, jusqu'à l'instant du déjeuner où l'étuve de la salle à manger du bord remplace pour nous, sous-officiers, le calorifère céleste.

La nouvelle se confirme que le départ du paquebot n'aura lieu que demain matin. Pourquoi, alors, nous embarquer vingt-quatre heures en avance ? Que faire au milieu de tout ce tohu-bohu, de cette bousculade ? Rester à bord est intolérable et d'ailleurs le logement réservé aux sous-officiers n'a rien qui puisse retenir. Faute de place, on nous prive de cabines, et nous devrons jusqu'à nouvel ordre occuper une petite batterie absolument infecte où de gros rats, effrayés de tout le vacarme, déambulent au-dessus des couchettes assemblées.

Quelle journée!

A cinq heures du soir, l'ami B***, ayant appris que le «*Sinaï*» ne partait que le lendemain, vient me chercher et me découvre avec beaucoup de mal, à l'ombre d'une énorme pile de caisses de marchandises.

Inutile de dire que je saute sur la proposition qu'il me fait de dîner au restaurant, dans un des cafés de la rue Catinat!.

Vingt minutes après, nous sommes au café de la Musique en joyeuse compagnie, attablés devant de copieux « pernod » rafraîchis à point. Ah, le bon moment!

Tandis que les parties de cartes se succèdent, les tables voisines de la nôtre se garnissent et nous avons le plaisir de remarquer la présence de quelques gracieuses Européennes encore couvertes du grand *salako* blanc protecteur.

Après le dîner, B*** m'accompagne vers le « *Sinaï* ». A la clarté des grosses lampes électriques, le navire complète toujours son chargement. Treuils et poulies grincent terriblement. Dormir à bord n'a rien qui puisse tenter et, puisque le départ est officiellement affiché pour demain matin huit heures, j'accepte avec reconnaissance l'hospitalité de l'ami René. Mais il est bien tôt pour songer à dormir, le tour d'inspection tente nos poumons avides de respirer la mousson dont la brise balaie la campagne saïgonnaise. En route! D'un coup de fouet, le saïs enlève ses deux petits coursiers qui s'élancent rapidement sur la route noyée d'ombre, à travers les rizières où, seuls, les crapauds-buffles et les insectes troublent le silence...

Au retour, René m'entraîne vers une fumerie d'opium, assurant que le spectacle est curieux; c'est plutôt lamentable. Un bouge infect dans une maison chinoise aux allures borgnes. Dans la salle enfumée, court, le long du mur, un lit de camp où les nattes font défaut. Un vieux Chinois confectionne des pipes qu'il tend, par-dessus les corps étendus des fumeurs endormis, à une dizaine de coolies faméliques encore éveillés.

La triste chose que l'opium ! Les pauvres êtres qui sont là viennent, chaque jour, apporter au Chinois, le maigre produit de leur travail quotidien pour s'enivrer de la drogue terrible et funeste, alors que la *congaïe* attend leur retour dans la canha où les gnô crient famine. Pourquoi tolérer, encourager plutôt, de pareilles passions ?

La France, qui a la prétention de vouloir civiliser, ne devrait-elle pas proscrire l'opium de ses colonies, plutôt que d'en organiser la vente en régie ! Oui, mais le budget !...

16 août.

Sur le quai, René qui vient de me quitter, regarde le « *Sinaï* » partir. Parmi la foule des passagers et des militaires qui se pressent sur le pont, c'est à peine si je peux garder une place aux bastingages pour dire adieu à l'ami qui reste encore une année dans la colonie.

Les ancres en place, la sirène du cargo annonce que nous quittons Saïgon.

Un dernier adieu et je vois mon vieux camarade s'éloigner lentement vers la ville, la tête un peu penchée, le cœur un peu gros peut-être.

J'ai tant espéré cette minute, pendant les derniers mois de mon séjour, qu'en ce moment je me demande s'il est bien vrai que c'est vers la France que nous allons...

Sur le pont, où il ne faut pas songer à se mouvoir en ce moment, nous sommes là environ 750 hommes appartenant à divers régiments. La plupart des rapatriés reviennent de Chine.

Légion étrangère, tirailleurs algériens, artillerie de terre, artillerie et infanterie coloniales voisinent, dans le plus beau des désordres, avec une quantité de tonneaux d'huile amarrés aux bastingages. L'avant et l'arrière ont été laissés à la troupe, les passagers se tiennent sur le spardeck du milieu, ce qui leur permet de nous contempler de haut, tout à leur aise. Je regrette le « *Cholon* ».

Il paraît que nous allons rester parqués ainsi jusqu'à Colombo. C'est gai ! ! Enfin, le mieux est encore de prendre patience et de chercher à s'organiser aussi bien que possible dans la batterie qui tient lieu de cabine.

18 août.

C'est un branle-bas continuel, depuis deux jours, pour arriver à savoir exactement le nombre de militaires qui ont été embarqués à Saïgon.

Des détachements ont été formés, mais chaque fois que nous faisons l'appel, ou il nous manque des hommes ou bien nous en avons de trop. Les pièces remises par la place de Saïgon sont plutôt fantaisistes ; pour ma part, je n'arrive pas à rassembler les 53 légionnaires dont on m'a confié le commandement pour la traversée. D'ailleurs, ces bougres-là se chargent d'amener la confusion au moment des appels. Ce matin, après une lecture laborieuse des 53 noms plus baroques les uns que les autres, satisfait d'avoir reçu, enfin, 53 fois la réponse « Présent », je n'arrive, en comptant mes lascars, qu'au nombre de 49, les autres se sont volatilisés ou des camarades complaisants ont répondu pour eux. Il faut recommencer, livrets en mains, pour découvrir les noms des absents... qui sont tous les 4 à l'hôpital du bord.

Le colonel et les 3 lieutenants, qui appartiennent au 40e d'infanterie de ligne, sont absolument désolés de ce gâchis. Je suis sûr qu'ils regrettent de n'avoir pu prendre passage sur la « *Ville de Majunga* » qui ramène en France leur régiment de pantalons rouges bien disciplinés.

18 août.

Au sein d'un décor de verdure ensoleillée, Singapour apparaît à nos yeux dans la soirée et, à cinq heures et demie, après que le Service de Santé a permis la libre pratique au paquebot, le « *Sinaï* » accoste lentement, se frayant un passage entre les navires ancrés dans le port.

Les embarcations malaises, aux formes étranges, couvrent

la mer très loin et, avant de se reposer sur les quais, le regard s'attarde sur elles, pour embrasser du même coup le panorama fantastique des îles verdoyantes de l'archipel.

Une longue théorie de charrettes chargées de blocs de glace, s'aligne sur le quai où grouillent des Chinois qui se précipitent sur le navire pour offrir leurs services aux passagers.

La plupart de ces Asiatiques sont des blanchisseurs qui s'engagent à rapporter le linge des passagers avant l'heure du départ du paquebot fixé pour le lendemain à huit heures du matin. C'est là un tour de force que nous demanderions en vain à nos blanchisseuses de Paris ; il faut ajouter que la promesse du Chinois n'est pas parole d'Evangile et que le temps étant la chose qui intéresse le moins les Chinois, ceux-ci manquent souvent au rendez-vous.

Le premier mouvement du commandant d'armes est de consigner la troupe à bord ; il va sans dire que nous profitons du dîner pour commenter sans bienveillance cette décision que rien ne justifie.

Il est évident qu'on ne pouvait autoriser tous les militaires à descendre à terre, mais n'aurait-on pas pu désigner des groupes de soldats qui, en petits détachements et sous la conduite des caporaux disponibles, auraient visité la ville avant la nuit ? Quant aux sous-officiers qui n'étaient pas de service, il eût été naturel que la faculté de descendre leur fût accordée.

A six heures, tous les passagers ont déserté le navire. Le chargement des marchandises, du charbon et de la glace commence.

Cales et soutes sont largement ouvertes et, pendant que les treuils à vapeur fonctionnent sans répit, les Chinois aux torses nus courent et s'engouffrent dans les soutes où le combustible s'entasse.

De l'endroit où nous sommes il est impossible de découvrir autre chose que les docks et quelques masures. La ville reste invisible, étant trop éloignée de New Harbour.

La ville, que Sir Thomas Raffles fonda en 1811, est devenue aujourd'hui d'une importance considérable. Sa population dépasse 250.000 habitants dont 180.000 Chinois, 30.000 Indiens, 22.000 Malais, 11.000 métis portugais, et 7.000 Européens. Il eût été surprenant que l'Angleterre n'étendît pas sa domination sur ce point du globe qui, par son exceptionnelle situation, commande l'entrée de la mer de Chine comme Gibraltar l'entrée de la Méditerranée.

Le trafic de ce port est colossal ; c'est de Singapour que sont réexpédiés tous les produits d'exportation venant de Java, du Siam, de Sumatra, de Bornéo, des Moluques et des Célèbes. Sucre, tapioca, café, cacao, gutta-percha, caoutchouc, copal, gomme, cachou, tabac, muscade, étain, forment le gros des marchandises exportées que nous pouvons voir sur le quai de New-Harbour avant qu'elles ne disparaissent dans les cales des navires de commerce.

Comme nous nous désespérons de notre consigne, l'adjudant de jour vient nous apporter des permissions régulières pour aller en ville. Le colonel avait tenu, paraît-il, à se renseigner auprès des autorités locales avant d'accorder ces faveurs. Seize sous-officiers, sur trente-deux, vont pouvoir connaître la *Ville du Lion* (1), comme disent les Malais, les autres devront attendre l'escale de Colombo pour fouler la terre ferme.

Etant parmi les permissionnaires, deux minutes après je suis installé dans un *djinrikisba* à deux places, traîné par un grand diable de Chinois.

La bande des permissionnaires en pousse-pousse se rue vers la ville enveloppée de nuit déjà, sans que nous ayons eu le temps de voir le soleil se coucher. A 1°10' de la ligne équatoriale il n'y a plus de crépuscule, les ténèbres succèdent au jour sans transition. Ténèbres est beaucoup dire, la nuit étant plutôt claire. Si le soleil ne resplendit plus on peut néanmoins se diriger facilement sans lumières. D'ailleurs nous voici dans la ville ; à peine apercevons-nous quelques monuments et l'illumination des jardins d'un grand hôtel que

1. Singapour, en langue malaise, signifie Ville du Lion (*Singa*, lion, *poura*, ville).

déjà les coureurs à longues tresses, sans demander conseil, prennent la route de la ville chinoise. A Saïgon le petit boy-coureur se retourne de temps en temps pour s'inquiéter de la route à suivre, ici, le Chinois a la prétention de savoir ce que le voyageur veut visiter et c'est ainsi qu'il dirige son véhicule chez ses congénères aussi nombreux qu'avisés commerçants.

Les mêmes faces rondes, aperçues déjà en Cochinchine, au Cambodge ou dans les boutiques de Cholon, se retrouvent ici, mais en plus grand nombre. Ces visages pleins de béatitude, satisfaits, reflètent encore les sentiments inspirés par l'Européen et nous ne pensons pas qu'il y rentre de la sympathie. Ces gens-là voudraient nous voir au diable, c'est certain ; s'ils attirent chez eux le voyageur, c'est surtout dans l'espoir qu'ils pourront profiter de sa naïveté pour le dépouiller des dernières piastres non encore converties en argent de France (1).

Cette promenade, à travers les ruelles encombrées de Célestes, est infiniment intéressante. Plus encore qu'à Cholon, nous sommes transportés en Chine. L'administration anglaise a su respecter le goût des Chinois pour la malpropreté et nous voyons l'Asiatique chez lui, la fange des rues qu'il habite paraissant aussi nécessaire à son existence que le riz, le choum-choum et l'opium.

On devine à peine, tout d'abord, dans le ciel un peu sombre où elles s'estompent, les toitures bizarrement retroussées. Mais le regard s'emplit des lumières. Les grosses lanternes de papier vernis se balancent, par milliers, dans la nuit, et la foule bariolée qui lentement circule dans le dédale de ces rues en coupe-gorge ajoute encore au pittoresque des maisons curieusement enluminées de la base au sommet.

Dans le bazar où la curiosité nous conduit, quelques camarades choisissent parmi les crépons, les soies et les bibelots. Un gros Chinois étale sans hâte sa marchandise, la couvant ensuite d'un regard étrangement fixe derrière ses énormes

1. On ne doit conserver, en quittant Saïgon, que peu d'argent indigène, car l'usage de la piastre devient impossible après l'escale de Singapour.

lunettes rondes. Son ventre de Bouddha repu tend l'étoffe de la robe sous les mains qu'il tient croisées devant lui.

De leurs pas feutrés, les commis circulent autour de nous, pendant qu'à son bureau le comptable pousse les billes de bois noir de sa table à calcul.

A côtoyer les Chinois qui font du commerce (et c'est la grande majorité), leur caractère s'est peu à peu révélé à nous.

Ces faces jaunes, placides, que l'on rencontre aujourd'hui partout où il y a du commerce à faire, dans toutes les parties du monde, aussi bien en Asie qu'en Afrique, en Océanie, en Amérique et même en Europe, donnent tout d'abord l'impression de leur parfaite quiétude et de la confiance qu'elles ont dans l'avenir. Commerçants, les Chinois le sont dans toute l'acception du mot et cependant il leur manque beaucoup des qualités que nous autres Français aimons à rencontrer chez nos fournisseurs habituels. D'abord l'exactitude. Le Céleste se soucie fort peu du temps, ainsi que nous l'avons dit déjà quelque part. Lui confier du linge comme l'ont fait certains passagers du « *Sinaï* » est une imprudence qui expose ceux-ci à quitter l'escale en y laissant une partie de leur trousseau ; ce blanchisseur, malgré de belles promesses, arrivera fort bien pour effectuer la livraison cinq ou six heures après le départ du paquebot.

Il n'y a pas d'heure pour les braves, il n'y en a pas non plus pour le Chinois qui n'est jamais pressé.

Mais la race se distingue surtout par le manque de sincérité et le peu de précision dans ses actes. Traiter une affaire avec un Chinois est chose délicate, il cherchera toujours à tromper ou, s'il n'y réussit pas, à laisser subsister dans le contrat une lacune qui lui réserve une porte de sortie. Le Chinois ment effrontément ; pris sur le fait il reconnaît de bonne grâce n'avoir pas été suffisamment habile pour convaincre son interlocuteur, mais il ajoute aussitôt — voulant conserver intacte sa réputation — que son intention n'était pas de tromper.

Avant de conclure un marché avec un de ces commerçants

9 septembre.

A moins d'événements improbables nous serons demain matin à Suez. Le « *Sinaï* » détient le record de la lenteur, sept jours pour la traversée de la mer Rouge par temps calme, c'est un comble !

Dans l'après-midi, alors que tout le monde est vautré sur le pont, cherchant en vain un souffle d'air frais, notre cargo rencontre et dépasse la « *Ville-de-Majunga* » dont la marche est encore moins rapide. Tout le 40e d'infanterie est massé aux bastingages et, pendant la demi-heure où nous naviguons côte à côte, la musique de ce régiment exécute, après la *Marseillaise*, plusieurs pas redoublés de son répertoire.

Ce petit concert en pleine mer ne manque pas d'originalité...

A l'avant du spardeck, les charpentiers du « *Sinaï* » démolissent les cabines provisoires qui servaient à l'hôpital du bord. Les malades, qui jouissaient d'une fraîcheur relative dans ces cabines bien situées, sont descendus dans des cabines d'entrepont, cabines qu'on ferait mieux d'appeler étuves.

La raison de cette mesure, c'est que la compagnie des Messageries Maritimes tient avant tout à payer le moins possible pour le passage du canal de Suez (1).

Tant pis si les malades souffrent de la chaleur !...

10 septembre.

Suez. Les maisons basses, toutes blanches, se détachent sur un fond de montagnes arides, brûlées de soleil. Rien d'intéressant à signaler. Du reste, nous sommes tous plus préoccupés de sortir au plus vite de la fournaise du canal que de faire des observations sur un paysage dénué de tout intérêt, d'ailleurs.

1. Les droits sont assez élevés. J'ai entendu dire que les navires devaient acquitter une taxe de 10 francs par passager et autant pour chacune des cabines se trouvant à bord, indépendamment des taxes relatives aux marchandises embarquées.

Tout le jour, nous brûlons nos yeux sur le sable des rives incendiées de soleil.

La nouvelle d'un nouveau décès à bord vient attrister cette fin de journée stupide et la nuit nous surprend comme disparaît à l'arrière, l'oasis d'Ismaïlia.

11 septembre.

Port-Saïd. Le cercueil du camarade mort hier est débarqué aussitôt que le service de santé du port a terminé sa visite. Sous la surveillance d'un agent du Consulat de France, le petit marsouin s'en va vers le cimetière, couché dans une barque, recouvert du drapeau tricolore en guise de drap mortuaire.

Personne ne peut descendre à terre, notre paquebot étant frappé de quarantaine par le service de santé.

Il faut, avec philosophie, avaler la poussière de charbon jusqu'à onze heures.

Au moment où nous quittons enfin Port-Saïd, la « *Ville-de-Majunga* » fait son entrée dans le port et nous gratifie d'une brillante exécution du *Chant du départ*. Vive la France !

En route pour la dernière partie de ce voyage interminable.

18 septembre.

Après avoir été bien ballottés pendant trente-trois jours, après avoir encore immergé un de nos pauvres camarades dans la Méditerranée, nous touchons enfin au but si désiré.

Grelottants, nous étions tous, ce matin, sur le pont bien avant le jour. Le plaisir de voir les phares de France briller dans la nuit finissante, nous empêchait de souffrir de la brise qui nous glaçait cependant.

Une joie intense nous remplissait le cœur. Je ne crois pas avoir jamais goûté bonheur pareil à celui que je ressentis, lorsque le soleil se décidant à paraître éclaira peu à peu la côte française où nous allions atterrir après l'inspection sanitaire du Frioul.

Dieu, qu'elles furent longues, ces formalités du lazaret !

Il fallut d'abord débarquer toute la literie ; ensuite, ce fut la désinfection des cabines et le lavage antiseptique du pont. Quelle attente !

Nous pûmes contempler à l'aise le château d'If, tout proche, pendant cette escale de quelques heures au large de Marseille.

A neuf heures nous repartions et Marseille, là-bas, dominée par Notre-Dame de la Garde, apparaissait enfin, grandissait, se rapprochait lentement, inondée de l'éclatant soleil de Provence.

Des remorqueurs nous guidaient maintenant à travers les bassins encombrés de navires au mouillage. Inconsciemment, malgré l'invraisemblance de mon espoir, je cherchais à découvrir sur les quais une figure amie, des parents venus à ma rencontre. Mais c'était fou, personne ne m'attendait à Marseille. Une légère désillusion me venait de ne pouvoir étreindre dans mes bras tous ceux qui, là-bas, dans la capitale encore lointaine, devaient attendre mon retour comme celui de l'enfant prodigue.

. . . .

20 septembre.

Après deux jours passés à Marseille, je partais enfin vers Paris, serrant précieusement sur mon cœur le titre de congé qui allait me permettre de vivre parmi les miens pendant trois mois.

Qu'il était loin alors le ciel d'Indo-Chine et combien celui de France m'apparaissait superbe ! Et pourtant, tout au fond de moi-même, je songeais aux futurs départs. L'espoir de retourner là-bas, aux pays jaunes, avec les épaulettes d'or, enflammait mon cœur tout ému cependant de revoir, après deux années d'absence, la Mère Patrie si chère au cœur des Français.

APPENDICE

Lorsque le « *Sinaï* » et la « *Ville-de-Majunga* » quittaient Saïgon au mois d'août 1901, ramenant en France une partie des troupes de Chine, les négociations relatives à la campagne de guerre de 1900 n'étaient pas encore terminées.

Les affaires d'Extrême-Orient apparaissaient lourdes de menaces et je me faisais volontiers l'écho des craintes exprimées là-bas au sujet de nos possessions coloniales d'Indo-Chine.

Depuis cette époque, de nombreux et très importants événements ont suscité bien des réflexions dans l'esprit de tous ceux que la question de l'Indo-Chine intéresse.

Eloigné de l'armée pour des raisons de famille, c'est toujours avec le plus vif intérêt que je me suis occupé des choses de l'Extrême-Orient.

Toutefois, je n'aurais jamais songé à coordonner mes réflexions et mes notes, si les "*Souvenirs* " antérieurement rassemblés pour moi seul et non pour être publiés, ne devaient aujourd'hui voir le jour, grâce à l'insistance trop aimable de quelques amis.

Ces "*Souvenirs*" qui s'arrêtent au mois de septembre 1901, manquent d'actualité.

Résumer les événements de 1902 à 1909 en un " *Appendice* " m'apparaît nécessaire, pour excuser quelque peu la publication intempestive du journal de route de l'ancien marsouin.

*
* *

Avant d'examiner la situation présente de l'Indo-Chine, un regard sur la politique générale de l'Extrême-Orient s'impose avec évidence.

En 1901, j'écrivais, que des événements qui se dérouleraient en Chine dans l'avenir pourraient venir des difficultés pour la France. Je n'ai pas changé d'avis.

L'acharnement des puissances européennes et du Japon à se partager l'Empire du Milieu est de plus en plus grand, depuis le jour où l'Angleterre, s'octroyant Hong-Kong par le traité de Nankin en date du 29 août 1842 force, du même coup, l'Empereur de Chine à consentir, bon gré mal gré, à l'importation de l'opium dont il avait voulu proscrire l'usage.

Vient l'expédition franco-anglaise de 1856-1860 destinée à réprimer l'incendie des comptoirs européens. La France impose à son tour ses volontés à la Chine vaincue. Puis, profitant des incidents Jean Dupuis, nous nous emparons du Tonkin en 1885.

Mandalay tombe aux mains des Anglais la même année.

La Russie rêve d'imposer sa domination en Corée, lorsque le Japon entre en scène.

C'est la guerre sino-japonaise qui se termine par le fameux traité de Simonoséki. Cela ne fait pas l'affaire des autres Puissances qui, soutenant la Chine contre le Japon, modèrent les prétentions du vainqueur. Cependant, celui-ci reçoit les Pescadores, Formose, une contribution de guerre de 800 millions et la promesse de l'indépendance coréenne.

Nous avons déjà vu, dans un chapitre précédent, que l'intervention des Puissances européennes n'était pas désintéressée. La Russie se voit particulièrement favorisée.

L'appétit vient en mangeant ; les Puissances, friandes du gâteau, ne s'arrêtent plus ?

L'Allemagne s'empare de Kiao-Tchéou en 1895, en réponse au massacre de deux de ses nationaux et l'Angleterre obtient Waï-Haï-Waï aussitôt.

La Russie se console de la perte de Kiao-Tchéou en occupant Port-Arthur en 1897.

La France arrive à la rescousse en 1898 et prend possession de Quang-Chéou-Ouan.

La Chine attristée, assiste au démembrement de son territoire, mais la colère grandit chez les patriotes du Céleste Empire. La haine des étrangers est poussée à son comble, les sociétés secrètes entretiennent cet état d'esprit. La bande des Boxeurs provoque un coup d'Etat à Pékin. M. de Ketteler, représentant du gouvernement allemand, est assassiné en 1900 et les légations étrangères assiégées. C'est le prétexte de la campagne internationale contre la Chine dont les négociations traînent, grâce à Li-Hung-Chang, jusqu'au 7 septembre 1901.

Encore une fois, la Chine vaincue se trouve à la merci des vainqueurs qui réclament 1.800 millions d'indemnité de guerre, la destruction des forts de Takou et l'occupation militaire des points stratégiques du delta du Peï-ho.

La formation des sociétés secrètes entretenant la haine de l'étranger est interdite.

La Chine, presque fermée jusque-là au commerce étranger, doit s'ouvrir, enfin ,plus largement.

Mais la révolte de 1900 pourrait bien n'être que le prélude d'autres événements plus graves.

Le feu du patriotisme chinois couve sous la cendre, entretenu par la rancune. Une lente évolution se fait parmi les Célestes à qui l'exemple du Japon rénové donne l'espoir qu'un jour viendra où les « Barbares » d'Occident seront chassés du sol qui vit naître Fou-Hi (3468 avant J.-C.) premier empereur chinois, d'après la légende.

*
* *

Mais de nouveaux événements se préparent qui vont arrêter à jamais, semble-t-il, l'expansion coloniale de l'Europe en Extrême-Orient.

Le Japon s'inquiète des progrès de la Russie en Mandchourie et en Corée, car lui aussi convoite la possession de ces terres indispensables à son développement économique.

Le 30 janvier 1902, une entente se fait entre l'Angleterre et le Japon. Les deux puissances s'unissent pour la défense éventuelle de l'indépendance de la Chine et de la Corée. Le traité stipule, entre autres clauses, que, si l'une des parties contractantes se trouve aux prises avec une autre puissance pour la défense de ses intérêts en Chine ou en Corée, l'*autre partie gardera une stricte neutralité et fera ses efforts pour empêcher d'autres puissances de prendre part aux hostilités contre son alliée*. Si d'autres puissances prennent part aux hostilités contre la puissance alliée l'*autre partie contractante viendra à son aide et fera la guerre en commun avec elle et conclura la paix d'un commun accord*.

On voit que ce traité a une importance considérable pour le Japon qui remporte une victoire diplomatique en s'alliant ainsi avec une grande puissance européenne.

***

Le 5 février 1904 les pourparlers engagés entre la Russie et le Japon au sujet de la Mandchourie et de la Corée sont définitivement rompus. Le rappel de la légation japonaise équivaut à une déclaration de guerre.

Le monde entier a suivi cette lutte extraordinaire des deux peuples. Nous n'y reviendrons pas. La victoire des Japonais consacrée le 5 septembre 1905 par le traité de Portsmouth, ne donnait peut-être pas de grands avantages au vainqueur (1), mais la guerre russo-japonaise démontrait de façon

---

1. Voici le résumé des principaux articles du traité de Portsmouth :

Art. 2. — Sa Majesté l'Empereur de Russie reconnaît au Japon, dans l'empire de Corée, un intérêt prépondérant aux points de vue politique, militaire et économique, et stipule que la Russie ne fera pas d'opposition aux mesures que le Japon jugera nécessaire de prendre en Corée, conjointement avec le gouvernement coréen, pour le gouvernement, la protection ou le contrôle de l'empire de Corée ; mais les sujets russes et les entreprises russes jouiront du même statut que les sujets et les entreprises d'autres pays.

Art. 3. — Il est convenu mutuellement que le territoire de la Mandchourie sera évacué simultanément par les troupes russes et japonaises, les deux pays étant impliqués dans cette évacuation, et leur situation étant absolu-

péremptoire que les Jaunes étaient désormais décidés à ne plus tolérer l'expansion coloniale européenne sur les terres d'Extrême-Asie. Cette conséquence a bien son importance.

*
* *

Les succès du Japon qui surprennent le monde entier ne laissent pas la France indifférente. On comprend enfin que l'Indo-Chine est bien mal gardée. L'imprévoyance de la Russie devient une leçon pour nous. On augmente les effectifs, les troupes sont concentrées, au lieu d'être éparpillées dans les postes de la haute région du Tonkin. La réorganisation du point d'appui Saïgon-Cap-Saint-Jacques est à l'ordre du jour et de nouveaux travaux sont entrepris. L'alerte est donnée. La mission du général Voyron soumet un rap-

ment identique. Tous les droits acquis par des personnes et des compagnies privées resteront intacts.

Art. 4. — Les droits possédés par la Russie en conformité du bail fait à la Russie de Port-Arthur et de Daluy, ainsi que les territoires et les eaux adjacentes, seront entièrement transmis au Japon ; mais les biens et les droits des sujets russes seront sauvegardés et respectés.

Art. 5. — Les gouvernements russe et japonais s'engagent réciproquement à ne pas mettre obstacle aux mesures générales, qui seront les mêmes pour toutes les nations, que la Chine peut prendre pour le développement du commerce et de l'industrie en Mandchourie.

Art. 6. — Le chemin de fer mandchourien sera exploité conjointement par les Russes et les Japonais à Kouang-Tcheng-Tse. Les portions respectives de la ligne ne seront employées que pour des objets commerciaux et industriels, étant donné que la Russie conserve sa voie ferrée avec tous les droits que lui confère sa convention avec la Chine pour la construction du chemin de fer. Le Japon devient propriétaire des mines afférentes à la section de la voie ferrée qui lui échoit ; les droits des personnes privées et des entreprises privées devront, toutefois, être respectés. Les deux parties contractantes restent absolument libres d'entreprendre ce que bon leur semblera sur le territoire exproprié.

Art. 7. — Les Russes et les Japonais s'engagent à faire à Kouang-Tcheng-Tsé la jonction des voies ferrées qui leur appartiennent.

Art. 8. — Il est convenu que les voies ferrées du chemin de fer mandchourien seront exploitées dans le but d'assurer entre elles les transports commerciaux, sans qu'il y ait obstruction,

Art. 9. — La Russie cède au Japon la partie méridionale de l'île Sakhaline, jusqu'au 50e degré de latitude nord ; avec cette partie, elle cède les îles qui en dépendent. La liberté de navigation est assurée dans les baies de Lapérouse et de Tartarie.

port concluant à l'augmentation des troupes, à la réorganisation du commandement de la marine et envisageant même un projet d'offensive.

Tout cela se passe de 1904 à 1906. Puis l'optimisme le plus complet remplace la crainte. La France, qui s'appuie déjà sur l'entente avec l'Angleterre, voit l'Indo-Chine complètement à l'abri après la signature de l'accord franco-japonais du 10 juin 1907.

Le programme du général Voyron est abandonné et les effectifs sont réduits le plus possible.

Quel est donc la teneur de ce traité qui rend tout à coup la France si confiante dans l'avenir et lui fait commettre l'imprudence de dégarnir sa colonie ?

L'essentiel du traité en question se trouve dans l'extrait suivant : «... Les gouvernements de la France et du Japon, d'accord pour respecter l'indépendance et l'intégrité de la Chine, ainsi que le principe de l'égalité de traitement dans ce pays pour le commerce et les ressortissants de toutes les nations, et ayant un intérêt spécial à voir l'ordre et un état de choses pacifique, garantis notamment dans les régions de l'empire chinois voisines des territoires où ils ont des droits de souveraineté, de protection ou d'occupation, s'engagent à s'appuyer mutuellement pour assurer la paix et la sécurité dans ces régions, en vue du maintien de la situation respective et des droits territoriaux des deux parties contractantes sur le continent asiatique. »

Les garanties que la France retire de cet accord n'ont pas une bien grande valeur si l'on considère que le traité anglo-japonais concluait déjà dans le même sens et que l'entente franco-britannique nous assurait des bonnes dispositions de l'Angleterre à notre égard.

Mais, où l'extravagance de l'accord franco-japonais éclate, c'est dans le passage relatif à la défense de l'intégrité chinoise. En quoi l'indépendance et l'intégrité de la Chine regardent-elles la France ? Avons-nous besoin de nous poser en défenseurs de la Chine vis-à-vis des autres nations et, qui plus est, de faire régner *l'ordre et un état de choses pacifi-*

que... dans les régions chinoises avoisinant nos possessions ?

N'avons-nous pas signé à Tien-Tsin l'engagement de laisser la Chine assurer l'ordre sur son territoire ? Alors ?

La France pourrait bien regretter d'avoir mal étudié cet accord baroque qui ne lui donne pas des avantages proportionnés aux charges éventuelles qui pourraient lui incomber un jour.

*
* *

Donc tout le problème de la paix, en Extrême-Orient, réside dans le respect de l'intégrité de la Chine par toutes les autres puissances. La plupart de ces puissances ont déjà renoncé à étendre leur domination, ne se préoccupant guère que de consolider les positions acquises. Mais nous craignons que la Chine et le Japon ne se tiennent pas pour satisfaits de cette attitude des « Barbares ». Comme je le disais plus haut, le patriotisme chinois, à l'exemple du Japon, se réveille. L'impérialisme japonaîs, excité par ses nouvelles victoires, éclate avec évidence. Trop habile pour ne pas se concilier désormais les bonnes grâces de la Chine, le Japon entreprend l'éducation de ses frères jaunes.

Animés du désir de se mettre au niveau des nations européennes, les Célestes accueillent fort bien les conseils de celui qui n'a pas craint de se mesurer avec la Russie et de la vaincre.

Les Japonais s'implantent en Chine, réorganisant la police et l'armée. On les rencontre dans les sociétés secrètes chinoises, vêtus du costume des Fils du Ciel.

Mais c'est non seulement en Chine que le Japon propage la haine des Blancs. En Perse même, des émissaires nippons ont été rencontrés. Bien entendu, l'Indo-Chine n'est pas oubliée et là, plus que partout ailleurs encore, les Japonais s'emploient à entretenir, ou à faire germer au besoin, la haine de l'Européen chez les indigènes.

*
* *

La situation extérieure envisagée rapidement, il y a lieu de voir quelle est la situation intérieure de l'Indo-Chine.

Les réformes apportées dans l'administration de l'Indo-Chine par M. Doumer avaient de bons et de mauvais côtés. Le plus grand tort de son successeur a été de ne pas savoir utiliser ce qui était bon et de ne pas modifier ce qui était mauvais. Quoiqu'on en ait dit, l'œuvre de M. Doumer a été considérable et son passage au gouvernement général de l'Indo-Chine a eu justement pour premier effet d'organiser ce gouvernement général qui n'existait pas, en fait, avant lui. Mais, si les services européens ont été organisés, on ne s'est guère inquiété des besoins de l'indigène, pas plus que de ses mœurs et coutumes.

C'était encore et toujours l'administration à la française, comme si les Annamites pouvaient vraiment se plier à nos habitudes occidentales.

L'édifice de M. Doumer avait besoin de perfectionnements qui auraient été réalisés, peut-être, si le gouvernement général de l'Indo-Chine — le conservant à sa tête — n'avait été confié à M. Beau.

On avait reproché l'activité à M. Doumer; le nouveau gouverneur ne voulut pas mériter ce grief. Sa gestion ne fut pas heureuse, cependant.

Succéder à M. Doumer était d'ailleurs assez malaisé. M. Beau, fonctionnaire et non pas homme politique, aurait dû décliner une pareille succession.

De 1902 à 1907, la situation de l'Indo-Chine se ressentit des troubles de l'Extrême-Orient; la tâche du Gouverneur général ne fut que plus ardue.

Mais, si la situation extérieure n'était pas favorable, c'était bien pis à l'intérieur. Le régime de fiscalité inauguré par M. Doumer, maintenu et développé par son successeur, continuait à rencontrer le plus mauvais accueil auprès des indigènes.

Enfin, en 1908, M. Klobukowsky était désigné pour remplacer M. Beau au Gouvernement général de l'Indo-Chine.

Dans son numéro du 27 août 1908, le *Journal* publiait,

sous la signature de M. Fernand Hauser, l'article suivant au sujet du départ du nouveau gouverneur général :

« M. Klobukowski, gouverneur général de l'Indo-Chine, part pour l'Extrême-Orient dans des circonstances extrêmement difficiles. Il recueille une succession très lourde ; il arrivera en Indo-Chine au milieu d'une population troublée ; il se trouvera en présence d'un budget qui craque de toutes parts, de monopoles impopulaires, de grands travaux interrompus faute d'argent. Que va-t-il faire ?

« C'est ce que nous avons demandé à celui-là même qui a seul le droit de parler au nom des fonctionnaires coloniaux : à M. Milliès-Lacroix, ministre des Colonies.

« Le ministre, précisément, a donné à M. Klobukowsky des instructions qui constituent tout un programme de gouvernement ; M. Milliès-Lacroix a bien voulu, hier, nous en exposer les détails.

« Et d'abord, le ministre ne fait aucune difficulté pour reconnaître que la situation n'est pas brillante en Indo-Chine.

« — Cette situation, nous dit-il, n'est pas sans présenter quelques difficultés, qui font l'objet de mes préoccupations ; mais l'expérience approfondie des choses et des hommes de l'Indo-Chine, l'énergie, le tact de M. Klobukowsky me sont un sûr garant que le gouverneur général qui va administrer notre grande colonie d'Extrême-Orient saura donner à celle-ci une impulsion nouvelle et assurer aux indigènes une sécurité parfaite par sa volonté de ramener et de maintenir l'ordre partout.

« De nombreuses conférences ont été tenues, ici, entre M. Klobukowsky, M. Méray, qui vient de diriger une mission d'inspection en Indo-Chine, les hauts fonctionnaires de mon département, des hauts fonctionnaires indo-chinois en congé, et qui vont rejoindre leurs postes, et moi ; nous avons ensemble étudié contradictoirement la situation.

« De ces conférences sont sorties mes instructions au gouverneur général.

« Il y a eu deux ordres d'incidents, en Indo-Chine : tout d'abord, effervescence au Tonkin, effervescence aujourd'hui éteinte ; ensuite insécurité des provinces frontières et répercussion intérieure, qui s'est manifestée par l'incursion de bandes de pirates.

« M. Klobukowsky devra déterminer si ces causes sont dues à des menées extérieures ou à des circonstances d'ordre intérieur.

« Des Annamites instruits hors de la colonie ont-ils fomenté les troubles ? Ceux-ci ont-ils eu pour causes profondes le mécontentement des populations en présence des actes des mandarins ou, même, de notre système d'administration ?

« Notre régime administratif et fiscal est-il mal adapté à une population dont la mentalité est différente de la nôtre ? M. Klobukowsky devra me le dire.

« Il devra, en conséquence, étudier la situation économique e financière de ce pays, et les modifications qui pourraient y être apportées.

« Il devra encore étudier l'état d'esprit des mandarins et des gens du peuple, et même se préoccuper des actes de certains étrangers établis dans notre colonie et qui ont, selon des rapports que j'ai reçus, subventionné les réformistes, lesquels se sont transformés bientôt en pirates.

« Vous le voyez, M. Klobukowsky est chargé d'effectuer une enquête approfondie.

— En attendant les résultats de l'enquête, agira-t-il ? Lui enverrez-vous des troupes ? Il paraît que le gouverneur intérimaire vous en a demandé ?

— M. Klobukowsky aura à sa disposition les troupes actuellement en Indo-Chine, et les relèves de renfort qui sont déjà arrivées là-bas, ou qui y arriveront bientôt ; quand il sera à Hanoï, il verra si ces renforts sont suffisants. Responsable de l'ordre, il me dira s'il peut le maintenir, ou s'il a besoin de troupes nouvelles ; en ce cas, je transmettrai ses propositions au gouvernement, qui avisera.

— Accomplira-t-il, dès son arrivée en Indo-Chine, des réformes radicales dans l'administration ?

— Il mettra un terme à une centralisation excessive, qui a eu sa raison d'être, à une certaine époque, mais qui n'est plus utile aujourd'hui.

« Les lieutenants gouverneurs et les résidents supérieurs doivent avoir la haute main sur tout leur personnel, même et surtout les employés des douanes, des régies et de la perception de l'impôt, ce qui n'est pas le cas actuellement et ce qui est la source de conflits nombreux.

« Le rôle du gouverneur général est, avant tout, politique ; le gouverneur général doit veiller à la sécurité intérieure et extérieure du pays ; il doit veiller au progrès des institutions, au développement économique général ; il doit, enfin, contrôler les actes de ses aides de camp et assurer l'unité de la colonie par une action permanente sur ces derniers.

« Mais, en aucun cas, on ne doit sacrifier à une unité géographique les intérêts particuliers de populations qui ont des mœurs différentes ; la Cochinchine, le Cambodge, le Laos, le Tonkin, l'Annam sont des pays différents les uns des autres. Les chefs de chacun de ces départements de l'union indo-chinoise doivent avoir toute liberté d'agir selon les vœux des populations, et, à ce point de vue, ils auront à voir s'ils peuvent appeler les indigènes à prendre une part active à l'administration de leur pays, s'ils ont intérêt à recruter parmi les lettrés un mandarinat dont les attributions seraient augmentées.

« Il faudra cependant se garder d'aller trop vite en besogne ; c'est ainsi que la Chambre consultative indigène du Tonkin devra voir sa compétence limitée, pour l'instant, aux questions d'ordre indigène, à l'exclusion de toutes questions politiques ou financières.

« Vous le voyez, nous décentraliserons.

« Pourquoi centraliser la question locale ?

« L'assistance, l'enseignement, les travaux publics sont des questions locales, qui doivent être adaptées aux besoins des colonies, des provinces, des communes.

« Certains services, centralisés, devront être répartis entre les divers pays de l'union ; l'on ne conservera comme direction générale que celle des finances et celle des douanes et régies ; et encore, celle-ci, M. Klobukowsky verra si on peut la fusionner avec celle des finances.

« Trop de directions générales entravent la solution rapide des affaires, par une pluralité de personnages responsables à consulter.

« Il faut donner plus d'autorité aux lieutenants gouverneurs et aux résidents supérieurs : tout ira mieux et plus vite.

— Et la question financière ?

— Je l'ai étudiée de très près ; actuellement, les indigènes protestent contre les impôts parce qu'ils ne savent pas à quoi ils servent ; en créant, comme en France, des budgets autonomes de la justice, de l'enseignement, de l'agriculture, des travaux publics, on montrerait aux indigènes à quoi servent les impôts ; les budgets y gagneraient en clarté ; il y aurait avantage pour tout le monde.

« Actuellement, le budget général s'alimente, pour petite partie, avec les droits de douane, d'enregistrement et les taxes foncières ;

pour la plus grande part, avec les revenus des régies. Avec cet argent, l'on pourvoit aux grosses dépenses.

« En mettant à la charge des budgets locaux les dépenses qui les concernent, on en déchargerait le budget général ; celui-ci verserait des subventions aux budgets locaux pour les travaux, pour l'enseignement, pour l'agriculture, pour la justice.

« Ainsi, l'indigène qui verse de l'argent au budget général verrait celui-ci revenir au budget local et servir à des travaux ou à des services dont il apprécierait l'utilité immédiate.

« Il saurait pourquoi il a donné son argent.

« M. Klobukowsky verra si l'on peut opérer une telle réforme.

— Et les douanes? les régies? les monopoles ?

— Pour les douanes, une enquête est commencée ; elle suit son cours. Pour les monopoles, la question est complexe.

« Il y a l'alcool ; des contrats nous lient. A leur expiration, nous verrons si les monopoles doivent être maintenus et améliorés ou si l'on peut imposer l'alcool sous forme de taxe de consommation ou de circulation, par voie d'abonnement.

« Il y a le sel. Ici, le contrat est de courte durée ; nous verrons à supprimer ce monopole et, en tous cas, nous réduirons le prix de vente du sel, qui est excessif; plus tard, on verra s'il est possible d'imposer le sel au sortir des salines.

« Il y a enfin l'opium. Nous en déconseillons l'usage à tout le monde; mais nous ne pouvons supprimer ce monopole tant qu'en Chine, et notamment au Yunnan, on continue à vendre de l'opium.

« Et puis, quand on interdira la vente et la fabrication de la drogue, il faudra trouver des ressources budgétaires pour remplacer celles de la régie de l'opium ; on pourrait, par exemple, imposer le tabac; on verra...

— Et les économies?

— On les effectuera en supprimant toutes fonctions inutiles; dans les administrations centrales, il y a trop de fonctionnaires ; on en réduira le nombre.

« Au reste, la question des fonctionnaires est-elle importante ; M. Klobukowski devra assurer une discipline parmi ses fonctionnaires ; en revanche, il leur donnera des garanties de recrutement et d'avancement ; il devra systématiquement écarter de l'avancement toute personne incapable ; le favoritisme devra être banni ; les emplois doivent être assurés à l'intelligence, à la compétence, aux titres, aux services rendus.

« A ce point de vue, il faut que les fonctionnaires apprennent la langue annamite.

« Il faut en finir avec le régime des interprètes.

« L'avancement sera réservé à ceux de mes fonctionnaires qui connaîtront l'annamite.

— Et l'instruction ?

— Il faudra développer l'instruction primaire et professionnelle, plutôt que l'enseignement secondaire, auquel les Annamites ne sont, en majorité, pas préparés.

— Et la justice ?

— Il faudra organiser des tribunaux indigènes, avec contrôle de magistrats français, sachant la langue du pays, afin que la justice échappe à l'action des interprètes. »

M. Milliès-Lacroix s'est tu, un instant, puis, il a repris :

— Mes instructions à M. Klobukowsky embrassent encore d'autres sujets ; c'est ainsi que je préconise le développement de l'assistance médicale et que je demande au gouverneur général de faciliter la tâche des commerçants et des industriels, d'aider les colons et d'écouter les indigènes quand ils auront à se plaindre, de solliciter même leurs confidences ; le gouverneur général doit connaître tous les desiderata de ses administrés.

« Certaines des réformes que je viens d'énumérer peuvent être réalisées de suite, au moyen d'arrêtés ; elles le seront dès que M. Klobukowsky aura vu leur caractère d'urgence ; d'autres ne peuvent être réalisées que par des décrets ou par des lois ; sans retard, M. Klobukowsky m'adressera ses propositions, et le gouvernement, désireux d'assurer les populations d'Indo-Chine de sa sollicitude, hâtera la signature des décrets et le vote des projets de loi nécessaires.

« Pour le surplus, M. Klobukowsky a toute latitude pour proposer des réformes nouvelles, et, de notre côté, nous lui en proposerons d'autres, quand sera achevée l'étude du rapport de la mission Méray.

— Et l'emprunt ? avons-nous alors demandé.

— Celui qui doit assurer l'achèvement du chemin de fer du Yunnan ? Il y a un projet de loi autorisant un emprunt de 53 millions ; il est déposé.

— Non... l'emprunt de liquidation.

— Pour achever les grands travaux ? M. Klobukowsky verra quels sont les travaux urgents et ceux qu'on peut ajourner ; alors, seulement, on pourra dire s'il est nécessaire d'émettre un emprunt et à combien celui-ci s'élèverait.

« Auparavant, il faudra savoir comment des dépassements de crédits ont pu être opérés, quand on avait prévu 200 millions pour des travaux déterminés, et que, les 200 millions étant dépensés, ces travaux ne sont pas achevés ; on déterminera les responsabilités ; au reste, la comptabilité des fonds d'emprunt sera réorganisée, et une source d'erreurs d'évaluations sera tarie, au moyen de mesures propres à éviter les conséquences des variations du cours de la piastre.

« En somme, vous le voyez, M. Klobukowsky part avec la mission d'apporter dans l'administration de l'Indo-Chine des réformes qui permettent d'assurer aux indigènes que la France, dans son action, n'a qu'un but, leur dispenser l'instruction, la justice, l'assistance et tous les bienfaits de notre civilisation.

« Avec une main ferme et un esprit bienveillant, M. Klobukowsky saura faire aimer la France par une population que cherchent à égarer des meneurs.

« Mais ceux-ci, vous l'avez vu, sont recherchés, s'ils ne sont pas déjà mis hors d'état de nuire.

« L'Indo-Chine aura subi une crise, mais cette crise aura eu cet heureux résultat de hâter l'adoption de réformes propres à nous attirer la sympathie des indigènes et à donner à notre belle colonie d'Extrême-Orient un essor nouveau.

« Ainsi s'acheva l'entretien que M. Milliès-Lacroix a bien voulu nous accorder ; nous n'y ajouterons qu'un mot, c'est que le plan de réformes que nous a exposé le ministre ne pourra qu'être approuvé par tous ceux qui s'intéressent au développement économique de cette magnifique colonie : l'Indo-Chine. »

La situation et les remèdes à apporter sont trop clairement exposés au cours de cette conversation pour y ajouter autre chose. Toutefois, reproduire la proclamation adressée aux populations de l'Annam et du Tonkin par M. Klobukowsky, nous paraît intéressant.

« Habitants de l'Annam et du Tonkin,

« C'est un ami sincère qui vous revient après une longue absence.

« J'arrive à vous le cœur ouvert, la main tendue, avec le

désir de vous associer, par des actes autrement que par des paroles, à l'œuvre de progrès entreprise par la France en Indo-Chine.

« Le Gouvernement de la République m'a fait le très grand honneur de m'investir de sa confiance parce qu'il sait que je vous aime ; il sait que je représente à vos yeux une tradition de collaboration amicale.

« Aussi, m'a-t-il attribué le pouvoir de vous donner des satisfactions légitimes.

« Pendant une longue suite d'années, nous avons répandu l'instruction dans votre pays, et nous vous avons admis, sous la protection nécessaire et durable du Gouvernement français, à discuter vos intérêts ; ayant éveillé vos intelligences, nous devons causer avec elles.

« C'est pourquoi j'étudie et je compte appliquer progressivement des réformes qui peuvent se résumer ainsi : répartition plus équitable de l'impôt ; contrôle de l'emploi des journées de corvées avec facultés de rachat, améliorations dans le mode d'exploitation des marchés, par exemple restitution éventuelle aux villages de cette exploitation ; affermissement de l'autorité des chefs et sous-chefs de canton, maires et notables, avec responsabilité effective, recrutement des mandarins entouré des plus sérieuses garanties ; respect de l'autorité et des prérogatives des mandarins avec amélioration de leur situation matérielle ; accession élargie des indigènes à certaines fonctions ; étude et exécution immédiate de travaux d'hydraulique agricole, petites digues, canaux, assèchements, irrigations, mise en culture des régions abandonnées et incultes ; étude immédiate des réformes à apporter au régime du sel et de l'alcool ; détaxe éventuelle des droits de consommation en faveur des industries saumurières ; organisation et développement des œuvres d'assistance médicale ; suppression de la responsabilité des villages en matière de contrebande.

« Tout cela, je le ferai, j'en prends l'engagement. Je vous assure, en outre, qu'aucun impôt nouveau ne sera créé, qu'aucun impôt existant ne sera augmenté, que le Gouvernement est bien résolu à maintenir le régime du Protectorat, en l'améliorant s'il est nécessaire, mais sans en modifier le principe.

« Habitants de l'Annam et du Tonkin,

« Vous avez à la fois des droits et des obligations envers le Gouvernement de la République, votre protecteur. Je veillerai personnellement au respect de vos rites, de vos mœurs, de vos coutumes, de vos traditions nationales, à la sauvegarde de vos intérêts individuels, qu'il s'agisse aussi bien des mandarins, des lettrés, que des gens du peuple ou des habitants des villes et de la campagne, à l'établissement, entre les hauts fonctionnaires français et indigènes, de rapports cordiaux basés sur des sentiments d'estime et de déférence réciproques.

« Mais, de votre côté, retenez bien mes paroles; vous refuserez d'écouter ceux qui cherchent à jeter parmi vous des semences de discorde, de haine et de révolte.

« Défiez-vous donc lorsque les ambitieux, avides de jouer un rôle, affirment avoir en vue votre bien ; c'est, au contraire, aux pires malheurs que vous conduiraient leurs excitations intéressées.

« Vous devez comprendre, en effet, qu'il n'est pas de progrès possible, pas de réforme sérieuse et durable sans le maintien de l'ordre, sans le respect absolu de la loi.

« Aussi, conscient des devoirs que m'imposent et la confiance du Gouvernement de la République et les sentiments de vos véritables intérêts, je suis fermement résolu, pour assurer la sécurité intérieure du pays à réprimer avec rigueur tout acte qui serait de nature à troubler la tranquillité publique, toute infraction au régime légal dont j'ai la garde.

« En agissant ainsi, j'aurai, j'en suis sûr, l'approbation de tous les hommes sages d'entre vous, de tous les patriotes sincères, qui ne doutent pas que, sous la puissante égide de la France, l'Indo-Chine n'accomplisse, dans la paix et dans le travail, son évolution historique. »

Cette proclamation renfermait tout ce qu'il fallait pour ramener la confiance chez les coloniaux et surtout chez les indigènes excédés de la mauvaise administration et des augmentations d'impôts des dernières années.

M. Klobukowski, animé des meilleures intentions, peut faire beaucoup pour l'Indo-Chine.

Pourra-t-il réfréner la propagande poursuivie avec ténacité par les habiles Japonais et les agents des sociétés secrètes ? Nous craignons que le mal soit déjà trop profond pour ramener à nous les indigènes pour qui nous ne sommes plus sympathiques, si tant est que nous l'ayons jamais été.

On a tant parlé — après avoir reconnu l'erreur grossière de la *politique d'assimilation* — de *politique d'association* et de *politique d'adaptation*, que les Annamites finissent par ne plus se payer de mots. Ils constatent surtout un fait ; c'est l'augmentation des impôts qui résulte de notre administration.

La *politique de collaboration* de M. Klobukowski aura à faire ses preuves avant de rencontrer la faveur des populations indo-chinoises.

Si toutes les promesses sont tenues, il est évident qu'une détente se produira.

L'Annamite ne se sentant plus pressuré, voyant surtout que nous respectons ses rites, ses mœurs et ses coutumes ; que notre administration, loin de lui être hostile, devient accueillante et protectrice, comprendra enfin le rôle bienfaisant des civilisateurs et l'estime du Français se répandra plus aisément dans la masse des indigènes.

*
* *

Nous n'avons examiné la situation de l'Indo-Chine, tant à l'extérieur qu'à l'intérieur, que pour poser à nouveau la question que nous soulevions avant notre retour en France, c'est-à-dire en 1901.

Devons-nous craindre quelque chose pour l'Indo-Chine et, dans l'affirmative, qui devons-nous regarder comme ennemis possibles ?

Nous voudrions croire, avec certains écrivains optimistes, que, sauvegardée par les traités, l'Indo-Chine n'a plus rien à redouter de l'extérieur. Malheureusement, tout, au contraire, nous fait supposer que l'Indo-Chine n'est pas en sûreté.

L'Empire du Soleil Levant et la Chine, voilà le danger de l'avenir.

Le Japon s'agite beaucoup. S'il n'a pas des vues ambitieuses, pourquoi cette armée d'espions et d'agents semant la révolte sur toute l'Indo-Chine ?

L'accord franco-japonais ? La belle affaire ! Le jour où Petit Jap aura décidé que nos possessions lui sont nécessaires, la guerre sera bien près d'éclater. Car ce n'est plus vers la Chine que l'impérialisme japonais dirigera ses conquêtes futures ; de ce côté, au contraire, le Japon voit un allié possible. D'autre part, la Corée et le Liao-Toung seront bientôt insuffisants à l'ambition nippone qui a déjà envisagé, d'ailleurs, que la conquête de l'Indo-Chine serait intéressante à faire vers 1910, après la construction des chemins de fer, des ports de guerre ou de commerce projetés par la France.

Alors ? Sommes-nous en état de soutenir une attaque ?

Pas plus qu'en 1901, l'Indo-Chine n'est prête à se defendre. Les effectifs ont été si réduits qu'ils sont à peine suffisants pour réprimer les actes de brigandage et de piraterie.

La loi de finances du 31 décembre 1907 a supprimé pour l'Indo-Chine 14 bataillons et 8 batteries d'artillerie, en comprenant la réserve de Chine. Le rapporteur de la commission des finances au Sénat s'étonne du vote de la Chambre :

« La commission du budget de la Chambre, dit-il, a réalisé d'importantes économies sur les dépenses militaires des colonies ; mais, pour obtenir ce résultat, elle a apporté aux effectifs de nos troupes stationnées outre-mer d'énormes réductions qui pourraient entraîner une certaine désorganisation de notre système défensif.

« Il nous semble que de tels changements auraient dû être étudiés d'une façon plus méthodique et plus complète et qu'on aurait pu obtenir, au point de vue budgétaire, des économies égales sans risquer de compromettre la sécurité.

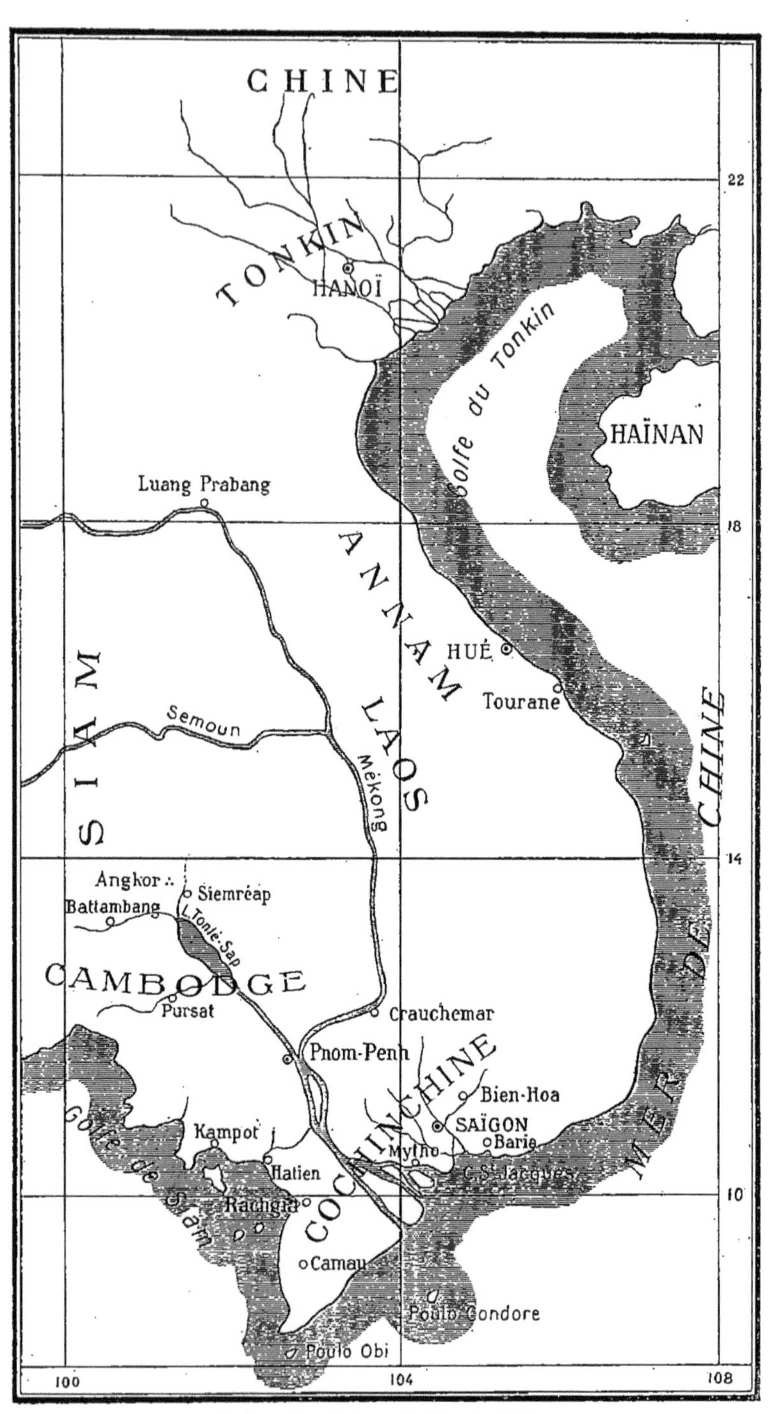

Carte schématique de l'Indo-Chine.

et la défense des colonies... En Indo-Chine, le rapporteur *supprime d'un seul coup le tiers des effectifs* et, s'il ne va pas plus loin, c'est qu'à son avis il ne faut pas se laisser aller à un trop grand optimisme, ni penser qu'on peut, désormais, sans inconvénients, supprimer toutes nos troupes. Il *croit que* l'on pourrait se contenter de 28 bataillons... Il *déclare*..., il *croit*..., il *estime*..., il lui *apparaît*..., etc.

« Ces appréciations n'ont pu suffire à entraîner notre conviction. Il eut été nécessaire de nous faire connaître quelle est la conception générale de notre organisation militaire aux colonies, de nous montrer comment les principes directeurs ont été appliqués dans nos différentes possessions, de nous indiquer le rôle et la répartition de nos effectifs, les défauts de notre système ; de nous proposer un but et d'examiner par quels moyens rationnels ce but pourrait être atteint. Rien de tout cela ne se trouve dans le rapport, et on ne pouvait espérer sérieusement l'y trouver.

« Tout ce qui touche à notre organisation militaire aux colonies comme en France, présente un caractère de complexité qui nécessite, chaque fois qu'on veut innover, une étude sérieuse faite par des services compétents. »

Un peu plus loin, le rapporteur ajoute : «... Si nous voulons, en Extrême-Orient comme ailleurs, être les maîtres de notre propre politique, il faut que les accords que nous avons conclus ne soient pas la condition *sine qua non* de notre existence. » Au surplus, il insiste en disant : « Si nous laissions croire que l'Indo-Chine n'est pas défendue et que l'on peut s'en rendre maître sans coup férir, qui nous dit que la facilité même de l'entreprise ne pourrait pas tenter nos voisins ? »

Malgré toutes ces divergences d'opinion avec la Chambre, la commission du Sénat *n'ose pas substituer sa responsabilité à celle des ministres compétents*, et fait remarquer que lorsqu'il « s'agit d'assurer la défense de territoires lointains dans lesquels nos nationaux et nos soldats vivent au milieu de populations nombreuses, parfois insoumises, souvent turbulentes, à la mentalité si différente de la nôtre, à la révolte facile, il est bon qu'on laisse la décision à ceux qui ont la responsabilité, le choix des moyens à ceux qui doivent les employer. Déplacer et intervertir les rôles, en pareil cas, serait un acte des plus graves » (1).

Le Sénat n'est pas d'accord avec la Chambre, mais il adopte cependant sans modifications « parce que l'on est pressé ».

N'est-il pas triste de voir prendre de pareilles décisions avec autant de.... légèreté ?

Il faudrait cependant savoir, une fois pour toutes, si, oui ou non, l'Indo-Chine vaut la peine d'être défendue, si sa possession mérite les sacrifices que sa mise en état nécessiterait encore ? Au Gouvernement de répondre.

En ce qui nous concerne, ce n'est pas sans un sentiment de profonde tristesse que nous verrions adopter l'idee émise par certains écrivains et qui consisterait à échanger l'Indo-Chine contre l'Alsace-Lorraine. Il nous semble que l'honneur de la France ne saurait s'accommoder d'une pareille solution. Si nous devons reconquérir des provinces perdues ce n'est pas de cette façon. D'autre part, puisque les partisans de cette idée admettent bien que l'Allemagne pourrait assurer la défense de l'Indo Chine, pourquoi ne pourrions nous pas, nous Français, en faire autant ? Les difficultés ne sont pas insurmontables peut-être, il s'agit simplement de vouloir les résoudre et, si le problème n'est plus le même qu'en 1901, il ne s'en suit pas qu'il soit insoluble.

*
* *

Le ministère des Colonies qui vient de recevoir l'émouvante nouvelle d'une sanglante rencontre de nos troupes avec celles du De Tham, va peut-être reconnaître enfin la nécessité d'envoyer au plus tôt les renforts demandés depuis longtemps par le Conseil supérieur de la défense de l'Indo-Chine.

La presse et l'opinion publique se sont émues des pertes infligées par le trop fameux bandit du Yen-Thé à la colonne

1. *Journal officiel*. 9 février 1908 (annexe 343, p. 383).

Bonifaci et aux partisans du khamsaï Le Hoan. Dans ce combat du 6 octobre — beaucoup plus sanglant que tous ceux livrés jusqu'à ce jour à la bande du pirate — nous enregistrons, en effet, dix-huit tués dont sept sous-officiers et soldats français et vingt-neuf blessés parmi lesquels se trouvent le lieutenant Gressin et douze sous-officiers et soldats français.

C'en est trop et il faut en finir.

Depuis 1888, le De Tham se joue de nous. Il a sû résister victorieusement à toutes les opérations dirigées contre lui. Le colonel Frey ainsi que le général Voyron ne purent, eux-mêmes, se rendre maîtres du bandit.

On n'a pas oublié la farce qu'il joua à nos troupes en 1894. A cette époque, un ancien bandit, Hnu-Thué, qui avait fait sa soumission, propose de nous livrer le De Tham et, pour arriver à ses fins, décide de passer la nuit du 18 mai 1894 à fumer l'opium en compagnie du chef des pirates. Profitant du moment où le De Tham enivré de la drogue s'est endormi, Hnu-Thué allume la mèche d'une bombe et s'enfuit. Quelques minutes après, une explosion terrible sème l'effroi et la panique dans le camp qui est pris d'assaut par nos troupes après un combat acharné qui dure jusqu'au jour. Au moment où les nôtres, enfin vainqueurs, pénètrent dans le retranchement, un convoi funèbre sort du camp, suivi par les femmes du De Tham en deuil. Cette fois le vieux pirate est bien mort. Pas du tout. Comme on se félicitait du succès obtenu, le De Tham vivant, dans son cercueil, s'échappait du traquenard. Il s'était réveillé aussitôt après le départ de Hnu-Thué et avait pu éviter ainsi les effets de l'explosion, tout en faisant croire à sa mort.

Tout était à recommencer.

De guerre lasse, après quelques années de combats inutiles, on accepte la soi-disant soumission du pirate qui sait obtenir de M. Doumer une concession de terrains et 3.000 piastres d'avance pour mettre l'exploitation agricole en valeur. Pendant quelques années on croit le De Tham soumis définitivement.

Mais c'eût été trop beau. Le vieux pirate s'avise bientôt de reprendre sa vie d'aventures. Profitant de ce que nos effectifs se trouvent réduits au strict minimum, il se remet en campagne, juste au moment où M. Klobukowski prend possession du gouvernement général. Un ultimatum du gouverneur au pirate reste sans réponse. Une colonne est alors formée pour marcher contre le De Tham, avec mission de s'en emparer mort ou vif. Une prime de 25.000 piastres (75.000 fr.) est promise au vainqueur.

La lutte dure depuis huit mois.

Deux compagnies de troupes européennes, deux compagnies de tirailleurs indigènes, une section d'artillerie et un détachement de cavaliers sont impuissants et tenus en échec par le bandit.

Cette situation va-t-elle durer ?

Nous exprimons l'espoir que M. Klobukowski après avoir promis au peuple annamite, le 28 janvier 1909, que le De Tham « allait être chassé de son repaire » aura à cœur de tenir sa parole; que non seulement il va demander à la métropole les renforts nécessaires à assurer l'ordre intérieur, mais encore des troupes suffisantes pour que l'on ne puisse pas supposer que la France, après avoir fortifié l'Indo-Chine, laisse, faute de défenseurs, sa merveilleuse colonie à la merci des rebelles ou d'un coup de main venant de l'extérieur.

TABLE DES CHAPITRES

Pages

TABLE DES ILLUSTRATIONS

Imp. de la librairie A. LECLERC, 19, rue Monsieur-le-Prince, Paris.

www.ingramcontent.com/pod-product-compliance
Ingram Content Group UK Ltd.
Pitfield, Milton Keynes, MK11 3LW, UK
UKHW020429200726
13857UKWH00002B/341